基础会计

（第二版）

主　编　张　航

副主编　陈柏成　秦　玥

　　　　张丹月　姚升钢

中国财经出版传媒集团

经济科学出版社

Economic Science Press

图书在版编目（CIP）数据

基础会计 / 张航主编 . —2 版 . —北京：经济科学出版社，2020. 8（2023. 7 重印）
ISBN 978 - 7 - 5218 - 1641 - 9

Ⅰ. ①基… Ⅱ. ①张… Ⅲ. ①会计学 Ⅳ. ①F230

中国版本图书馆 CIP 数据核字（2020）第 102580 号

责任编辑：周胜婷
责任校对：杨　海
责任印制：张佳裕

基础会计
（第二版）
主　编　张　航
副主编　陈柏成　秦　玥
张丹月　姚升钢
经济科学出版社出版、发行　新华书店经销
社址：北京市海淀区阜成路甲 28 号　邮编：100142
总编部电话：010 - 88191217　发行部电话：010 - 88191522
网址：www. esp. com. cn
电子邮箱：esp@ esp. com. cn
天猫网店：经济科学出版社旗舰店
网址：http：//jjkxcbs. tmall. com
北京时捷印刷有限公司印装
787 × 1092　16 开　12. 25 印张　300000 字
2020 年 8 月第 2 版　2023 年 7 月第 3 次印刷
ISBN 978 - 7 - 5218 - 1641 - 9　定价：39. 00 元

前　言

“基础会计”课程是会计专业基础课，是后续中高级会计课程的入门课。本课程以基本原理和基础练习为主，不拘泥于一时的制度，从学生的学习规律出发，并按照教学的基本规律，讲述最基本的会计基本循环原理，同时进行模拟实训练习，讲练结合，从练习中让学生自己体会会计的原理、方法和技能。

通过本课程的学习，使学生能够比较全面地了解、掌握会计的基本原理、基本方法和基本技能，并使学生具备进行会计核算的初步能力，为后续专业课程的学习打下基础。

结合当前经济新常态，教材编写思路上力求体现会计理论和会计实践的新发展，增加会计实务应用内容，加强财会专业应用型人才的培养。具体地，在会计基本理论方面，充分注意国际与国内会计概念、会计研究的新内容，并将其吸收到会计的基本理论中，使学生既掌握新会计准则环境下的基本理论，又能接触到会计研究的前沿问题；在会计实务方面，增加实务案例和系统的会计实务手工训练，以工业企业经济活动为基础，由浅入深地达到会计核算的新准则要求。教材所体现的编写特点如下：

1. 紧扣教学要求，内容权威，难易程度适中，可适用于本科会计专业学习，同时也适用于其他财经专业学生的考证和能力提高。

2. 突出应用型教材新特点，注重会计实务，强调从事会计工作所需的基本知识和基本技能，重视会计基础知识的介绍和业务处理能力的培养。

3. 按照教学规律要求，融入现代会计资格证书相关内容，将新经济形态下企业的投融资业务作为一个全新内容开辟一个章节，为满足学生更多需求，也为学习其他课程奠定坚实的基础。

4. 表述简明扼要，深入浅出，通俗易懂。

本书分为八章，第一章由张航、姚升钢编写，第三章、第四章由张航、陈柏成编写，第二章、第五章由秦玥编写，第六章、第七章、第八章由张丹月编写。由于时间仓促，加之水平有限，在编写过程中难免出现疏漏、错误之处，恳请广大读者及会计界专家批评指正。

编　者

2019 年 11 月

目　录

第一章　经济活动中的会计

本章要点：

通过本章的学习，要求了解企业的组织形式及其经济活动；了解会计发展的主要阶段；掌握会计的定义和会计的职能定位；掌握会计信息的种类及其特征；掌握会计信息的载体；了解会计核算的基本前提和方法体系；熟悉会计学科的结构；了解会计职业。

第一节　企业的组织形式和经济活动

一、企业的组织形式

企业的组织形式主要有三种：独资企业、合伙企业和公司制企业，其中，独资企业和合伙企业属于非公司制企业。

（一）非公司制企业

1. 独资企业

独资企业是由单一所有者投资创办的企业。独资企业是人类历史上出现最早的企业形式，其投资者（也称业主）拥有企业的全部财产和所有利润（其利润构成了投资者个人收入的一部分，只需缴纳个人所得税），享有生产决策和经营管理的全部权利，并对企业债务承担无限责任，即以自己的全部财产对企业债务承担责任。在法律上，独资企业是一种自然人企业。

2. 合伙企业

合伙企业是由两个或两个以上出资者共同出资设立，共同经营，对企业债务负无限连带责任的企业。合伙企业的出资人即为合伙人，其特征是：合伙人对企业负有出资责任，享有经营决策和利润分配的权利；每个合伙人都承担清偿企业全部债务的责任；由于合伙企业的出资人、收益享有者及经营者是两人或多人。所以，在成立合伙企业时，合伙人必须事先签订共同经营协议，以确定各出资者的出资方式、数额等所承担的责任及损益分配方式等所享有的权利；合伙人之间的契约关系建立在人际关系基础之上，当人际关系变更时，合伙制也就终止。在法律上，合伙企业也是一种自然人企业。

（二）公司制企业

与非公司制企业相比，公司制企业具有以下特征：公司具有法人资格，在法律上是享有民事权利、承担民事责任的企业法人，可以不依赖于其股东而独立享有法人财产权；投资者以其出资额对公司债务承担有限责任，公司以其全部资产对债务承担责任；公司严格按照相关法律规定设立，公司的登记注册、股权转让、资本变更、分立、合并等，都必须遵守相关法律的规定。

公司制企业主要包括有限责任公司和股份有限公司。

1. 有限责任公司

有限责任公司是指股东以其认缴的出资额为限对公司承担责任，公司以其全部资产对公司的债务承担责任的企业法人。股东按其出资份额享有权利，承担义务。

2. 股份有限公司

股份有限公司是指将全部注册资本划分为等额股份，股东以其认购的股份为限对公司承担责任，公司以其全部资产对公司债务承担责任的企业法人。

股份有限公司是唯一可以发行股票的公司，是股份制企业的典型形式。部分股份有限公司的股票可以在证券交易所里挂牌交易，称为“上市”，股票上市的公司也称为“上市公司”。上市公司实际上是一种“公众公司”，社会上所有投资者都可以购买它的股票而成为股东。上市公司必须实行财务公开制度和信息披露制度，以便社会公众及时了解公司的经营状况。同时，各国公司法都对上市公司做出了非常严格的规定，以保护广大投资者的利益。

二、企业的主要经济活动

企业是一个以盈利为目的的经济组织，为了实现企业的目的，企业会开展各种经济活动。如工业企业首先会筹集资金，然后用取得的资金购置设备、购买材料、招聘员工并组织生产，进入生产过程。通过生产过程生产出产品，然后将产品销售出去并收回货币资金，至此完成资金的一次周转，由此构成了工业企业经济活动的全过程。商业企业相对于工业企业来说，没有生产过程，取得货币资金后直接购买商品，然后将商品销售给客户，收回货币资金，完成一次资金的周转；商品的买卖活动构成商业企业的经济活动。不同性质的企业，它们的经济活动会有所不同，而且企业不同的组织形式会影响企业的经营目标，不同的经营目标也会影响企业经济活动的内容和形式。但是，从经济活动涉及的内容来看，企业的经济活动可以概括为筹资活动、投资活动和经营活动。

（一）筹资活动

筹资活动也称为融资活动，是企业根据生产经营、对外投资和调整资本结构等需要，通过筹资渠道和金融市场，运用不同的筹资方式筹集资金的过程。筹资是企业生产经营活动正常开展和获取利润的前提条件，是企业重要的财务活动之一。企业筹集资金有两种不同的方式：一是从企业所有者那里获得权益资本，即自有资金；二是从非所有者那里得到债务资本，也就是借入资金。

1. 自有资金

自有资金就是企业的资本金，又称注册资金。根据投资主体的不同，企业的资本金可分为国家资本金、法人资本金、个人资本金和外商资本金等。自有资金的筹集方式有两种：吸收直接投资和发行股票。

吸收直接投资是指企业以合同、协议等形式吸收国家、其他企业、个人及外商等主体直接投入的资金，从而形成企业自有资金的一种筹资方式。吸收的直接投资是注册资金的重要组成部分，非股份有限公司通常采取这种方式筹集主要的资金。我国目前实行的是注册资本制度，按照规定来说公司的注册资本需要和实收资本一致，但是随着注册资本实缴登记制度改革为认缴登记制度，工商部门只登记公司认缴的注册资本总额，无须登记实收资本，不再收取验资证明文件，申请企业登记不用再为注册资本发愁。吸收直接投资可以是货币资产、实物、无形资产等，但对接受的各种形式的投资资产，要符合国家有关法规的规定。

股票是股份有限公司为筹措自有资金而发行的有价证券，是持股人拥有公司股份的书面凭证。股票的发行必须经过有关部门的批准。股份有限公司发行股票筹集的资金是一种永久性的自由资金，除公司转入清算之外，它无须还本，股份有限公司对这部分资金可长期占用，并拥有充分自主的使用权，这不仅能保证公司经营期间有稳定的资金来源，还能作为保证债权人权利的基础，提高公司的偿债能力，而且还有降低财务负担和避免破产清偿的风险。当然，股票要支付股息，股息是随着企业的经营情况变化而变化的。

2. 借入资金

借入资金是指企业为了弥补自有资金不足而向金融机构、债权人借入的资金，它是企业生产经营过程中必要的资金补充。企业借入资金有以下几种途径：银行借款、商业信用和发行债券等。

银行借款是企业向银行或非银行金融机构取得的借款。根据借款期限的长短，银行借款可以分为长期借款和短期借款。长期借款的偿还期限一般在 1 年以上，短期借款的偿还期限一般在 1 年以内（含 1 年）。

商业信用是指企业在商品交易中，以延期付款或预收货款进行的购销活动而形成的借贷关系，是企业间的一种直接信用关系。如应付账款、应付职工薪酬、预收账款等。

发行债券是指企业经有关部门批准，为筹集资金而向债权人发行承诺按期支付利息和到期偿还本金的书面证明。

（二）投资活动

投资活动是管理者将筹集到的资金用于购买企业生产经营过程中所需要的各种经济资源以及不包括现金等价物范围的投资及其处置活动，以便通过恰当的资源组合给企业带来经济效益。

企业的投资可以分为对内投资和对外投资两种形式。对内投资主要是指企业在厂房、设备及配套的流动资金等方面的投资；对外投资是指企业对企业以外的单位所进行的投资。

根据投资的方式不同，对外投资又可分为直接对外投资和对外债券投资。

直接对外投资是指投资者以各种资产直接投放于企业以外的其他经济实体，并参与其经营活动的投资行为。这种投资是一种参与性投资，投资者将直接或间接地参与被投资企业的经营活动。

对外债券投资是指，为获取收益或其他特定的目的，以暂时或长期不准备用于内部投资的货币资金，在债券市场上买卖有价证券的一种投资行为。这种投资是一种不直接参与被投资企业的经营活动，而且需要中介机构才能完成的投资，因而也称为间接投资。企业的债券投资主要包括政府债券投资、金融债券投资、企业债券投资和企业股票投资等。债券投资的特点是收益和期限固定，风险较小；而股票投资则具有高风险、高报酬的特点，而且投资的期限不确定，随时都可根据需要在市场上转让。

（三）经营活动

经营活动主要是企业日常的业务活动，包括新产品的研发、购买材料、招聘员工、生产产品、销售产品、收回货款等。企业筹集到所需的资金后，各个部门就要按照决策所确定的计划，根据市场变化的具体情况组织实施，这个具体的实施过程就是资源的转换过程，也就是企业的具体生产经营过程。

第二节　会计的概念和职能定位

一、会计的产生和发展

（一）会计的产生

会计是在人类的社会生产实践中产生的，是社会生产实践发展到一定阶段的产物。

物质资料的生产，是人类社会生存和发展的基础。生产活动一方面要创造物质财富，另一方面又要发生劳动耗费。而且在经济活动中，资源的有限性（也称稀缺性）与人类需求的无限性是存在于人类社会中的一对永恒的矛盾。为缓和与解决这一矛盾，人类在经济活动中总是力求以最少的劳动投入（耗费）来取得最大的产出。只有这样，人类社会才能不断发展与进步。经济活动中投入与产出的比例关系，一般称为经济效益。著名古典经济学家李嘉图曾指出，经济效益的实质就是真正的财富，真正的财富在于用尽量少的价值创造尽量多的使用价值。换句话说，就是在尽量少的劳动时间里创造出尽量丰富的物质财富。对比生产过程中的所得与所费、收入与支出，就可以确定有无经济效益和经济效益的高低。当生产所得超过生产中的所费，就有多余的资料用于消费和扩大再生产；若生产所得等于所费，生产所得仅仅能够抵偿生产中的所费，那么，生产就只能在原有规模上进行；如果生产所得不足以抵偿生产中的所费，则生产只能在缩小了的规模上进行。唯有在生产所得扣除了所费之后还有结余，生产才有可能在扩大了的规模上进行，而社会再生产规模能否扩大，是社会能不能发展的关键。因此，登记生产项目，把生产过程中所费与所得的数量记录下来，通过对比加以考核，是生产发展的客观需要，也是会计产生的动因。当人类逐步认识到要了解生产过程中的劳动消耗和劳动成果情况，要处理好劳动所费与劳动所得的关系，客观上必须从数量方面对生产活动过程进行记录、计算、分析和比较时，会计就应运而生了。

在早期，由于生产力水平的低下和经济活动的“单纯”，人们只能凭头脑去接收并记忆有关经济活动的信息。当社会与生产活动日益复杂化时，单凭头脑记忆来管理生产活动已不能适应客观需要，于是，人类就学会了运用一定的手段和工具把经济活动中的事物加以量化并记录下来，取代头脑记忆。根据目前拥有的史料记载来看，人类的原始计量、记录行为产生于10万~30万年前的旧石器时代中晚期。一般认为，会计的产生可追溯到人类的史前时期。在一些文明古国，如中国、古巴比伦、古埃及、古印度、古希腊等都有类似于会计记录或会计活动的记载。中国的“书契”、古埃及的“纸草文书”、古巴比伦的“黏土记录板”和古印度的“贝多罗树叶记录”，这些都标志着会计的起源。

（二）会计的发展

会计是为适应人类社会生产实践和经济管理的客观需要而产生的，并随着社会生产的发展而不断发展。

同其他任何事物一样，会计也在不断发展变化。随着商品货币经济的兴起和社会生产的不断发展，会计经历了一个由低级到高级、从简单到复杂、从不完善到逐步完善的漫长发展过程，今后的会计仍将处于不断地发展之中。只要经济活动不停止，会计的变革也不可能终结。在会计发展的历史“长河”中，主要经历了三个发展阶段。

1. 古代会计阶段（旧石器中晚期~15世纪末）

在这一时期，从会计运用的技术方法方面来看，主要涉及原始计量记录的方法、单式簿记等。

人类发生原始计量记录行为的根本前提是人类生产行为的发生和发展。在旧石器时代的中晚期，人们通过在山洞内绘制简单的动物图像，或在骨片上刻画条纹来达到记录分配、消费和储备剩余产品的目的。随着生产力水平的提高，剩余产品的分配、消费及储备问题更显突出，在具备了初步的数的概念后，人们陆续创造出一些符号和表现方法，来对剩余产品的分配、消费和储备进行计量和记录。例如，我国早在原始社会末期就出现了简单的原始计量、记录行为，如“结绳记事”等。商代创建了1~10的数码字和数目的位置制，并有“刻契记数”之说。这些极为简单的原始计量、记录行为，均属于一种综合性的行为，它同其他的计量活动混在一起，包括了统计、业务技术核算等其他经济核算工具，范围很广，没有统一的计量单位，会计独有的专业方法还远远没有形成。在原始社会，会计工作只是生产职能的附带部分，处于萌芽时期。

到了奴隶社会和封建社会这两个以私有制为基础的社会，生产力水平得到进一步的提高。随着私有制的出现，人们开始采用货币计量、记录生产经济活动过程，会计从生产职能中分离出来，形成了独立职能。私人财富的积累导致了受托责任会计的产生，要求会计要采用较为先进和科学的计量记录方法，一方面要反映奴隶主和封建主财产物资的安全，另一方面还要反映财产管理者对责任的履行情况。这些计量记录方法的变革，导致了主要为内部控制服务的单式簿记法的产生。在单式簿记时代，没有统一的会计科目。在官厅会计中，最早是按照国家财政项目进行分类并分项进行核算；而在民间会计中，先后采用过按人名、物名和各项收支项目进行分类、分项核算的形式。在账簿设置方面，世界各国主要是以序时记录为主要特征的流水账。在我国的夏、商时代，单式簿记主要是单一的流水账；在西周至明清时代，单式簿记主要是“三账”，即“草流”“细流”“总清”。在这一时代，结算方法主要经历了盘点结算法、三柱结算法和四柱结算法三个时期。大约在原始社会末期到商代，采用盘点结算法来取得各类财产物资的结存数；从西周到中唐时期，盘点结算法发展成为三柱结算法，用“‘入’（本期收入）－‘去’（本期支出）＝‘余’（本期结存）”来结算本期财产物资增减变化及其结果；到了中唐至清末，三柱结算法发展为四柱结算法，用“‘旧管’（期初结存）＋‘新收’（本期收入）－‘开除’（本期支出）＝‘实在’（期末结存）”这一公式计算出本期财产物资增减变动及其结果。

在古代会计阶段，会计以官厅会计为主，民间会计居于非常次要的地位。

由此可以看出，在人类社会历史发展的初期阶段，会计只是生产职能的附带工作。在社会生产力发展到一定水平后，出现了剩余产品，同时，生产开始社会化。剩余产品的出现，一方面为组织生产、管理和分配产品提供了物质条件，另一方面也成为会计反映的重要内容；生产规模日益扩大、复杂，生产者忙于生产而无暇兼顾会计工作时，会计就从原来的“生产职能的附带部分”中分离出来，逐渐成为一项独立的、由专门人员从事的职业。

2. 近代会计阶段（15 世纪末 ~20 世纪 50 年代）

复式簿记在理论上的总结及推广，打开了会计由古代会计阶段迈向近代会计阶段的大门。国外很多会计学家认为，会计从古代会计阶段跃进到近代会计阶段，是以下面两个重要事件（或称为两个里程碑）为标志的。

第一，复式簿记的诞生是近代会计发展史的第一个重要的里程碑。13 ~ 15 世纪，地中海沿岸的一些城市是世界贸易的中心。其中，意大利的佛罗伦萨、威尼斯等地的商业、手工业和金融业兴旺发达，经济繁荣，独资经营逐渐被合伙经营、代理经营所取代，产生了有别于业主的会计主体概念和损益计算的要求。货币计量开始在会计中得到运用，一种科学的复式记账法也应运而生。1494 年，意大利数学家卢卡·帕乔利（Luca Paciolio）出版了《算术·几何·比与比例概要》，系统地介绍了威尼斯的借贷复式记账法，并从理论上予以阐述，为复式记账法在欧洲乃至全世界广为流传奠定了基础。1581 年，威尼斯会计学院成立，会计作为一门学科开始在学校里传授。之后，借贷复式记账法相继传至德、法、英、美、日、中等国，并得到不断的发展和完善，直至今日仍为世界各国广泛使用。由于复式记账法的运用，以及对经济活动进行科学、全面的记录，商人们避免了因陷入混乱和盲目的商务活动而遭受的损失，并且会计与统计区分开来，同时带动其他会计方法的发展，使会计成为一门科学。正因为如此，复式记账法从它问世起就受到人们的重视，被认为是一个划时代的发明。这一时期，会计工作的主要目标是向业主本人提供有关资产和负债的管理信息，会计职能主要限于资产的记录和保管。

第二，会计报表的产生和注册会计师的出现，是近代会计发展史上的第二个里程碑。

15 ~ 19 世纪，会计的理论和方法的发展仍然比较缓慢。18 世纪末 ~ 19 世纪初，欧洲各主要资本主义国家进行了产业革命，成为当时工业最发达、生产水平最高的地区。

在美国，由于生产力水平的迅速提高，首先产生了适应大生产需要的新的企业组织形式——股份公司。随着工业资本主义的发展，企业固定资产投资规模不断扩大，迫使企业开始计提折旧；工业制造过程日趋复杂，促进了其成本计算程序和方法的发展；所得税的征收，对企业资产的计价方法及其有关理论产生了重大影响，特别是股份有限公司的出现，使为数众多的股东及债权人要求公司定期公布其财务报告，以便做出有效的投资或撤资决策；而公司管理职能的职业化，使得企业管理人员也需要越来越多的财务信息，做出有效的经营管理决策。所有这些，都需要会计从实务上、理论上不断地改进和提高，从而引起了会计内容的变革。

（1）会计内容有所发展。除了原来的记账、算账外，还要编制报表。如在威尼斯簿记的基础上发展了会计报表，充实并完善了由凭证到账簿再到报表的“会计循环”的内容。为满足编制财务报表的需要，还要求研究资产的计价方法和有关理论等。

（2）社会对会计管理也提出了新的要求。在记账和算账的基础上，还要求查账，以考核经理人员履行职责的情况，审查企业的盈利能力和偿债能力。企业的会计需要接受外界的监督，企业的账目只有通过外界，特别是注册会计师的审查签证，才能更取信于人，因为注册会计师是以超然的立场出现的。于是，1854 年，世界上第一个会计师协会——英国的“爱丁堡会计师公会”便应运而生。

（3）会计服务的对象扩大了。职业会计师的出现，使会计成为一种社会活动，不再局限于服务单个企业，而是可以为其他所有企业服务。

这一阶段，会计的内容、职能有了新的发展，会计的目标不仅是面向业主个人，还要面向社会公众，向拥有或将要拥有公司权益的人员提供可靠、相关的会计信息，使之能够根据公司的财务状况、盈利情况等做出正确的投资决策。

与此同时，我国的会计理论和方法也有了新的发展。明末清初，山西的傅山在参考了当时的官厅会计和“四柱清册”记账方法的基础上，设计出了一套简单明了的适用于民间商业的会计核算方法——“龙门账”，运用“进－缴＝存－该”的平衡公式计算盈亏，并编制“进缴表”和“存该表”（相当于现代会计中的“利润表”和“资产负债表”）。傅山将这种双轨计算盈亏并检查账目平衡关系的会计方法形象地称为“合龙门”，“龙门账”也因此而得名。到了清代，随着我国商品货币经济关系逐步萌芽，我国会计工作者在“龙门账”的基础上创立了“四脚账”（又名“天地合”）。在这种方法下，要求对企业发生的一切账项，均应在账簿上记录两笔账，既要登记某一账项的“来账”，同时又要登记该账项的“去账”，以便反映同一账项的来龙去脉。账簿采用垂直书写方式，分上下两格，上格记“收”，称为天，下格记“付”，称为地，上下两格所记数额必须相等，称为“天地合”。“龙门账”和“四脚账”显示了我国历史上传统中式簿记的特色。由此可见，我国会计工作者早在明末清初就已为近代会计中的“复式记账”原理做出了重大贡献。

在近代会计发展史上我们还应该注意的是，第一次世界大战以后，美国无论是在生产上还是在科学技术的发展上都处于遥遥领先的地位，逐渐取代了英国在世界政治经济体系中的中心地位。因此，会计学的发展中心也从英国逐渐转移到美国。如 20 世纪二三十年代，美国对成本会计，尤其是对标准成本会计的研究有了突飞猛进的发展。与此同时，为了使会计工作规范化，提高会计信息的相关性和可靠性，西方各国先后研究和制定了会计原则，把会计理论和方法推上了一个更高的发展水平。此时，会计方法已比较完善，会计科学已经比较成熟。

3. 现代会计阶段（20 世纪 50 年代后）

这一阶段，一方面，股份公司这一经济组织形式得到较快发展，两权分离也导致了财务信息的使用者与提供者的分离。为了满足所有者了解公司财务状况、经营成果等情况的需要，在会计实践中，逐渐形成了以对外提供信息为主并受"公认会计原则"约束的会计，即"财务会计"。另一方面，商品经济有了突破性的进展，企业从事生产经营的外部环境日益复杂，市场更加多变，竞争更加激烈。为了能在激烈的竞争中生存和发展壮大，要求建立科学的管理体制和方法，以便具有灵活反应的适应能力和科学的预见能力。因此，管理当局对会计信息提出了新的要求。为了给企业管理部门正确地进行经营决策和有效经营提供有用的会计信息，满足管理当局的需要，以向内部服务为主，以加强经营管理为核心职能的"管理会计"逐渐地与传统会计相分离，形成了一个与财务会计相对独立的领域。1952 年，国际会计师联合会年会在伦敦召开，会上正式通过了"管理会计"这一专门术语，从此，企业会计被分为财务会计和管理会计两大分支。现代管理会计的出现，是近代会计发展成为现代会计的重要标志。

管理会计的创立和日趋成熟，大大丰富了会计学的内容，使会计进入了其发展历史中的高级阶段；现代数学方法和电子计算机进入会计领域，引起了"会计工艺"的深刻变化，使会计信息的搜索、分类、处理、反馈等操作程序摆脱了手工操作，为"电子数据处理"所取代；跨国公司的蓬勃兴起，出现了"国际会计"这一会计学新的分支；信息论、控制论、系统论和行为科学等新兴学科技术理论的崛起，更是为包括会计学科在内的各门学科的发展提供了新思想和新方法。

从上述会计发展的简单进程可以得出以下结论：

第一，会计的发展史表明，会计的产生和发展与社会经济的发展密切相关，日益发达的商品经济是会计发展的内在动力。会计是在一定的环境之下产生的，并随着环境的变化而变化。会计的发展已经经历了一个由简单到复杂、由低级到高级、由不完善到逐步完善的过程。随着生产力水平和管理水平的不断提高，以及人类对经济效益的追求等，社会经济和人们的生活方式也会发生急剧的变化，这些都会对会计理论和方法提出更高的要求。只要生产和管理在发展，会计的水平就会有新的发展。

第二，会计发展到今天，既是一种管理活动，也是一个信息系统。会计是对生产过程的控制和观念的总结，它从简单的计算和记录财物收支，逐渐发展到用货币计量来综合地反映和监督整个企业的经济活动，并参与经营管理，从而促进企业经济乃至社会经济的发展。社会存在和发展的基础是生产，而生产离不开管理，管理离不开会计。会计是一个为了提高经济效益和加强经济管理，而提供以财务信息为主的经济信息的系统。

二、会计的概念

会计作为一种社会经济现象，随着人类经济活动的发展变化而处于不断变革之中。

由于会计的不断变革和会计所处的社会环境不同，加之人们认识会计的角度和方法有异，因而对会计的定义，不同时空有不同的主流观点，不同的学者也有不同的看法。纵观国内外有关会计的定义，大致有五种观点——管理工具论、管理活动论、艺术论、信息系统论以及既是管理活动又是信息系统。

会计产生和发展的历史告诉我们，会计随着社会经济的发展而处于不断地发展和完善之中。不同社会发展阶段的会计有着不同的反映和控制的具体内容，其发展水平和所采用的方法也各不相同。会计具有时代特征，各个时代的会计特征决定了各国不同时代会计的个性，而各国不同时代会计的共性，就是会计的本质。因此，认识会计的定义，首先必须弄清会计的本质。

无论是过去、现在还是未来，会计都是人们运用会计方法对财产物资或价值进行管理的一种经济管理实践活动。在非商品经济条件下，会计进行管理的内容直接表现为财产物资。在商品经济条件下，会计进行管理的内容则是价值的运动，即对价值的耗费、价值的形成以及所创造的价值与已消耗的价值进行计量、计算、考核和控制，以取得和提高经济效益。管理的目的是为了取得和提高经济效益，因此，会计的本质可以理解为是一种经济管理活动，是人们对再生产过程中的价值运动进行管理的一种经济管理的实践活动。

同时，会计又是一个以提供财务信息为主的经济信息系统。作为一个系统，会计通过信息的提供来执行会计反映的职能，通过信息的利用来执行会计的监督（或控制）职能，从而达到不断加强和改进经营管理，提高经济效益的目的。因此，会计的本质也是一个信息系统。

科学的会计定义应该包括会计的本质、内容、方法和目的。如前文所述，会计本质上既是一种经济管理活动，又是一个信息系统；其方法有会计核算方法、会计控制方法、会计分析方法与会计检查方法等，通过这些会计方法，向报表使用者提供决策所需信息。基于这样的认识，我们可以把会计定义为：会计是以货币作为主要计量单位，以凭证为依据，用一系列专门的技术方法，对一定主体的经济活动进行全面、综合、连续、系统地核算和监督，并向会计信息的使用者提供会计信息的一种经济管理活动。会计的概念包含两层含义：会计的本质是一种经济管理活动；会计的基本特点是以货币为主要计量单位。

三、会计的职能定位

从会计定义中我们可以看出会计是随着生产的发展，逐步从企业各项经营活动中分离出来的一项提高经济效益的管理活动。会计在经济管理工作所具有的功能或能够发挥的作用，即会计的职能，包括核算、监督、预测、参与决策、评价业绩等。随着经济的发展和管理要求的提高，会计职能不断变化并且彼此联系。会计的基本职能是进行核算，实行监督。

（一）会计核算

会计核算是会计的首要职能，它是以货币计量为主要单位，对各单位经济业务活动或者预算执行情况及其结果进行连续、系统、全面的记录和计量，并据以编制会计报表。它要求各单位必须根据实际发生的经济业务事项进行会计核算。其特点表现在如下的三个方面：

（1）会计核算主要是从价值量上反映各经济主体的经济活动状况。会计核算是对各单位的一切经济业务，以货币计量为主，进行记录、计算，以保证会计记录和反映的完整性。

（2）会计核算具有连续性、系统性和完整性。各单位必须对所有客观发生的经济业务，即涉及资金运动或资金增减变化的事项，采用系统的核算体系，按时间顺序，无一遗漏地进行记录。

（3）会计核算应对各单位经济活动的全过程进行反映。随着商品经济的发展，市场竞争日趋激烈，会计已经从对已经发生的经济活动进行事中和事后的记录、核算、分析，以反映经济活动的现实状况及历史状况的同时，发展到事前核算、分析和预测经济前景。

（二）会计监督

会计监督职能，是指会计具有按照一定的目的和要求，利用会计反映职能所提供的经济信息，对企业和行政事业单位的经济活动进行控制，使之达到预期目标的功能。会计的监督职能主要具有以下特点：

（1）会计监督主要是通过价值量指标来进行监督工作的。由于基层单位进行的经济活动，同时都伴随着价值运动，表现为价值量的增减和价值形态的转化，因此，会计通过价值指标可以全面、及时、有效地控制各个单位的经济活动。

（2）会计监督同样也包括事前、事中和事后的全过程的监督。

会计监督的依据有合法性和合理性两种。合法性的依据是国家的各项法律法规，合理性的依据是经济活动的客观规律及企业自身在经营管理方面的要求。

会计核算与会计监督是相互作用、相辅相成的。核算是监督的基础，没有核算，监督就无从谈起；而监督是会计核算质量的保证。

四、会计目标

会计的目标是指在一定的历史条件下，人们通过会计所要实现的目的或达到的最终结果。由于会计是整个经济管理的重要组成部分，会计目标当然从属于经济管理的总目标，或者说会计目标是经济管理总目标下的子目标。在将提高经济效益作为会计终极目标的前提下，我们还需要研究会计核算的目标，即向谁提供信息、为何提供信息和提供何种信息。

根据会计定义，我们可以得知会计核算的目标是向有关各方提供会计信息，以帮助决策。会计的目标，决定于会计资料使用者的要求，也受到会计对象、会计职能的制约。我国《企业会计准则》中对于会计核算的目标做了明确规定：会计的目标是向财务会计报告使用者提供与企业财务状况、经营成果和现金流量等有关的会计信息，反映企业管理层受托责任履行情况，有助于财务会计报告使用者做出经济决策。

上述会计核算的目标，实质上是对会计信息质量提出的要求。它可以划分为两个方面：

第一方面是满足于对企业管理层的监管需要。如资金委托人对受托管理层是否很好管理其资金的评价和监督；工会组织对管理层是否保障工人基本权益的评价；政府及有关部门对企业绩效评价和税收的监管；社会公众对企业履行社会职能的监督等。

第二方面是满足于相关团体的决策需要。如满足潜在投资者投资决策需要；满足债权人是否进行借贷决策需要等。

会计的目标是会计管理运行的出发点和最终要求。会计的目标决定和制约着会计管理活动的方向，在会计理论结构中处于最高层次；同时在会计实践活动中，会计目标又决定着会计管理活动的方向。随着社会生产力水平的提高，科学技术的进步，管理水平的改进及人们对会计认识的深化，会计目标会随着社会经济环境的变化而变化。

五、会计的对象

会计的对象即会计核算和监督的内容。凡是能够以货币表现的经济活动的特定对象，都是会计所核算和监督的内容。而以货币表现的经济活动，通常又称为价值运动或资金运动。

资金运动包括特定对象的资金投入、资金运用、资金退出等过程，而具体到企业、事业、行政单位又有较大的差异。下面以工业为例说明资金运动的过程。

（一）资金的投入

工业企业要进行生产经营，必须拥有一定的资金，这些资金的来源包括所有者投入的资金和债权人投入的资金两部分，前者属于企业所有者权益，后者属于企业债权人权益——企业负债。投入企业的资金要用于购买机器设备和原材料并支付职工的工资等。这样投入的资金最终构成企业流动资产、非流动资产和费用。

（二）资金的循环和周转

工业企业的经营过程包括供应、生产、销售三个阶段。在供应过程中企业要购买原材料等劳动对象，发生材料买入价、运输费、装卸费等材料采购成本，与供应单位发生货款的结算关系。在生产过程中，劳动者借助于劳动手段将劳动对象加工成特定的产品，同时发生原材料消耗、固定资产磨损的折旧费、生产工人劳动耗费的人工费，使企业与职工之间发生工资结算关系，有关单位之间发生劳务结算关系等。在销售过程中将生产的产品销售出去，发生支付销售费用、收回货款、交纳税金等业务活动，并同购货方发生货款结算关系、同税务机关发生税务计算关系。综上所述，资金的循环就是从货币资金开始依次转化为储备资金、生产资金、产品资金，最后又回到货币资金的过程，资金周而复始地循环称为资金的循环。

（三）资金的退出

包括偿还债务、上缴各项税金、向所有者分配利润等，使得这部分资金离开本企业，退出企业的资金循环与周转。

上述资金运用的三阶段是相互支持、相互制约的统一体，没有资金的投入，就没有资金的循环与周转，就不会有债务的偿还、税金的上缴和利润的分配等；没有资金的退出，就不会有新一轮的资金投入，就不会有企业的进步与发展。

其具体过程如图 1.1 所示：

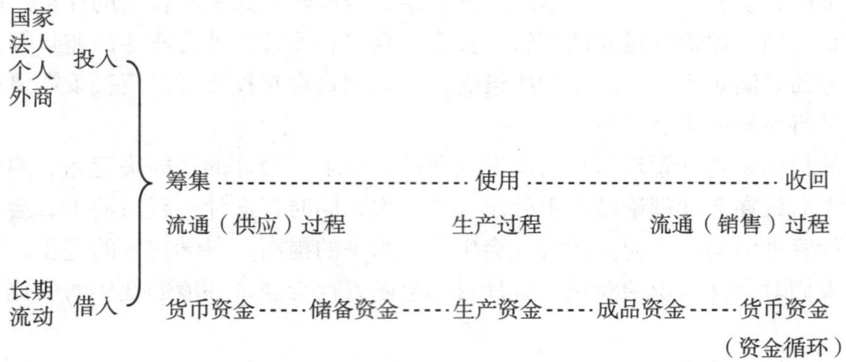

图 1.1　企业的资金运动

第三节　会计要素和会计等式

一、会计要素

会计要素是会计核算对象的基本分类，是设定会计报表结构和内容，也是进行确认和计量的依据。对会计要素加以严格定义，就能为会计核算奠定坚实的基础。会计要素包括资产、负债、所有者权益、收入、费用和利润等。

（一）资产

一个企业从事生产经营活动，必须具备一定的物质资源，或者说物质条件。在市场经济条件下，这些必需的物质条件表现为货币资金、厂房场地、机器设备、原料、材料等，统称为资产，它们是企业从事生产经营活动的物质基础。除以上的货币资金以及具有物质形态的资产以外，资产还包括那些不具备物质形态但有助于生产经营活动的专利、商标等无形资产，也包括对其他单位的投资。

资产有如下特点：第一，资产是过去的交易或事项形成的。这就是说，作为企业资产，必须是现实的而不是预期的资产，它是企业过去已经发生的交易或事项所产生的结果，包括购置、生产、建造等行为或其他交易或事项。预期在未来发生的交易或事项不形成资产，如计划购入的机器设备等。第二，资产是由企业拥有或控制的。企业拥有资产，从而就能够从资源中获得经济利益；有些资产虽然不为企业所拥有，但在某些条件下，对一些由特殊方式形成的资源，企业虽然不享有所有权，但能够被企业所控制，而且同样能够从资产获取经济利益，也可以作为企业资产（如融资性租入固定资产）。而企业没有买下使用权的矿藏、矿山等，都不能作为企业的资产确认。第三，资产预期能够给企业带来经济利益。如货币资金可以用于购买所需要的商品或用于利润分配，厂房机器、原材料等可以用于生产经营过程。制造商品或提供劳务，出售后回收货款，货款即为企业所获得的经济利益。同时该资产的成本或者价值能够可靠计量。

对资产可以做多种分类，常见的是按流动性分类。流动资产是指那些在一年内变现的资产，如应收账款、存货等。有些企业经营活动比较特殊，其经营周期可能长于一年，比如：造船、大型机械制造，从购料到销售商品直到收回货款，周期比较长，往往超过一年，在这种情况下，就不能把一年内变现作为划分流动资产的标志，而是将经营周期作为划分流动资产的标志。长期投资、固定资产、无形资产的变现周期往往在一年以上，所以称为非流动资产。按流动性对资产进行分类，有助于掌握企业资产的变现能力，从而进一步分析企业的偿债能力和支付能力。一般来说，流动资产所占比重越大，说明企业资产的变现能力越强。流动资产中，货币资金、短期投资比重越大，则支付能力越强。

（二）负债

负债是指过去的交易或事项形成的，履行该义务预期会导致经济利益流出企业的现时义务。如果把资产理解为企业的权利，那么负债就可以理解为企业所承担的义务。

负债具有如下特点：第一，负债是由于过去的交易或事项形成的偿还义务。潜在的义务，或预期在将来要发生的交易、事项可能产生的债务不能确认为负债。第二，负债是现时义务。负债是企业目前实实在在的偿还义务，要由企业在未来某个时日加以偿还。第三，为了偿还债务，与该义务有关的经济利益很可能流出企业。一般来说，企业履行偿还义务时，会有经济利益的流出，如支付现金、提供劳务、转让其他财产等。同时，未来流出的经济利益的金额能够可靠计量。

按偿还期限的长短，一般将负债分为流动负债和非流动负债。预期在一年或一个经营周期内到期清偿的债务属于流动负债。除以上情形以外的债务，即为非流动负债，一般包括长期借款、应付债券、长期应付款等。

（三）所有者权益

所有者权益是指企业资产扣除负债后，由所有者享有的剩余权益。所有者权益是所有者在企业资产中享有的经济利益，其金额为资产减去负债后的余额，又称为净资产。

企业资产形成的资金来源，包括债权人借入和所有者直接投入两个方面。向债权人借入的资金，形成企业的负债；所有者投入的资金，形成所有者权益。

所有者权益相对于负债而言，具有以下特点：第一，所有者权益不像负债那样需要偿还，除非发生减值、清算，企业不需要偿还所有者权益。第二，企业清算时，负债往往优先清偿，而所有者权益只有在清偿所有的负债之后才返还给所有者。第三，所有者权益能够分享利润，而负债则不能参与利润分配。所有者权益在性质上体现为所有者对企业资产的剩余收益，在数量上也就体现为资产减去负债后的余额。所有者权益包括实收资本、资本公积、盈余公积和未分配利润四个项目，其中，前两项属于投资者的初始投入资本，后两项属于企业留存收益。

（四）收入

收入是企业在日常活动中形成的、会导致所有者权益增加的、与所有者投入资本无关的经济利益的总流入。

根据收入的定义，确认收入的条件是：

（1）由日常活动形成。日常活动应理解为企业为完成其经营目标所从事的经常性活动以及与之相关的活动。如工业企业销售产品，流通企业销售商品，服务企业提供劳务、出租或出售原材料、对外投资（收取利息、现金股利）等日常活动。

（2）经济利益总流入。经济利益是指现金或最终能转化为现金的非现金资产。收入只有在经济利益很可能流入，从而导致资产增加或者负债减少，经济利益的流入额要可靠计量时才能予以确认。经济利益总流入是指本企业经济利益的流入，包括销售商品收入、劳务收入、使用费收入、租金收入、股利收入等主营业务和其他业务收入，不包括为第三方或客户代收的款项。

（五）费用

费用是指企业在日常活动中发生的、会导致所有者权益减少的、与向所有者分配利润无关的经济利益的总流出。费用与收入相配比，即为企业经营活动中取得的盈利。根据费用的定义，确认费用的条件是：

（1）在日常活动中发生。企业在销售商品、提供劳务等日常活动中所发生的费用，可划分为两类：一类是企业为生产产品、提供劳务等发生的费用，应计入产品成本、劳务成本，包括直接材料、直接人工和制造费用；另一类是不应计入成本而直接计入当期损益的相关费用，包括管理费用、财务费用、销售费用、资产减值损失。计入产品成本、劳务成本等的费用，应当在确认产品销售收入、劳务收入时将已销售产品、已提供劳务的成本计入当期损益。

（2）经济利益流出。费用与收入相反，收入是经济利益流入企业形成的，会增加企业所有者权益；而费用则是企业经济利益的流出，会减少企业的所有者权益，其实质就是一种资产流出，最终导致企业资源减少。费用只有在经济利益很可能流出从而导致企业资产减少或负债增加，而且经济利益的流出额能够可靠计量时才能予以确认。

（六）利润

利润是企业在一定会计期间的经营成果。利润包括收入减去费用后的净额、直接计入当期损益的利得和损失等。直接计入当期损益的利得和损失是指应当计入当期损益、会导致所有者权益发生增减变化的、与所有者投入资本或向所有者分配利润无关的利得和损失。

利润为营业利润和营业外收支净额两个项目的总额减去所得税费用之后的余额。营业利润是企业在销售商品、提供劳务等日常活动中产生的利润；营业外收支是与企业的日常经营活动没有直接关系的各项收入和支出。其中，营业外收入项目主要有捐赠收入、固定资产盘盈、处置因损毁或丧失使用功能等报废的固定资产利得、罚款收入等，营业外支出项目主要有固定资产盘亏、处置因损毁或丧失使用功能等报废的固定资产损失等。其有关公式表示如下：

营业利润＝营业收入－营业成本－营业税金及附加－销售费用－管理费用－财务费用
－资产减值损失＋公允价值变动收益＋投资收益＋资产处置收益

营业收入＝主营业务收入＋其他业务收入

营业成本＝主营业务成本＋其他业务成本

利润总额＝营业利润＋营业外收支净额

净利润＝利润总额－所得税费用

以上各要素，资产、负债及所有者权益能够反映企业在某一个时点的财务状况，例如，能明确在20××年12月31日，企业有120万元的资产，50万元的负债，70万元的所有者剩余权益，因此这三个要素属于静态要素，在资产负债表中予以列示。收入、费用及利润能够反映企业在某一个期间的经营成果，例如，在20××年企业实现了100万元的收入，扣除60万元的成本费用，在20××年这一年内，企业实现了40万元的利润，因此这三个要素属于动态要素，在利润表中列示。

二、会计等式

（一）资产、负债及所有者权益间的关系

由上文可知，资金运动在静态情况下，资产、负债及所有者权益三个要素之间存在平衡关系。资产主要包括两部分：

（1）向外部借的债，即负债。

（2）投资人的投入及其增值部分，即所有者权益。

由此我们可以认为债权人和投资者将其拥有的资本供给企业使用，对企业运用这些资本所获得的各项资产就相应享有一种权益，即为“相应的权益”。由此可见，资产与权益相互依存，有一定数额的资产，必然有相应数额的权益；反之亦然。由此可以推出：

资产＝权益

资产＝负债＋所有者权益　　（1.1）

该等式反映了资产的归属关系，是会计对象的公式化，其经济内容和数学上的等量关系，即是资金平衡的理论依据，也是设置账户、复式记账和编制资产负债表的理论依据。因此，会计上又称为基本会计等式。

（二）收入、费用与利润的关系

资金运动在动态情况下，其循环周转过程中发生的收入、费用和利润存在着平衡关系，其平衡公式如下：

收入－费用＝利润　　（1.2）

若利润为正，则企业盈利；若利润为负，则企业亏损。

（三）综合等式

企业在经营过程中，或盈利，或亏损。在某一时点，“收入－费用＝利润”，利润为正，这个利润就表明经济利益流入大于经济利益流出，即企业资产增多。由此可见：

新的所有者权益＝旧的所有者权益＋利润＝旧的所有者权益＋收入－费用

新资产＝负债＋新的所有者权益　　（1.3）

新资产＝负债＋旧所有者权益＋收入－费用

（四）会计等式的恒等性

由上面分析可以看出，会计等式（1.1）反映资金运动的整体情况，是指企业经营中的某一天（一般是开始日或结算日）的情况。而等式（1.2）反映的是企业资金运动状况，资产加以运用取得收入后，资产便转化为费用，收入减去费用后即为利润，该利润作为资产在下一轮经营中使用，于是便产生等式（1.3）；当利润分配后，等式（1.3）便消失，又回到等式（1.1）。所以不管六大要素如何相互转变，最终均要回到“资产 = 负债 + 所有者权益”。下面举例说明该等式的恒等性。

【例1－1】长江公司20××年12月31日拥有2 000万元资产，其中库存现金0.4万元，银行存款57.6万元，应收账款282万元，存货960万元，固定资产700万元。该公司接受投资形成实收资本1 100万元，银行借款400万元，应付账款400万元，尚未支付的职工薪酬100万元。可用表1.1反映资产、负债、所有者权益间的平衡关系：

表1.1 资产负债表 单位：万元

资产		负债及所有者权益	
库存现金	0.4	银行借款	400
银行存款	57.6	应付账款	400
应收账款	282	应付职工薪酬	100
存货	960	实收资本	1 100
固定资产	700		
合计	2 000	合计	2 000

〖例1－1〗中，资产总额（2 000万元）= 负债及所有者权益（2 000万元）反映了某一时点上企业会计要素之间的平衡关系，这是一种静态关系。

当企业再继续经营时，发生的经济业务会引起各个会计要素数额的增减变化，这些变化总不外乎以下四种类型（具体可以划分为九类①）：

（1）资金进入企业：资产和权益等额增加，即资产增加，负债及所有者权益增加，会计等式保持平衡。

【例1－2】接〖例1－1〗，长江公司次年1月份从银行取得贷款800万元，现已办妥手续，款项已划入本企业存款账户。这项经济业务对会计恒等式的影响为：

资产 + 银行存款增加 =（负债 + 所有者权益）+ 银行借款增加

2 000万元 + 800万元 = 2 000万元 + 800万元

资产2 800万元 = 负债 + 所有者权益2 800万元

可以看出，会计等式两边等额增加800万元，等式没有破坏。

---

① 具体九类为：（1）资产内项目的一增一减；（2）负债内项目的一增一减；（3）所有者权益内项目的一增一减；（4）负债项目增加，所有者权益项目减少；（5）负债项目减少，所有者权益项目增加；（6）资产项目增加，负债项目增加；（7）资产项目增加，所有者权益项目增加；（8）资产项目减少，负债项目减少；（9）资产项目减少，所有者权益项目减少。

（2）资金退出企业：资产和权益等额减少，即资产减少，负债及所有者权益减少，会计等式保持平衡。

【例1－3】 接〖例1－2〗，长江公司支付上年未还的应付货款，已从企业账户中开出转账支票300万元，该经济业务对会计等式的影响为：

资产－银行存款减少额＝（负债＋所有者权益）－应付账款减少额

2 800万元－300万元＝2 800万元－300万元

资产2 500万元＝负债＋所有者权益2 500万元

可以看出，会计等式两边等额减少300万元，等式没有破坏。

（3）资产形态变化：一种资产项目增加，另一种资产项目等额减少，会计等式保持平衡。

【例1－4】 接〖例1－3〗，长江公司开出现金支票2万元，以备日常开支使用。该项经济业务对会计等式的影响为：

资产－银行存款减少额＋现金增加额＝负债＋所有者权益

2 500万元－2万元＋2万元＝2 500万元

资产2 500万元＝负债＋所有者权益2 500万元

可以看出，会计等式一边增加、减少各2万元，等式没有破坏。

（4）权益类别转化：一种权益项目增加，另一种权益项目等额减少，即负债类内部项目之间、权益类内部项目之间或者负债类项目与权益类项目之间此增彼减，会计等式也保持平衡。

【例1－5】 接〖例1－4〗，长江公司应付给三洋公司的应付账款100万元，经协商同意转作三洋公司对长江公司的投资款。该项经济业务对会计等式影响为：

资产＝负债＋所有者权益－应付账款＋接受长期投资

2 500万元＝2 500万元－100万元＋100万元

资产2 500万元＝负债＋所有者权益2 500万元

可以看出，长江公司的负债类项目减少100万元，所有者权益项目增加100万元，等式右边总额没有变化，等式没有破坏。

经过〖例1－1〗～〖例1－5〗的变化后，资产负债如表1.2所示。

表1.2 **资产负债表** 单位：万元

资产		负债及所有者权益	
库存现金	0.4＋2＝2.4	银行借款	400＋800＝1 200
银行存款	57.6＋800－300－2＝555.6	应付账款	400－300－100＝0
应收账款	282	应付职工薪酬	100
存货	960	实收资本	1 100＋100＝1 200
固定资产	700		
合计	2 500	合计	2 500

三、会计信息质量要求

会计信息质量要求是对企业财务报告中所提供的会计信息质量的基本要求，是使财务报告中所提供会计信息对投资者等使用者决策有用应具备的基本特征。根据我国财政部颁布的《企业会计准则——基本准则》的规定，会计信息质量要求包括可靠性、相关性、可理解性、可比性、实质重于形式、重要性、谨慎性、及时性。

（一）可靠性

可靠性要求企业应当以实际发生的交易或者事项为依据进行会计确认、计量和报告，如实反映符合确认和计量要求的各项会计要素及其他相关信息，保证会计信息真实可靠、内容完整。

这一原则包括两个内容：一是会计必须根据审核无误的原始凭证，采用特定的专门方法进行记账、算账、报账，保证所提供的会计信息内容完整、真实可靠。如果会计核算不以实际发生的交易或事项为依据，为使用者提供了虚假的会计信息，会误导信息使用者，使之做出错误的决策。二是会计人员在进行会计处理时应保持客观，运用正确的会计原则和方法，得出具有可检验性的会计信息①。如果会计人员进行会计处理时不客观，同样不能为会计信息使用者提供真实的会计信息，也会导致信息使用者做出错误决策。

（二）相关性

相关性要求企业提供的会计信息应当与财务报告使用者的经济决策需要相关，有助于财务报告使用者对企业过去、现在或者未来的情况做出评价或者预测。这里所说的相关，是指与决策相关，有助于决策。如果会计信息提供后，不能帮助会计信息使用者进行经济决策，就不具有相关性，那么，会计工作就不能完成会计所需达到的会计目标。

根据相关性原则，要求在收集、记录、处理和提供会计信息过程中能充分考虑各方面会计信息使用者决策的需要，满足各方面具有共性的信息需求。对于特定用途的信息，不一定都通过财务报告来提供，也可以采取其他形式加以提供。

（三）可理解性

可理解性要求会计信息简明、易懂，能够简单明了地反映企业的财务状况、经营成果和现金流量，从而有助于会计信息使用者正确理解、掌握企业的情况；会计记录应当准确、清晰，填制会计凭证、登记会计账簿必须做到依据合法、账户对应关系清楚、文字摘要完整；在编制会计报表时，项目勾稽关系清楚、项目完整、数字准确。

（四）可比性

可比性要求企业提供的会计信息应当具有可比性。具体包括下列要求：

一是信息的横向可比。即企业之间的会计信息口径一致，相互可比。企业可能处于不同行业、不同地区，经济业务发生于不同地点，为了保证会计信息能够满足经济决策

---

① 会计信息的可检验性，通常是指不同的会计人员对于相同的交易或事项进行会计处理后应得出相同的结果。

的需要，便于比较不同企业的财务状况和经营成果，不同企业发生相同的或者相似的交易或事项，应当采用国家统一规定的相关会计方法和程序。

二是信息的纵向可比。即同一企业不同时期发生的相同或相似的交易或事项，应当采用一致的会计政策，不得随意改变，便于对不同时期的各项指标进行纵向比较。在此准则要求下，企业不得随意改变目前所使用的会计方法和程序①。一旦做出变更，也要在会计报告附注中做出说明。例如，存货的实际成本计算方法有先进先出法、加权平均法等，如果确有必要变更，应当将变更情况、变更原因及其对企业财务状况和经营成果的影响在财务会计报告附注中说明。

（五）实质重于形式

实质重于形式要求企业应当按照交易或者事项的经济实质进行会计确认、计量和报告，不应仅以交易或者事项的法律形式为依据。如果企业仅仅以交易或者事项的法律形式为依据进行会计确认、计量和报告，那么就容易导致会计信息失真，无法如实反映经济现实和实际情况。

（六）重要性

重要性要求企业提供的会计信息应当反映与企业财务状况、经营成果和现金流量有关的所有重要交易或者事项。企业在选择会计方法和程序时，要考虑经济业务本身的性质和规模，根据特定的经济业务决策影响的大小，来选择合适的会计方法和程序。如果一笔经济业务的性质比较特殊，不单独反映就有可能遗漏一个重要事实，不利于所有者以及其他方面全面掌握这个企业的情况，就应当严格核算，单独反映，提请注意；反之，如果一笔经济业务与通常发生的经济业务没有特殊之处，不单独反映也不至于隐瞒什么事实，就不需要单独反映和提示。并且如果一笔经济业务的金额在收入、费用或资产总额中所占的比重很小，就可以采用较为简单的方法和程序进行核算，甚至不一定严格采用规定的会计方法和程序；反之，如果金额在收入、费用或资产总额中所占的比重较大，就应当严格按照规定的会计方法和程序进行。

重要性与会计信息成本效益直接相关。坚持重要性，就能够使提供会计信息的收益大于成本。对于那些不重要的项目，如果也采用严格的会计程序，分别核算，分项反映，就会导致会计信息成本大于收益。

在评价某些项目重要性时，很大程度上取决于会计人员的职业判断。一般来说，应当从质和量两个方面来进行分析。从性质来说，当某一事项有可能对决策产生一定影响时，就属于重要项目；从数量方面来说，当某一项目的数量达到一定规模时，就可能对决策产生影响。

（七）谨慎性

谨慎性要求企业对交易或者事项进行会计确认、计量和报告时应当保持应有的谨慎，不应高估资产或者收益、低估负债或者费用。对于可能发生的损失和费用，应当加

---

① 根据可比性的要求，企业不得随意改变会计政策。但并不意味着所选择的会计程序和方法不能做任何变更。一般来说，在两种情况下，企业可以变更会计政策。一是有关法规发生变化，要求企业改变会计政策；二是改变会计政策后能够更恰当地反映企业的财务状况和经营成果。

以合理估计。企业经营存在风险，实施谨慎性，对存在的风险加以合理估计，就能在风险实际发生之前化解风险，并防范风险，有利于企业做出正确的经营决策，有利于保护所有者和债权人的利益，有利于提高企业在市场上的竞争力。比如，在存货、有价证券等资产的市价低于成本时，相应地减记资产的账面价值，并将减记金额计入当期损益，就体现了谨慎性。

但是，谨慎性的应用并不允许企业设置秘密准备，如果企业故意低估资产或者收益，或者故意高估负债或者费用，将不符合会计信息的可靠性和相关性要求，损害会计信息质量，扭曲企业实际的财务状况和经营成果，从而对使用者的决策产生误导，这是会计准则所不允许的。

（八）及时性

及时性要求企业对于已经发生的交易或者事项，应当及时进行确认、计量和报告，不得提前或者延后。会计信息具有时效性，才能满足经济决策的及时需要，信息才有价值，所以为了实现会计目标，必须遵循会计信息有效性。

根据及时性，要求及时收集会计数据，在经济业务发生后，应及时取得有关凭证；对会计数据及时进行处理，及时编制财务报告；将会计信息及时传递，按规定的时限提供给有关方面。满足及时性会计信息质量要求，可能会影响会计信息的可靠性。

四、会计要素计量属性

会计计量是为了将符合确认条件的会计要素登记入账并列报于财务报表而确定其金额的过程。企业应当按照规定的会计计量属性进行计量，确定相关金额。计量属性是指所予计量的某一要素的特性方面，如桌子的长度、铁矿的重量、楼房的高度等。从会计角度分析，计量属性反映的是会计要素金额的确定基础，主要包括历史成本、重置成本、可变现净值、现值和公允价值等。

（一）历史成本

历史成本，又称为实际成本，就是取得或制造某项财产物资时所实际支付的现金或者其他等价物。在历史成本计量下，资产按照其购置时支付的现金或者现金等价物的金额，或者按照购置资产时所付出的对价的公允价值计量。负债按照其因承担现时义务而实际收到的款项或者资产的金额，或者承担现时义务的合同金额，或者按照日常活动中为偿还负债预期需要支付的现金或者现金等价物的金额计量。

（二）重置成本

重置成本又称现行成本，是指按照当前市场条件，重新取得同样一项资产需支付的现金或现金等价物金额。在重置成本计量下，资产按照现在购买相同或者相似资产所需支付的现金或者现金等价物的金额计量。负债按照现在偿付该项债务所需支付的现金或者现金等价物的金额计量。

（三）可变现净值

可变现净值是指在正常生产经营过程中以预计售价减去进一步加工成本和销售所必需的预计税金、费用后的净值。在可变现净值计量下，资产按照其正常对外销售所能收到的现金或者现金等价物的金额扣减该资产至完工时估计将要发生的成本、估计的销售费用以及相关税金后的金额计量。

（四）现值

现值是指对未来现金流量以恰当的折现率进行折现后的价值，是考虑货币时间价值因素等的一种计量属性。在现值计量下，资产按照预计从其持续使用和最终处置中所产生的未来净现金流入量的折现金额计量。负债按照预计期限内需要偿还的未来净现金流出量的折现金额计量。

（五）公允价值

公允价值是指市场参与者在计量日发生的有序交易中，出售一项资产所能收到或者转移一项负债所需支付的价格，即脱手价格。

第四节　会计核算的基本前提和核算方法

一、会计核算的基本前提

会计核算的基本前提是对会计核算所处的时间、空间环境所做的合理设定。会计核算的基本前提，是为了保证会计工作的正常进行和会计信息的质量，对会计核算的范围、内容、基本程序和方法所做的假定，并在此基础上建立会计原则。国内外会计界多数人公认的会计核算的基本前提有以下四个。

小问题：假设A公司销售一批原材料给B公司，A公司已经把货物发送给B公司仓库，B公司尚未支付货款。请问，你如何反映这笔经济业务？反映应收账款，还是应付账款？

（一）会计主体（会计实体、会计个体）

会计主体是指会计信息所反映的特定单位，也称为会计实体、会计个体。会计所要反映的总是特定的对象，只有明确规定会计核算的对象，将会计所要反映的对象与其他经济实体区别开来，才能保证会计核算工作的正常开展，实现会计的目标。

会计主体作为会计工作的基本前提之一，为日常的会计处理提供了空间依据。第一，明确会计主体，才能划定会计所要处理的经济业务事项的范围和立场。如把A公司作为会计主体的话，只有那些影响A公司经济利益的经济业务事项才能加以确认和计量。与A公司经济业务无关的原材料资产增加、应付负债的增加等要素的变化，A公司都不予以反映。因此对于“小问题”中那笔同样的经济业务，对于A公司来说，一方面增加一笔收入，同时增加一笔应收账款，而不是相反。同时，对于B公司来说，导致B公司原材料资产增加，同时应付账款负债增加。第二，明确会计主体，将会计主体的经济活动与会计主体所有者的经济活动区分开来。无论是会计主体的经济活动，还是会计主体所有者的经济活动，都最终影响所有者的经济利益，但是，为了真实反映会计主体的财务状况、经营成果和现金流量，必须将会计主体的经济活动与会计主体所有者的经济活动区别开来。

会计主体不同于法律主体。一般来说，法律主体往往是一个会计主体，例如，一个企业作为一个法律主体，应当建立会计核算体系，独立反映其财务状况、经营成果和现金流量。但是，会计主体不一定是法律主体，比如在企业集团里，一个母公司拥有若干个子公司，在企业集团母公司的统一领导下开展经营活动。为了全面反映这个企业集团的财务状况、经营成果和现金流量，就有必要将这个企业集团的财务状况、经营成果和现金流量予以综合反映。有时，为了内部管理需要，也对企业内部的部门单独加以核算，并编制出内部会计报表，企业内部划出的核算单位也可以视为一个会计主体，但它不是一个法律主体。

（二）持续经营

持续经营是指会计主体的生产经营活动将无限期地延续下去，在可以预见的将来，企业不会面临清算、解散、倒闭而不复存在。

企业是否持续经营对会计政策的选择、财产计价及收益的确认和计量影响很大。例如，采用历史成本计价，是设定企业在正常的情况下运用它所拥有的各种经济资源和依照原来的偿还条件偿付其所负担的各种债务，否则，就不能继续采用历史成本计价。例如，在持续经营的前提下，企业取得机器设备价款 10 万元，使用寿命 5 年，能够确定这项资产在未来的生产加工活动中可以给企业带来经济利益，因此可以按支付的所有价款 10 万元作为固定资产的账面成本，其磨损的价值在 5 年内按一定折旧方法计提折旧，并将其磨损的价值计入成本费用。如果企业面临清算，该固定资产只能按当时的公允价值抵偿债务。

由于持续经营是根据企业发展的一般情况所做的设定，企业在生产经营过程中缩减经营规模乃至停业的可能性总是存在的。为此，往往要求定期对企业持续经营这一前提做出分析和判断。一旦判定企业不符合持续经营前提，就应当改变会计核算的方法。

（三）会计分期

会计分期这一前提是从第二个基本前提“持续经营”引申出来的，可以说是持续经营的客观要求。会计分期是指将一个企业持续经营的生产经营活动划分为连续、相等的期间，又称为会计期间。

会计分期的目的是，将持续经营的生产活动划分为连续、相等的期间，据以结算盈亏，按期编报财务报告，从而及时地向各方面提供有关企业财务状况、经营成果和现金流量信息。

根据持续经营前提，一个企业将要按当前的规模和状况继续经营下去。要最终确定企业的经营成果，只能等到企业在若干年后歇业的时候核算一次盈亏。但是，经营活动和财务经营决策要求及时得到有关信息，不能等到歇业时一次性地核算盈亏。为此，就要将持续不断的经营活动划分为一个个相等的期间，分期核算和反映。会计分期对会计原则和会计政策的选择有着重要影响。由于会计分期，产生了当期与其他期间的差别，从而出现权责发生制和收付实现制的区别，进而出现了应收、应付、递延、预提、待摊这样的会计方法。

会计期间一般可以按照日历时间划分，分为年、季、月。最常见的会计期间是一年，按年度编制的财务会计报表也称为年报。在我国，会计准则明确规定，采取公历年度，自每年1月1日至12月31日止。此外，国际上会计期间可以按实际的经济活动周期来划分，其周期或长，或短于公历年度。

会计期间划分的长短会影响损益的确定。一般来说，会计期间划分得越短，反映经济活动的会计信息质量就越不可靠，当然，会计期间的划分也不可能太长，太长了不能很好地满足会计信息使用者及时使用会计信息的需要。因此必须恰当地划分会计期间。

（四）货币计量

货币计量是指采用货币作为计量单位，记录和反映企业的生产经营活动。

企业资产、负债和所有者权益，尤其是资产可以采取不同的计量属性，如数量计量（个、张、根等）、人工计量（工时等）、货币计量。而会计是对企业财务状况和经营成果全面系统的反映，为此，需要货币这样一个统一的量度。企业经济活动中凡是能够用货币这一尺度计量的，就可以进行会计反映，凡是不能用这一尺度计量的，则不必进行会计反映。当然，统一采用货币尺度，也有不利之处，许多影响企业财务状况和经营成果的因素，并不是都能用货币计量的，比如，企业经营战略、在消费者当中的信誉度、企业的地理位置、企业的技术开发能力等。为了弥补货币量度的局限性，要求企业采用一些非货币指标作为会计报表的补充。

在我国，要求采用人民币作为记账本位币，是对货币计量这一会计前提的具体化。考虑到一些企业的经营活动更多地涉及外币，因此规定业务收支以人民币以外的货币为主的单位，可以选定其中一种货币为记账本位币。当然，提供给境内的财务会计报告使用者的应当折算为人民币。

二、核算基础

（一）权责发生制

权责发生制又称应收应付制，它是按照权利和责任是否转移或发生来确认收入和费用归属期间的制度。

权责发生制要求：凡是当期已经实现的收入和已经发生或应当负担的费用，无论款项是否收付，都应当作为当期的收入和费用计入利润表；凡是不属于当期的收入和费用，即使款项已在当期收付，也不应当作为当期的收入和费用。

（二）收付实现制

收付实现制又称现收现付制，它是以实际收到或支付款项为依据，进而确认收入和费用归属期间的制度。目前，随着我国政府会计制度改革，政府会计核算应当实现预算会计和财务会计适度分离并相互衔接，全面、清晰地反映政府财务信息和预算执行信息。行政事业单位开始采用双基础进行会计核算，财务会计采用权责发生制，预算会计采用收付实现制，企业采用权责发生制作为会计核算的基础。

三、核算方法

会计核算的方法，是对会计对象进行连续、系统、全面地核算和监督所应用的方法。主要包括以下七种专门方法：设置会计科目及账户、复式记账、填制和审核凭证、登记账簿、成本计算、财产清查、编制会计报表。这七种方法相互联系共同组成会计核算的方法体系。

（一）设置会计科目及账户

设置会计科目及账户，是对会计对象具体内容进行分类反映和监督的方法。会计对象包含的内容纷繁复杂，设置会计科目及账户就是根据会计对象具体内容的不同特点和经济管理的不同要求，选择一定的标准进行分类，并事先规定分类核算项目，在账簿中开设相应的账户，以取得所需要的核算指标。

正确、科学地设置会计科目及账户，细化会计对象，提供会计核算的具体内容，是满足经营管理需要，完成会计核算任务的基础。

（二）复式记账

复式记账是指对每一项经济业务都要在两个或两个以上的相互联系的账户中进行登记的一种方法。复式记账一方面能全面地、系统地反映经济业务引起资金运动增减变化的来龙去脉；另一方面通过账户之间的一种平衡关系，检查会计记录的正确性。例如，用银行存款6 000元购买材料，采用复式记账法就要同时在“原材料”账户和“银行存款”账户分别反映材料增加了6 000元，银行存款减少了6 000元。这样就能在账户中全面核算并监督会计对象。

（三）填制和审核凭证

各单位发生的任何会计事项都必须取得原始凭证，证明其经济业务的发生或完成。原始凭证要送交会计进行审核，审核其填制内容是否完备、手续是否齐全、业务的发生是否合理合法等，经审核无误后，才能编制记账凭证。记账凭证是记账的依据，原始凭证和记账凭证统称为会计凭证。审核和填制会计凭证是会计核算的一种专门方法，它能保证会计记录的完整、可靠，提高会计核算质量。

（四）登记账簿

账簿是具有一定格式，用来记账的簿籍。登记账簿就是根据会计凭证，采用复式记账法，把经济业务分门别类、内容连续地在有关账簿中进行登记的方法。借助于账簿，就能将分散的经济业务进行分类汇总，系统地提供每一类经济活动的完整资料，了解一类或全部经济活动发展变化的全过程，更加适应经济管理的需要。账簿记录的各种数据资料，也是编制财务报表的重要依据。所以，登记账簿是会计核算的主要方法。

（五）成本计算

成本计算是按照一定对象归集和分配生产经营过程中发生的各种费用，以便确定各对象的总成本和单位成本的一种专门方法。例如工业企业要计算生产产品的成本，就要把企业进行生产活动所耗用的材料、支付的工资以及发生的其他费用加以归集，并计算产品的总成本和单位成本。产品成本是综合反映企业生产经营活动的一项重要指标。正确地进行成本计算，可以考核生产经营过程的费用支出水平，同时又是确定企业盈亏和制定产品价格的基础，并为企业进行经营决策提供重要数据。

（六）财产清查

财产清查就是通过对各项财产物资、货币资金进行实物盘点，对往来款项进行核对，以查明实存数同账存数是否相符的一种专门方法。在财产清查中发现有财产、资金账面数额与实存数额不符的情况，应该及时调整账簿记录，使账存数与实存数一致，并查明账实不符的原因，明确责任。通过财产清查，可以查明各项财产物资、债权债务、所有者权益的情况，可以促进企业加强物资管理，保证财产的完整，并能为编制会计报表提供真实、准确的资料。

（七）编制会计报表

编制会计报表是根据账簿记录的数据资料，采用一定的表格形式，概括、综合地反映各单位在一定时期内经济活动过程和结果的一种方法。编制会计报表是对日常核算工作的总结，是在账簿记录基础上对会计核算资料的进一步加工整理。会计报表提供的资料是进行会计分析、会计检查的重要依据。

从填制会计凭证到登记账簿、编制出会计报表，一个会计常见（一般指一个月）的会计核算工作即告结束，然后按照上述程序进入新的会计期间，如此循环反复，持续不断地进行下去，这个过程也称为会计循环。

上述会计核算的方法相互联系、密切配合，构成了一个完整的核算方法体系（见图 1.2）。这些方法相互配合运用的程序是：

（1）经济业务发生后，取得和填制会计凭证。

（2）按会计科目对经济业务进行分类核算，并运用复式记账法在有关会计账簿中进行登记。

（3）对生产经营过程中各种费用进行成本计算。

（4）对账簿记录通过财产清查加以核实，保证账实相符。

（5）期末，根据账簿记录资料和其他资料，进行必要的加工计算，编制会计报表。

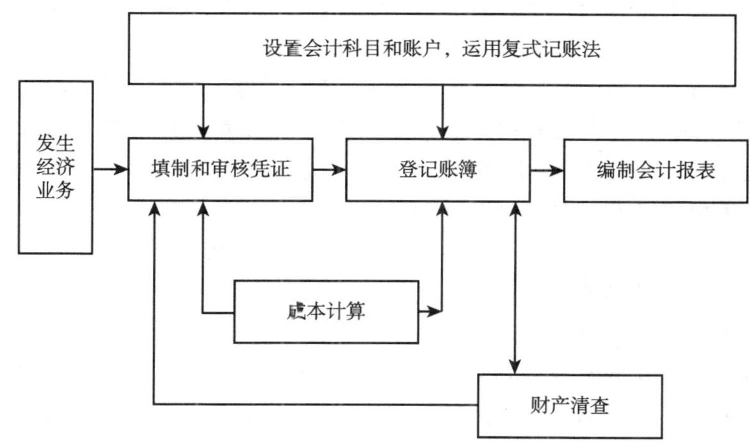

图 1.2　会计核算的方法体系

课后习题

一、思考题

1. 简述会计产生与发展的主要历程。
2. 企业组织形式有哪些？其主要的经济活动有哪些？
3. 什么是会计假设？会计信息质量要求有哪些？
4. 什么是会计要素？各会计要素的关系如何？
5. 会计等式有什么意义？经济业务对会计等式的影响主要有哪几种情况？
6. 比较权责发生制与收付实现制。

二、单选题

1. 下列各项中，属于近代会计产生的标志是（　　）。

A. 司会的设立　　B. 英国工业革命的兴起

C.《证券法》和《证券交易法》的颁布　　D. 复式记账法的产生

2. 下列关于企业资金投入的表述中，正确的是（　　）。

A. 企业的资金投入是指企业所有者投入的资金

B. 企业的资金投入是指企业债权人投入的资金

C. 企业所有者投入的资金形成企业的所有者权益

D. 企业债权人投入的资金形成企业的所有者权益

3. 会计分期基本前提存在的基础是（　　）。

A. 会计主体　　B. 持续经营　　C. 货币计量　　D. 权责发生制

4. 会计是以货币为主要计量单位，对会计主体的经济活动进行（　　）的一种经济管理活动。

A. 核算和管理　　B. 控制和监督　　C. 预测和决策　　D. 反映和核算

5.（　　）对会计对象进行的基本分类，是会计对象的具体内容。

A. 会计要素　　B. 会计主体　　C. 会计科目　　D. 会计账户

6. 下列负债中不属于流动负债的是（　　）。

A. 应付股利　　B. 应付债券　　C. 应交税费　　D. 短期借款

7. 属于企业经营活动而形成的所有者权益是（　　）。

A. 实收资本　　B. 留存收益　　C. 资本公积　　D. 股本

8. 企业的剩余权益即企业的净资产，是指（　　）。

A. 所有者权益　　B. 资本公积　　C. 盈余公积　　D. 实收资本

9. 企业应当按照交易或事项的经济实质进行会计确认、计量和报告，而不应当仅仅按照其法律形式作为会计核算依据，是（　　）的基本要求。

A. 可比性　　B. 权责发生制　　C. 实质重于形式　　D. 可理解性

10. 下列最能体现实质重于形式原则的会计事项是（　　）。

A. 期末计提坏账准备　　B. 固定资产计提折旧

C. 将融资租入的资产视为自有资产核算　　D. 企业销售商品时确认收入

11. 对已发生的交易或事项应当在当期内进行确认、计量和报告，不得提前或滞后，是（　　）的要求。

A. 历史成本　　B. 及时性　　C. 可理解性　　D. 可靠性

12. 企业建立坏账准备金制度，是会计核算中（　　）的要求。

A. 相关性　　B. 可靠性　　C. 谨慎性　　D. 重要性

13. 会计科目是（　　）。

A. 会计要素的名称　　B. 会计项目的名称

C. 会计账户的名称　　D. 会计账簿的名称

14. 下列会计科目中，属于资产类的是（　　）。

A. 预收账款　　B. 应付账款　　C. 预付账款　　D. 其他应付款

15. 下列会计科目中，属于负债类的是（　　）。

A. 预收账款　　B. 管理费用　　C. 制造费用　　D. 应收账款

16. 下列会计科目中，属于成本类的是（　　）。

A. 制造费用　　B. 管理费用　　C. 销售费用　　D. 财务费用

17. 会计科目是对（　　）。

A. 会计对象分类所形成的项目　　B. 会计要素分类所形成的项目

C. 会计方法分类所形成的项目　　D. 会计账户分类所形成的项目

18. 企业在不单独设“预付账款”账户的情况下，预付账款可在（　　）科目下核算。

A. 应收账款　　B. 预收账款　　C. 应付账款　　D. 其他应付款

19. 企业在不单独设“预收账款”账户的情况下，预收账款可在（　　）科目下核算。

A. 应收账款　　B. 预付账款　　C. 应付账款　　D. 其他应收款

20. 在经济业务处理过程中所形成的账户对应关系，是指（　　）。

A. 总分类账与日记账之间的关系　　B. 总分类账与明细分类账之间的关系

C. 总分类账与备查账之间的关系　　D. 有关账户之间的应借应贷关系

三、多选题

1. 整个会计的发展历史，分为（　　）阶段。

A. 原始社会会计　　B. 古代会计　　C. 近代会计　　D. 现代会计

2. 会计职能之间的关系是（　　）。

A. 会计核算是进行会计预测的前提条件　　B. 会计核算是会计管理的基础

C. 会计管理是进行经济决策的前提条件　　D. 会计管理是会计核算的质量保障

3. 会计管理职能主要包括（　　）。

A. 会计预测职能　　B. 会计决策监督　　C. 会计分析职能　　D. 会计控制职能

4. 企业的静态会计要素包括（　　）。

A. 资产　　B. 负债　　C. 所有者权益　　D. 利润

5. 资产具有的基本特征有（　　）。

A. 预期会给企业带来经济效益　　B. 是企业拥有或控制的

C. 是由过去的交易或事项形成的　　D. 是由未来的交易或事项形成的

6. 资产的确认，必须同时具备的两个条件是（　　）。

A. 与该资源有关的经济利益必须流入企业

B. 与该资源有关的经济利益很可能流入企业

C. 该资源的成本或价值能够可靠地计量

D. 该资源的成本或价值很可能可靠地计量

7. 负债具有的基本特征是（　　）。

A. 负债的清偿通常要交付资产或提供劳务

B. 负债是企业承担的现实义务

C. 负债是由过去的交易或事项形成的

D. 负债的履行要放弃资产以满足对方的要求

8. 负债的确认，必须同时具备的两个条件是（　　）。

A. 与该义务有关的经济利益必须流出企业

B. 与该义务有关的经济利益很可能流出企业

C. 未来流出经济利益的金额能够可靠计量

D. 未来流出经济利益的金额很可能可靠计量

9. 企业的权益主要包括（　　）两部分。

A. 资产　　B. 负债　　C. 所有者权益　　D. 盈余公积

10. 企业的留存收益是由（　　）所构成。

A. 未分配利润　　B. 实收资本　　C. 资本公积　　D. 盈余公积

11. 企业的动态会计要素包括（　　）。

A. 收入　　B. 费用　　C. 权益　　D. 利润

12. 收入具有的特点是（　　）。

A. 收入从企业的日常活动中产生，而非偶发的交易或事项中产生

B. 收入可能表现为企业资产的增加，也可能表现为企业负债的减少

C. 收入能导致企业所有者权益的增加

D. 收入只包括本企业经济利益的流入，不包括为第三者或客户代收的款项

13. 费用可能引起企业（　　）。

A. 资产的耗费　　B. 资源减少　　C. 所有者权益减少　　D. 负债减少

14. 下列经济业务中，会引起会计等式右边会计要素发生增减变动的业务有（　　）。

A. 以银行存款偿还前欠货款

B. 某企业将本企业所欠货款转作投入资本

C. 将资本公积转增资本

D. 向银行借款存入银行

15. 会计核算的基本前提，主要包括（　　）。

A. 会计主体　　B. 持续经营　　C. 会计分期　　D. 货币计量

16. 下列属于流动负债账户的是（　　）。

A. 应收账款　　B. 应付账款　　C. 预收账款　　D. 预付账款

第二章　经济业务分析与核算原理

本章要点：

通过本章的学习，理解会计科目与经济业务内容之间的关系，理解复式记账法的基本原理并掌握复式记账法的特点，重点掌握借贷记账法的基本内容，包括记账符号及账户结构、记账规则、账户的对应关系和会计分录、试算平衡；能够深刻理解和熟练掌握账户和借贷记账法，为以后各章的学习打好基础。

对于企业发生的大量的交易和事项所引起的会计要素的增减变化，仅仅通过大脑记忆是不够的，还需要运用专门的方法在专门的载体中对其进行记录，本章将对这一问题进行阐述。

第一节　会计科目与经济业务内容分析

一、企业、经济活动与会计事项

（一）企业的概念

企业一词，源于英语中的“enterprise”，并由日本人将其翻译成汉字词语，传入中国。“enterprise”原意是企图冒险从事某项事业，且具有持续经营的意思，后来引申为经营组织或经营体。

从本源意义上讲，企业与法人、公司等概念不同，它并非严格意义上的法律概念，而是一个经济学的范畴，表示一种作为客观事实的社会现象，一种相对独立且持续存在的各生产要素相结合的组织体。于是学者们尝试从经济学角度把握企业的概念，依新古典企业理论，把企业组织视为投入和产出之间的生产转换函数。企业是一个生产单位，它设立的目的是为了实现利润的最大化；其功能是把土地、劳动等人力资本和非人力资本等生产要素进行投入并转化为一定的产出。

企业的特征主要有三个方面：

（1）从企业存在的社会性质和功能的角度来看，企业是独立从事商品生产经营活动和商业服务的经济组织。

（2）从企业的生存和发展的目的来看，企业以盈利为其活动宗旨。

（3）从企业存在的法律条件来看，企业必须依法成立并具备一定的法律形式。

现代会计，主要是以企业会计为代表。现代企业的组织形式有三种：独资企业、合伙企业和公司制企业。

（二）企业的条件：人、财、物

任何一个企业都应具备一定数量的人、财、物，才有可能顺利开展生产经营活动。

人、财、物都是企业重要的经济资源。在企业管理工作中，人、财、物所处的地位是不同的。其中，人是起主导和决定作用的，财和物是人管理的主要对象。很明显，人对财和物的管理，大体上是从价值和使用价值两个方面进行的。对财的管理，相当于从价值方面进行管理；对物的管理，则相当于从使用价值方面进行管理。

客观事物总是处于运动之中的。企业物的运动，构成了物资流动，如工业企业的物资流动为：现金、银行存款→原材料→在产品→半成品→产成品→现金、银行存款；商品流通企业的物资流动为：现金、银行存款→库存商品→现金、银行存款。企业财的运动，构成了资金的运动，如工业企业的“货币资金→原材料资金→在产品资金→产成品资金→货币资金”；商品流通企业的“货币资金→商品资金→货币资金”。在企业生产经营过程中，除了人员的流动（如聘任→培训→上岗→辞退）相对独立外，物资流动与资金运动是密不可分、相伴相随的。

（三）企业的经营活动

想象你现在有一家从事水果饮品制造的企业，生产和销售柠檬汁，它的整个资金运动包括哪几个部分呢？

1. 资金的筹集：企业的成立与本钱的投入

企业从外部筹集资金主要有两条渠道：一是争取国家、法人、个人或外商投资；二是向金融机构、其他法人、个人举债。企业从国家、法人、个人或外商争取到的投资，形成所有者权益，通常可用作企业在工商行政管理部门注册登记的注册资本；企业从金融机构、其他法人、个人借来的资金，形成负债。

企业通过所有者权益和负债两种方式从外部取得的资金，是以各种各样的资产而存在的，这些资产最常见的有：货币（现金和银行存款）、房屋建筑物和机器设备等固定资产、原材料和商品等。这样，资金的投入一方面使所有者权益或负债增加，另一方面也带来资产的增加。

2. 企业内部供产销：企业的经营与资产形式的变化

企业流动资产从货币资金开始，经过供、产、销各阶段后又重新转换为货币资金。例如：水果饮品制造企业利用货币资金采购原材料如柠檬、调料剂等，采购洗涤剂、榨汁机等设备，进行柠檬饮品的生产，得到柠檬饮料的产成品，投放市场销售，转换为货币资金，过程如图 2. 1 所示。

3. 企业的结束与本金的退出

处于循环周转中的资金有时会离开周转，退出企业，如缴纳税金、分配利润、分派股利和偿还借款等。与企业筹集资金相反，资金退出企业会使资产减少，负债或所有者权益也同时减少。

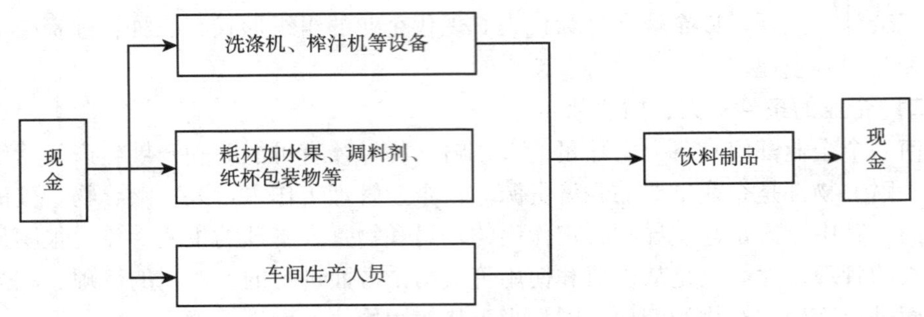

图 2.1 水果饮品制造企业内部供产销示意

（四）会计事项

企业的经济活动很多，涉及人、财、物等多个方面的流动。企业经济活动中应在会计上加以记录的事项，称为会计事项。

交易、事项和情况是进入会计信息系统的基本经济数据或输入数据。交易是指发生在两个不同会计主体之间的价值转移。这种转移可以是双向交换，即：甲方买进某项资产，同时支付现金或承担未来支付现金的义务；同样，乙方卖出资产，取得现金或收取现金的权利；它也可以是单向的，如向另一会计主体进行投资或公益性捐赠等。事项是指发生在主体内部各部门之间的资源的转移，比如生产车间领用原材料、地震导致财产受损等。至于情况，往往是多件事项共同作用后的一种结果。通常，它还可以解释为由于企业外部环境的变化，既未发生交易又未产生事项而对企业会计要素可能造成的影响，如物价、汇兑等的变化对资产或负债产生的影响。困难之处在于确定究竟何时导致情况发生变化。比如，由于债务人破产，导致企业一项应收账款无法回收。这就是一种情况，但具体这种情况何时发生，事先往往难以洞察。

在我国会计工作中，目前的习惯是将交易、事项与情况，统称为“经济业务”，即指那些发生在主体与主体之间或主体内部、导致各会计要素产生实际数量变化的经济活动。

二、会计事项、会计要素与会计科目

一般企业经济活动认定为会计事项的，都可以用会计要素表示出来，而会计科目又是会计要素的细分，更详细地反映企业经济活动的形式。比如：“资产的占用形式——现金和机器设备等”可以对应“资产”，“机器设备”可以对应“固定资产”，“资金的借入与债权人的权益 ”可以对应为“负债”，“一年内的借款”可以对应“短期借款”，“投资者本金的投入”可以对应“所有者权益”，“实缴的资本”可以对应“实收资本”等。

（一）会计科目的概念

企业在经营过程中发生的各种各样的经济业务，会引起各项会计要素发生增减变化。由于企业的经营业务错综复杂，即使涉及同一种会计要素，也往往具有不同性质和内容。例如，固定资产和现金虽然都属于资产，但它们的经济内容以及在经济活动中的周转方式和所引起的作用各不相同。又如应付账款和长期借款，虽然都是负债，但它们的形成原因和偿付期限也是各不相同的。再如所有者投入的实收资本和企业的利润，虽然都是所有者权益，但它们的形成原因与用途并不一样。为了实现会计的基本职能，要从数量上反映各项会计要素的增减变化，就不但需要取得各项会计要素增减变化及其结果的总括数字，而且要取得一系列更加具体的分类和数量指标。因此为了满足所有者对利润构成及其分配情况、负债及构成情况了解的需要，为了满足债务人了解流动比率、速动比率等有关指标并判断其债权人的安全情况的需要，为了满足税务机关了解企业欠缴税金的详细情况的需要，还要对会计要素做进一步的分类。这种对会计要素对象的具体内容进行分类核算的项目称为会计科目。

会计科目是进行各项会计记录和提供各项会计信息的基础，设置会计科目是复式记账中编制、整理会计凭证和设置账簿的基础，并能提供全面、统一的会计信息，便于投资人、债权人以及其他会计信息使用者掌握和分析企业的财务情况、经营成果和现金流量。

（二）设置会计科目的原则

会计科目作为反映会计要素的构成情况及其变化情况，为投资者、债权人、企业管理者等提供会计信息的重要手段，在其设置过程中应努力做到科学、合理、实用，因此在设计会计科目时应遵循下列基本原则：

（1）设置会计科目要符合国家的会计法规体系的规定。国家的会计法规体系，体现了国家对财务会计工作的要求，因此，设计会计科目首先要以此为依据。设置的会计科目，应尽量符合《中华人民共和国会计法》以及《企业会计准则》等法律法规，以便编制会计凭证，登记账簿，查阅账目，实行会计电算化。

（2）设置会计科目要结合所反映会计要素的特点，具有一定的灵活性。设置会计科目必须对会计要素的具体内容进行分类，以分门别类地反映和监督各项经营业务，不能有任何遗漏，即所设置的会计科目应能覆盖企业所有的要素。比如：有些公司制造工业产品，根据这一业务特点就必须设置反映和监督其经营情况和生产过程的会计科目，如“主营业务收入”“生产成本”；而农业企业就可以设置“消耗性生物资产”“生产性生物资产”；金融企业则应设置反映和监督吸收和贷出存款相关业务的科目，如“利息收入”“利息支出”等。此外为了便于发挥会计的管理作用，企业可以根据实际情况自行增设、减少或合并某些会计科目的明细科目。

（3）设置会计科目要全面反映企业经济业务内容。在会计要素的基础上对会计对象的具体内容做进一步分类时，为了全面而概括地反映企业生产经营活动情况，会计科目的设置要保持会计指标体系的完整，企业所有能用货币表现的经济业务，都能通过设置某一会计科目进行核算。

（4）会计科目名称力求简明扼要，内容确切。每一科目，原则上反映一项内容，各科目之间不能相互混淆。企业可以根据本企业具体情况，在不违背会计科目使用原则的基础上，确定适合本企业的会计科目名称。

（三）会计科目的内容和级别

1. 会计科目的内容

根据财政部颁布的《企业会计准则——应用指南》，企业实际工作中需要使用的会计科目如表 2.1 所示。

表 2.1　　　　常用会计科目

编号	会计科目名称	编号	会计科目名称
	一、资产类	2202	应付账款
1001	库存现金	2203	预收账款
1002	银行存款	2211	应付职工薪酬
1012	其他货币资金	2221	应交税费
1101	交易性金融资产	2231	应付利息
1121	应收票据	2232	应付股利
1122	应收账款	2241	其他应付款
1123	预付账款	2501	长期借款
1131	应收股利	2502	应付债券
1132	应收利息	2701	长期应付款
1221	其他应收款	2711	专项应付款
1231	坏账准备	2801	预计负债
1401	材料采购	2901	递延所得税负债
1402	在途物资		三、共同类（略）
1403	原材料		四、所有者权益类
1404	材料成本差异	1405	库存商品
1605	工程物资	1406	发出商品
1606	固定资产清理	1407	商品进销差价
1701	无形资产	1408	委托加工物资
1702	累计摊销	1471	存货跌价准备
1703	无形资产减值准备	1501	持有至到期投资
1711	商誉	1502	持有至到期投资减值准备
1801	长期待摊费用	1503	其他债权投资
1811	递延所得税资产	1511	长期股权投资
1901	待处理财产损溢	1512	长期股权投资减值准备
	二、负债类	1521	投资性房地产
2001	短期借款	1531	长期应收款
2201	应付票据	1601	固定资产

续表

编号	会计科目名称	编号	会计科目名称
1602	累计折旧	6051	其他业务收入
1603	固定资产减值准备	6101	公允价值变动损益
1604	在建工程	6111	投资收益
4001	实收资本	6301	营业外收入
4002	资本公积	6401	主营业务成本
4101	盈余公积	6402	其他业务成本
4103	本年利润	6403	税金及附加
4104	利润分配	6601	销售费用
	五、成本类	6602	管理费用
5001	生产成本	6603	财务费用
5101	制造费用	6701	资产减值损失
5201	劳务成本	6711	营业外支出
5301	研发支出	6801	所得税费用
	六、损益类	6901	以前年度损益调整
6001	主营业务收入		

2. 会计科目的级别

各个会计科目并不是彼此孤立约，而是相互联系、相互补充，组成一个完整的会计科目体系。通过这些会计科目，可以全面、系统、分类地反映和监督会计要素的增减变动情况及其结果，为经营管理提供所需要的一系列核算指标。在生产经营过程中，由于经营管理的要求不同，所需要的核算指标的详细程度也就不同。根据经营管理的要求，既需要设置提供总括核算指标的总账科目，又需要设置提供详细核算资料的二级明细科目和三级明细科目。

（1）总账科目。总账科目即一级科目，也称总分类会计科目，是对会计要素的具体内容进行总括分类的会计科目，是进行总分类核算的依据。为了满足会计信息使用者对信息质量的要求，总账科目是由财政部《企业会计准则——应用指南》统一规定的。

（2）明细科目。明细科目也称为明细分类会计科目、细目，是在总账科目的基础上，对总账科目所反映的经济内容进行进一步详细的分类的会计科目，以提供更详细、更具体的会计信息。如在“原材料”科目下，按材料类别开设“原料及主要材料”“辅助材料”“燃料”等二级科目。明细科目的设置，除了要符合财政部统一规定外，一般根据经营管理需要，由企业自行设置。对于明细科目较多的科目，可以在总账科目和明细科目设置二级或多级科目。如在“原料及主要材料”下，再根据材料规格、型号等开设三级明细科目（见表2.2）。

表 2.2 “原材料”总账和明细账会计科目示意

总账科目（一级科目）	明细科目	
	二级科目（子目）	三级科目（细目）
原材料	原料及主要材料	圆钢、角钢
	辅助材料	润滑剂、石炭酸
	燃　　料	汽油、原煤

实际工作中，并不是所有的总账科目都需要开设二级和三级明细科目，根据会计信息使用者所需不同信息的详细程度，有些只需设一级总账科目，有些只需要设一级总账科目和二级明细科目，不需要设置三级科目等。

3. 会计科目运用举例

【例 2－1】 从银行提取现金 300 元。

该项业务应设置“银行存款”和“库存现金”科目。

【例 2－2】 购买材料 7 000 元，料款尚未支付。

该项业务应设置“原材料”和“应付账款”科目。

【例 2－3】 某投资者投入设备一台，价值 300 000 元。

该项业务应设置“实收资本”和“固定资产”科目。

【例 2－4】 某企业销售产品一批，价值 3 000 元，货款尚未收到。

该项业务应设置“主营业务收入”和“应收账款”科目。

第二节　会计账户及分类

一、会计账户的概念

会计科目只是对会计对象的具体内容（会计要素）进行分类的项目账户。为了能够分门别类地对各项经济业务的发生所引起会计要素的增减变动情况及其结果进行全面、连续、系统、准确的反映和监督，为经营管理提供需要的会计信息，必须设置一种方法或手段，能核算指标的具体数字资料，必须根据会计科目开设账户。所谓会计账户，是指具有一定格式，用来分类、连续地记录经济业务，反映会计要素增减变动及其结果的一种核算工具。所以设置会计科目以后，还要根据规定的会计科目开设一系列反映不同经济内容的账户。每个账户都有一个科学而简明的名称，账户的名称就是会计科目。会计账户是根据会计科目设置的。设置账户是会计核算的一种专门方法，运用账户，把各项经济业务的发生情况及由此引起的资产、负债、所有者权益、收入、费用和利润各要素的变化，系统地、分门别类地进行核算，以便提供所需要的各项指标。

会计账户是对会计要素的内容所做的科学再分类。会计科目与账户是两个既相区别，又有联系的不同概念。它们的共同点是：会计科目是设置会计账户的依据，是会计账户的名称，会计账户是会计科目的具体运用，会计科目所反映的经济内容，就是会计账户所要登记的内容。它们之间的区别在于：会计科目只是对会计要素具体内容的分类，本身没有结构；会计账户则有相应的结构，是一种核算方法，能具体反映资金运用状况。因此，会计账户比会计科目分户更为明细，内容更为丰富。

二、账户的结构和内容

账户是用来记录经济业务的，必须具有一定的结构和内容。作为会计核算的对象，其随着经济业务的发生在数量上发生增减变化，并相应产生变化结果。因此，用来分类记录经济业务的账户必须确定账户的基本结构：增加的数额记在哪里，减少的数额记在哪里，增减变动后的结果记在哪里。

采用不同记账方法，账户的结构是不同的，即使采用同一的记账方法，不同性质的账户结构也是不同的。但是，不管采用何种记账方法，也不论是何种性质的账户，其基本结构总是相同的。具体归纳如下：

（1）任何账户一般都可以划分为左右两方。每一方再根据实际需要分成若干栏次，用来分类登记经济业务及其会计要素的增加与减少，以反映变动的结果。账户的格式设计一般应包括以下内容：①账户的名称，即会计科目；②日期和摘要，即经济业务发生的时间和内容；③凭证号数，即账户记录的来源和依据；④增加和减少的金额；⑤余额。图 2.2 是借贷记账法下的账户结构。

会计科目（账户名称）

日期	凭证号数	摘要	借方	贷方	余额

图 2.2　账户结构

注：借贷记账法下，以借或贷来表示增加或减少的方向。

（2）账户的左右两方是按相反方向来记录增加额和减少额。也就是说，如果规定在左方记录增加额，就应该在右方记录减少额；反之，如果在右方记录增加额，就应该在左方记录减少额。在具体账户的左、右两个方向中究竟哪一方记录增加额，哪一方记录减少额，取决于账户所记录的经济内容和所采用的记账方法。

（3）账户的余额一般与记录的增加额在同一方向。

（4）在账户所记录的主要内容满足这样一个恒等关系：

本期期末余额 = 期初余额 + 本期增加额 − 本期减少额

本期增加额和减少额是指在一定会计期间内（月、季或年），账户在借贷两方分别登记的增加金额合计数和减少金额的合计数，又可以将其称为本期增加发生额和本期减少发生额。本期增加发生额和本期减少发生额相抵后的差额，就是本期期末余额。如果将本期的期末余额转入下一期，就是下一期的期初余额。费用、成本账户和收入、利润账户，在通常情况下，期末没有余额。

为了教学方便，在教科书中经常采用简化格式的T型账来说明账户结构。这时，账户就省略了有关栏次。T型账的格式见图2.3和图2.4。

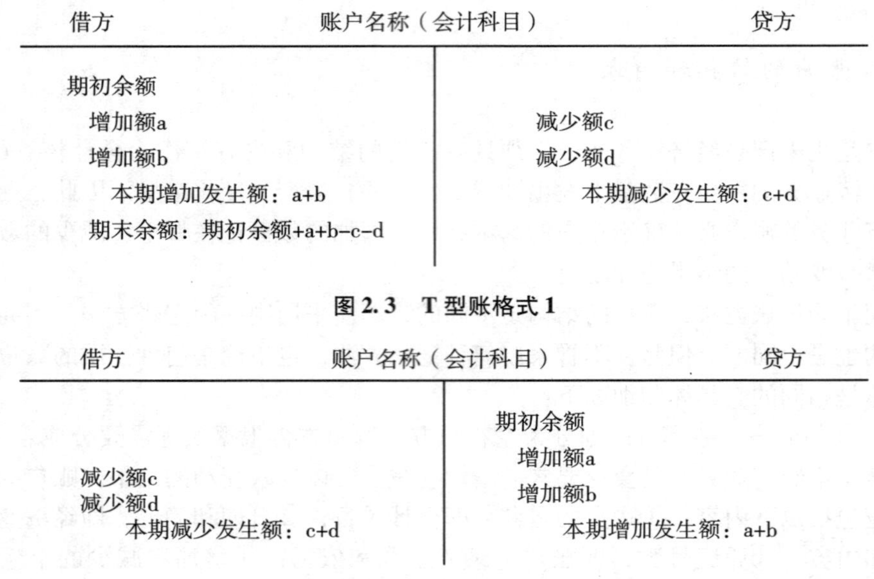

图2.3　T型账格式1

图2.4　T型账格式2

三、总分类账和明细分类账

设置会计账户是会计核算的一种专门方法。会计账户的开设应与会计科目的设置相适应，会计科目按提供核算资料的详细程度分为总账科目、二级明细科目和三级明细科目，会计账户也相应地分为总分类账（一级账户）和明细分类账（二级、三级账户）。通过总分类账户对经济业务进行的核算称为总分类核算。总分类核算只能用货币度量。通过明细分类账户对经济业务进行的核算称为明细分类核算。明细分类核算除了能用货币度量外，有些账户还要用实物度量。总分类账户统驭明细分类账户；明细分类账户则对总分类账户起着进一步补充说明的作用。表2.3列示了“原材料”总分类账与明细分类账户。

表2.3　“原材料”总分类账户和明细分类账户

总账分类账户（一级账户）	明细分类账户	
	二级明细分类账户	三级明细分类账户
原材料	原料及主要材料	圆钢、角钢
	辅助材料	润滑剂、石炭酸

四、账户运用举例

【例2－5】从银行提取现金300元。

该笔业务的T型账如图2.5和图2.6所示。

图2.5　库存现金　　图2.6　银行存款

【例2－6】购买材料7 000元，料款尚未支付。

该笔业务的T型账如图2.7和图2.8所示。

图2.7　原材料　　图2.8　应付账款

【例2－7】某投资者投入设备一台，价值300 000元。

该笔业务的T型账如图2.9和图2.10所示。

图2.9　固定资产　　图2.10　实收资本

【例2－8】某企业销售产品一批，价值3 000元，货款尚未收到。

该笔业务的T型账如图2.11和图2.12所示。

图2.11　应收账款　　图2.12　主营业务收入

第三节　会计的复式记账

如上述两节内容所述，为了连续、系统地反映和监督由于会计交易或事项引起会计要素的增减变动及结果，需要根据会计科目设置会计账户来加以记录。但如何将企业发生的经济业务在账户中进行记录呢？这便是记账方法的问题。按照一定的规则，使用一定的符号，在账户中登记经济业务，这种方法就是记账方法。

随着会计的产生和发展，记账方法总体上经历了一个从简单到复杂、从单式到复式逐渐完善的过程。记账方法可以分为单式记账法和复式记账法两种类型。

一、单式记账法

会计核算中较早采用的记账方法是单式记账法，是指对现金收付业务以及应收、应付的结算业务只在一个账户中进行记录的记账方法。这种方法大都是以钱财、欠人、人欠为记账对象。

【例 2－9】销售商品一批 2 000 元，收到现金 1 200 元，其余 800 元对方暂欠。

分析：对于销售商品的业务，只在“库存现金”账户中记录其增加 1 200 元和“应收账款”账户中记录其增加 800 元；不设置存货类账户对存货的增加或减少予以记录。

【例 2－10】企业用现金 100 元支付办公费用。

分析：该业务只记“库存现金”减少 100 元，至于具体用于哪一项费用就省略不记了，不设置费用类账户对费用的增加或减少予以记录。

【例 2－11】产品生产车间从仓库领用材料和产品入库等实物的收付业务。

分析：不设置任何账户予以记载。

因此，单式记账法除对涉及应收、应付的现金收付业务，要在两个或两个以上的账户（账户记录之间也没有相互联系）中登记之外，对于其他经济业务，都只在一个账户中进行登记或不予以登记。其不能全面反映经济业务的来龙去脉，不便于检查账户记录的正确性。其只适用于经济业务非常简单的单位，目前已很少使用。

二、复式记账法

所谓复式记账法，是指对任何一项经济业务，都必须用相等的金额，在相互联系的两个或两个以上的有关账户中进行登记，借以反映会计对象具体内容增减变化的一种记账方法。

（一）复式记账法的理论基础

复式记账的理论依据是资金运动和会计等式。会计的对象是资金运动，而企业经营过程中所发生的每一项经济业务，都是资金运动的具体过程，只有对企业所有经济业务全部进行核算，才能完整地反映出企业资金运动的全貌，从而为经营管理提供其所需要的全部核算资料。企业发生的所有经济业务无非就是涉及会计要素增加和减少两个方面，可以从会计等式及其来龙去脉两方面来理解复式记账法。

由于企业的全部资产都由某一方（所有者或债权人）拥有索取权，得到以下公式：

资产＝权益

在这一基本会计方程式的基础上可以扩展为如下形式：

资产 = 负债 + 所有者权益

影响主体会计记录的事项称为交易。前面的内容告诉我们每笔交易都会对会计记录产生双重影响。据此，我们设置会计系统来记录一笔交易的两个方面的影响。这也是会计之所以被称作复式记账系统的原因。比如假定小王要开办一家企业，他首先要做的一件事是去银行开立账户，存入 100 000 元，然后由会计师事务所出具验资报告，同时到工商部门进行注册登记。该笔交易的双重影响是，企业拥有了一项资产——现金 100 000 元，小王为所有者，拥有了对这项资产的索取权，也等于 100 000 元。另外，刚成立的企业从银行获取了期限为一年的贷款 150 000 元。该笔交易使企业会计记录也产生了两方面的变化（资产增加，银行的索取权——负债增加）。

总之，登记入账的每笔交易都会影响至少两个项目。每一项会计交易或事项都需根据它对会计等式的双重影响进行分析，总是保持“两边平衡”。可以从资源与索取权、资金来源与运用两个方面理解会计交易或事项对会计等式及资产负债表的双重影响。

（二）复式记账法的特点

如〖例 2 – 10〗，企业除了要在现金账户中作减少 100 元的登记外，还要在有关费用账户中做增加 100 元的记录。这样登记的结果表明，企业现金的支付同费用的发生两者之间是相互联系的，并将该项业务的来龙去脉清楚地进行了表述。由此可见，复式记账法是一种科学的记账方法。其特点是每一项经济业务，要求同时在两个或两个以上相互联系的账户中以相等的金额进行记录，达到全面、系统、连续、综合地反映经济活动的目的。因此被广泛采用。

（三）复式记账法的分类

复式记账法按采用的记账符号和记账规则不同，可分为借贷记账法、收付记账法和增减记账法。

借贷记账法是最早产生的复式记账法，也是当今世界各国通用的复式记账法。

收付记账法，是我国传统的记账方法，其又分为资金收付记账法、现金收付记账法和财产收付记账法。

增减记账法是我国在 20 世纪 60 年代以后开始在商业企业中运用的一种复式记账法。

在上述复式记账法中，借贷记账法是最科学、最完善的复式记账法。为了适应改革开放的需要，并与国际惯例保持一致，我国于 1992 年颁布的《企业会计准则》第 8 条规定：“会计记账采用借贷记账法”，其于 1993 年 7 月 1 日起施行后，借贷记账法成为我国各行各业广泛采用的记账方法。

第四节　借贷记账法

借贷记账法是以“借”“贷”作为记账符号，以“有借必有贷，借贷必相等”作为记账规则的一种复式记账法。首先，借贷记账法是一种复式记账形式，对每一项经济业务都在两个或两个以上相互联系的账户中同时登记；其次，对应账户以相等的金额进行登记；最后，借贷记账法以“借”“贷”作为记账符号，表明经济数据增减变化的记账方向。

借贷记账法在会计核算应用中包括记账符号、账户结构、记账规则、会计分录、试算平衡几个方面的内容。

一、记账符号

（一）记账符号的特定含义

借贷记账法以“借”“贷”作为记账符号。记账符号是用以指明经济业务记录方向和规定使用的符号，用来记录经济业务的增减变化方向。“借”“贷”两字的含义，最初是从借贷资本的角度来解释的，分别表示债权、债务的增减变化。随着商品经济的发展，经济活动的内容日趋复杂，记录的经济业务也不再局限于货币资金的借款业务，而是扩展到记录财产、物资的增减变化和经营损益等。因此，当借贷记账法上升为一种专门的记账方法时，“借”“贷”二字不能只记录债权、债务业务，还应记录企业经济活动的全部内容，以反映会计要素的增减变化。自此，“借”“贷”二字不再有借贷关系所包含的词语上的原义，而成为会计上的专门术语。

（二）记账符号的作用

“借”“贷”二字成为记账符号，在会计核算中具有特定的含义和被赋予特定的功能，具体表现在记账方向、金额变化和金额性质上。

第一，表明记账方向。“借”“贷”在借贷记账法上可以指明账户的记账方向（即借方或贷方）。如前所述，所有账户都有一定格式来说明经济指标的增减变化情况，都包括“借”“贷”两个方向，在借贷记账法下即为借方、贷方。经济业务发生到底记增加还是减少，必须通过借方、贷方来表示，因此，记账方向就是记录因经济业务发生而引起的会计要素的增减情况。

第二，表明指标增减。“借”“贷”指明账户的记账方向的同时还表示已登记在账户中“借方”和“贷方”的数字所涉及的资金数量是增加还是减少的情况。也就是说，经济业务发生引起的经济项目数据的增减如何通过借贷记账法记入“借方”和“贷方”。为此，借贷记账法假设：对于资产和费用账户，登记在借方的数字表示增加，登记在贷方的数字表示减少；对于负债、所有者权益、收入和利润类账户，登记在借方的数字表示减少，登记在贷方的数字表示增加。通过假设，经济业务发生引起的会计要素增减变化可以对应地记录在账户中，并形成对应关系。

第三，表明账户性质。账户性质是指按照经济业务基本要求对会计要素分类的属性。目前，按性质分类一般将会计科目分为资产类、负债类、损益类、成本类、所有者权益类五大类。根据经济项目数据的增减变化，一般假设经济指标的余额在增加方，所以增加方与余额的方向相同。在借贷记账法方法下，记账符号可以指明账户余额的方向。在一般情况下，资产类账户的余额在借方，负债和所有者权益类账户的余额方向在贷方，所以记账符号可以表明账户的性质。

二、账户结构

在借贷记账法中，任何账户都分为借方和贷方，记账时，同一个账户的借贷两方必须做相反的记录，即一方用来登记增加，另一方则用来登记减少。究竟哪一方登记增加额，哪一方登记减少额，就要根据账户所反映的经济内容，也就是根据账户的性质来决定。

（一）资产类账户的结构

反映各项资产的账户称为资产类账户。资产类账户的结构是：账户的借方登记资产的增加额，贷方登记资产的减少额；在一定的会计期间（月、季、年）内，借方登记的增加数额的合计数称为借方发生额，贷方登记的减少数额的合计数称为贷方发生额。在每一会计期末，将借、贷方合计数额相比较，其差额称作期末余额，由于资产的减少额不可能大于它的期初余额与本期增加额之和，所以这类账户期末如有余额，必定在借方。本期的期末余额结转下期，即为下期的期初余额。资产类账户的结构如图 2. 13 所示。

借方		资产类账户	贷方
期初余额	×××	本期减少额	×××
本期增加额	×××		×××
	×××		……
本期借方发生额	×××	本期贷方发生额	×××
期末余额	×××		

图 2. 13 资产类账户的结构示意

资产类账户的“本期借方发生额”为一定会计期间借方登记额（增加）的合计；“本期贷方发生额”为一定会计期间贷方登记金额（减少）的合计；期末余额可根据下列公式计算：

借方期末余额 = 借方期初余额 + 借方本期发生额 − 贷方本期发生额

（二）权益（负债、所有者权益）类账户的结构

对该类账户，由于权益项目与资产项目相反，列在会计等式的右边，且资产的增加额记入借方，所以，借贷记账法规定，权益增加记贷方，减少也就必然记借方，增减相抵后的余额也必然在贷方，表明期末权益的实有数额。其账户基本结构如图 2. 14 所示。

权益类账户的期末余额可根据下列公式计算：

贷方期末余额 = 贷方期初余额 + 贷方本期发生额 − 借方本期发生额

借方	权益类账户		贷方
本期减少额	×××	期初余额	×××
	×××	本期增加额	×××
	……		×××
本期借方发生额	×××	本期贷方发生额	×××
		期末余额	×××

图 2.14　权益类账户的结构示意

（三）成本类账户的结构

企业在生产经营过程中发生的资金耗费而形成的费用，分为计入产品成本的费用、形成企业资产的费用和直接计入当期损益的期间费用。计入产品成本形成企业资产的费用习惯上称为成本费用，反映这一成本费用的账户称为成本类账户。由于成本费用是企业生产经营过程中资产耗费的转化形态，在没有形成产成品这一最终资产之前，是在产品。所以，成本类账户的结构与资产类账户的结构基本相同。

对该类账户，借方记增加，贷方记减少（或转销），期末经转销后一般无余额。在期末如有尚未完工的在产品，一定有期末借方余额，表示在产品成本。其期末余额的计算公式与资产类账户相同。其账户基本结构如图 2.15 所示。

借方	成本类账户		贷方
期初余额	×××	本期减少额	×××
本期增加额	×××		×××
	×××		……
本期借方发生额	×××	本期贷方发生额	×××
期末余额	×××		

图 2.15　成本类账户的结构示意

（四）损益类账户的结构

损益作为企业最终的财务成果，是企业取得的收入和发生的与之配比的费用相抵后的差额。因此，损益类账户又可分为费用类账户和收入类账户两类。

1. 费用类账户的结构

由于费用是要以当期的收入进行抵补的资产耗费，在没有以收入抵补之前，实际上是企业的一种资金运用，所以，费用类账户的结构与资产类账户的结构基本相同。

对该类账户，借方记增加，贷方记减少（或转销、转出），由于与收入相配比的费用要在期末全部转出，以便与收入相抵，因此，该类账户在期末转销后无余额。其账户基本结构如图 2.16 所示。

借方	费用类账户		贷方
期初余额	×××	本期减少额	×××
本期增加额	×××	（或转销、转出）	×××
	×××		……
本期借方发生额	×××	本期贷方发生额	×××
期末通常无余额			

图 2.16　费用类账户的结构示意

2. 收入类账户的结构

由于收入本身是企业经济利益的流入，在没有对费用进行抵补之前会导致所有者权益的增加，所以，收入类账户的结构与权益类账户的结构基本相同。

对该类账户，借方记减少（或转销），贷方记增加，由于本期实现的收入要于期末全部转出，以便与相配比的费用相抵来确定当期利润或亏损。因此，收入类账户在期末经转销后也无余额。其账户的基本结构如图 2.17 所示。

借方	收入类账户		贷方
本期减少额	×××	期初余额	×××
（或转销、转出）	×××	本期增加额	×××
	……		×××
本期借方发生额	×××	本期贷方发生额	×××
	×××	期末通常无余额	

图 2.17　收入类账户的结构示意

（五）小结

根据对上述账户基本结构的论述，可以概括为以下几点：

第一，“借”“贷”两字作为借贷记账法的记账符号，它所表示的含义在不同性质的账户中有所不同，可将其综合归纳为如图 2.18 所示。

借方	贷方
资产的增加	资产的减少
成本的增加	成本的减少
费用支出的增加	费用支出的转销
负债的减少	负债的增加
所有者权益的减少	所有者权益的增加
收入的转销	收入的增加

图 2.18　借贷记账法账户基本结构示意

第二，资产类账户的余额在借方，权益类账户的余额在贷方，即：余额在借方的账户就是资产类账户，余额在贷方的账户就是权益类账户。所以，在借贷记账法下，可以根据账户的余额来判断账户的性质。

第三，由于成本类、费用类账户的结构与资产类账户的结构基本相同，收入类账户的结构与权益类账户的结构基本相同，所以，在借贷记账法下，为便于初学者学习和记账，可将账户的基本结构大体分为两大类：资产（资金运用）类账户和权益（资金来源）类账户。

三、记账规则

（一）借贷记账法的原理

所谓借贷记账法的记账规则，是指运用“借”“贷”记账符号在账户中记录会计事项时所产生的记账模式或规律。

按照复式记账法的要求（对每一笔会计事项在两个或两个以上相互联系的账户中以相等的金额进行记录），根据会计事项引起会计等式变化的四种类型，结合借贷记账法下账户基本结构的原理（对每一会计事项所涉及的账户以借贷相反的方向记录），在借贷记账法下，对于发生的任何一笔会计事项，都必须以相等的金额、借贷相反的方向、在两个或两个以上相互关联的账户中进行登记。结合经济业务的四种变化类型和对借贷记账方法下账户基本结构的分析，不难得出借贷记账法的记账规则为“有借必有贷，借贷必相等”。也就是说，在借贷记账法下，对于任何一项经济业务，都必须同时在两个或两个以上账户进行登记，其中一个（或几个）账户在借方登记，另一个（或几个）账户一定在贷方登记，且记入借方账户的金额与记入贷方账户的金额必定相等。此记账规则是依据以下三个方面的原理来确定的。

1. 复式记账法原理

根据复式记账原理规定，对任何一项经济业务都必须在两个或两个以上相互联系的账户中以相等的金额进行登记。这两个或两个以上相互联系的账户是存在对应关系的对应账户，一方登记借方，另外一方必定在贷方登记，而且金额对应相等。

2. 借贷记账法原理

借贷记账法是以会计恒等式为基本依据来计算每一个账户经济指标的，登记账户金额时要求对每个账户中涉及金额的增减必须以相反的方向进行记录。如资产类账户其借方登记金额的增加，而贷方则登记金额的减少。这样，当经济业务发生时，必须在两个或两个以上相互联系的账户中以相反方向进行登记，即一个或几个账户登记借方，另外一个或几个账户必定在贷方登记，而且金额相等。

3. 对应关系原理

在借贷记账法下，经济业务发生后必然涉及借贷方两类账户，这两类账户存在着应借、应贷的关系，这种关系称为账户的对应关系；存在着相互对应关系的账户，称为对应账户。掌握账户的对应关系有利于充分了解会计要素具体内容增减变化的来龙去脉；通过账户对应关系，就可以清楚地了解每一项经济业务的资金流动状况；通过账户对应关系，可以检查经济业务的处理方法是否合理。如已知“库存现金”账户的借方和“银行存款”账户的贷方发生对应关系，据此，就可以知道此项经济业务表示的具体内容是企业从银行提取现金。

（二）借贷记账法登记经济业务的步骤

运用借贷记账法的记账规则登记经济业务时，一般按以下步骤进行：

第一步：分析经济业务事项登记的账户，并判断账户性质。一项经济业务发生后，首先要分析该项经济业务登记在哪些账户，并判断这些账户性质是资产类、负债类账户、所有者权益类账户，还是成本类账户、损益类账户。

第二步：确定登记账户的金额。

第三步：确定登记账户的金额是增加，还是减少。在第一步基础上，确定经济业务登记账户的金额是增加还是减少。

第四步：确定应记入哪个（或哪些）账户的借方，哪个（或哪些）账户的贷方。根据前面确定的账户及其增减情况，进一步确定应该记入该账户的借方还是贷方。

企业在生产经营过程中发生的经济业务虽然千差万别，但归纳起来不外乎以下四种类型，现以这四种类型的经济业务为例来说明借贷记账法的记账规则。

【例 2－12】光明机械制造有限公司在 20××年 6 月份发生以下几项经济业务，依次分析发生的经济业务所涉及的账户、记账方向及余额。

第一种类型：引起等式两边会计要素同时增加的经济业务。

（1）6 月 1 日收到股东王三追加投入的资本 150 万元，款项已存入银行。

分析：这项经济业务，涉及资产类的“银行存款”和所有者权益类的“实收资本”两个账户，两者涉及的金额都是增加，按照账户结构规定，资产类账户增加额记入借方，所有者权益类账户增加额记入贷方。因此，这项业务应同时记入“银行存款”账户的借方和“实收资本”账户的贷方，且其金额均为 150 万元。

资产类账户（增加额）借方 ←——→ 权益类账户（增加额）贷方

第二种类型：引起等式两边会计要素同时减少的经济业务。

（2）6 月 6 日以银行存款 250 000 元归还欠供货单位购货款。

分析：这项经济业务，涉及资产类的“银行存款”和负债类“应付账款”两个账户，两者涉及的金额都是减少，按照账户结构规定，资产类账户减少额记入贷方，负债类账户减少额记入借方。因此，这项业务应同时记入“应付账款”账户的借方和“银行存款”账户的贷方，且其金额均为 250 000 元。

负债类账户（减少额）借方 ←——→ 资产类账户（减少额）贷方

第三种类型：引起等式左边会计要素发生增减的经济业务。

（3）6 月 9 日从银行提取现金 5 000 元备用。

分析：这项经济业务，涉及“库存现金”和“银行存款”两个资产类账户，前者涉及的金额增加，后者涉及的金额减少，按照账户结构规定，资产类账户增加额记入借方、减少额记入贷方。因此，这项业务应同时记入“库存现金”账户的借方和“银行存款”账户的贷方。

资产类账户（增加额）借方 ←——→ 资产类账户（减少额）贷方

第四种类型：引起等式右边会计要素发生增减，或会计要素内部一个项目的增加、另一个项目的减少的经济业务。

（4）6月10日向银行借入短期款项，直接偿还欠供货单位的货款200 000元。

分析：这项经济业务，涉及“短期借款”和“应付账款”两个负债类账户，前者涉及金额的增加，后者涉及金额的减少，按照账户结构规定，负债类账户增加额记入贷方、减少额记入借方。因此，这项业务应同时记入“短期借款”账户的借方和“应付账款”账户的贷方，且其金额相等均为200 000元。

负债类账户（增加额）贷方 ←——→ 负债类账户（减少额）借方

以上四项经济业务代表了四个类型的经济业务，显然可以得出结论：任何经济业务的发生，不论其涉及哪一类账户，都以相等的金额同时记入一个账户的借方和另一个账户的贷方，也就是以“有借必有贷，借贷必相等”的记账规则来登记账户，其关系如图2.19所示。

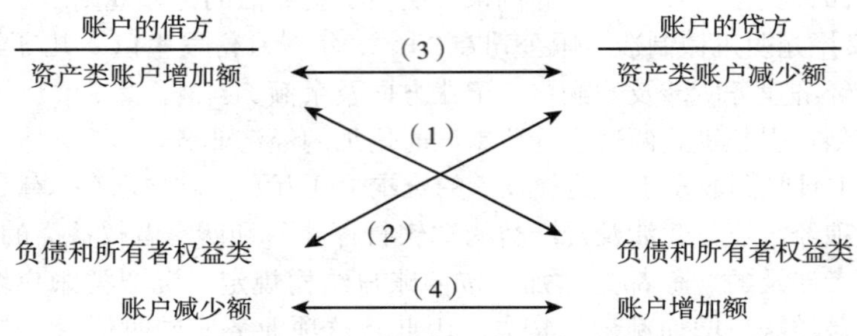

图2.19　四种经济业务类型的借贷关系

注：图中（1）（2）（3）（4）分别对应〖例2－12〗中的4种业务类型。

在实际工作中，经济活动形式多种多样，很多经济业务的对应关系比较复杂，涉及两个以上账户，此时登记账户时同样应遵循“有借必有贷，借贷必相等”的记账规则。比如，〖例2－12〗中还发生了以下第5项业务：

6月20日购入一台不需要安装的设备，价值480 000元，其中300 000元已以转账支票付讫，剩余款项尚未支付（暂不考虑增值税）。

分析：这项经济业务，涉及三个账户，包括“固定资产”“银行存款”两个资产类账户以及“应付账款”一个负债类账户，其中“固定资产”和“应付账款”账户涉及的金额是增加，而“银行存款”账户涉及的金额是减少。按照账户结构规定，资产类账户增加额记入借方、减少额记入贷方，负债类账户增加额记入贷方（见图2.20）。因此，这项业务应记入“固定资产”账户借方480 000元，同时还应记入“银行存款”账户贷方300 000元，“应付账款”账户贷方180 000元，借贷方金额相等。

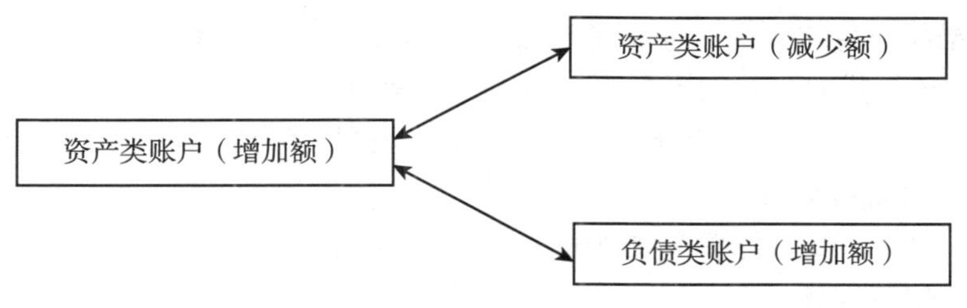

图 2.20　账户增减变动

四、会计分录

（一）账户对应关系与会计分录

账户对应关系是指采用借贷记账法时，各项经济业务发生后所登记的账户之间存在一种相互对立又相互依存的关系，具体表现为所涉及的两个或两个以上账户的应借、应贷关系。发生对应关系的账户称为对应账户。从一个账户的角度来说，与之相对的账户也称为对方账户。如企业到银行取现金备用时，登记在“库存现金”账户的借方与“银行存款”账户的贷方，因此“库存现金”与“银行存款”即为相互对应的账户。“库存现金”账户的对方账户是“银行存款”账户；“银行存款”账户的对方账户是“库存现金”账户。

由于企业日常要发生大量的经济业务，都必须逐笔记入账户，工作量非常大，而且也易发生差错，进而影响到企业所提供的会计信息的正确性。所以，在登记账户之前我们必须做好会计信息整理工作，即填制记账凭证。填制记账凭证是在规定的格式中进行的。为了更好地完成会计教学工作，我们利用会计分录代替记账凭证，也就是说，会计分录的方法一般只有在会计教学中使用。

会计分录可以清晰反映账户之间的对应关系，一定程度上防止记账的差错。会计分录是指按照复式记账的要求，对每项经济业务列示出应借、应贷的账户名称及其金额的一种记录。即在各项经济业务登记到账户之前，都要先根据经济业务的内容，运用借贷记账法的记账规则，确定所涉及的账户及其记账方向和对应金额。

（二）会计分录的格式与编制的基本步骤

1. 会计分录的格式

会计分录的基本格式是：

借：相关账户　　　　　　　　　　×××（金额）

　　贷：相关账户　　　　　　　　　　×××（金额）

2. 会计分录编制的基本步骤

编制会计分录一般按下列步骤进行：

（1）考虑经济业务的发生引起了哪几个会计要素的增减变化。

（2）分析具体涉及哪几个账户，并确定哪些账户增加，哪些账户减少，是同时增加还是同时减少。

（3）根据前两步的分析结果和借贷记账法下账户结构的要求，确定记账方向是记入账户的借方还是贷方，并确定金额是多少，编制会计分录。

（4）用“有借必有贷，借贷必相等”的记账规则对编制的会计分录进行检验。

3. 会计分录编制举例

下面以〖例 2－12〗所举 5 项经济业务为例，编制会计分录如下：

（1）借：银行存款	1 500 000	
贷：实收资本——王三		1 500 000
（2）借：应付账款	250 000	
贷：银行存款		250 000
（3）借：库存现金	5 000	
贷：银行存款		5 000
（4）借：应付账款	200 000	
贷：短期借款		200 000
（5）借：固定资产	480 000	
贷：银行存款		300 000
应付账款		180 000

（三）会计分录种类

编制会计分录的基本原则是明确账户对应关系，理顺经济业务资金的来龙去脉。会计分录按所涉及的账户数量多少，可以分为简单会计分录和复合会计分录。其中简单会计分录，指涉及的账户数量只有两个，也就是一个账户的借方与另一个账户的贷方发生对应关系的会计分录，即一借一贷的会计分录。复合会计分录，指涉及的账户数量在两个以上，也就是一个（多个）账户的借方与另外几个（一个）账户的贷方发生对应关系的会计分录，即一借多贷（多借一贷）的会计分录；或者几个账户的借方和几个账户的贷方发生对应关系的会计分录，即多借多贷的会计分录。企业编制会计分录，可以全面、集中地反映经济业务的全貌，简化记账手续，提高工作效率。

五、试算平衡

借贷记账法还有一项功能就是自动检查记账准确性，这就是试算平衡功能。企业在期末对账过程中，为了检查账户记录是否正确，一般采取编制试算平衡表的方式，根据会计等式的平衡原理，按照记账规则的要求，通过汇总、计算和比较，予以检查、了解记录的准确性。

经济业务发生后，运用借贷记账法的记账规则，对每一项发生的经济业务分别记入有关账户的借方和贷方，借贷两方的发生额必然相等，因此全部账户的借方发生额合计与贷方发生额合计也必然相等。因而，全部账户的借方期末余额合计数与贷方期末余额合计数也必然相等。这就形成了一系列平衡关系，其中最主要的是以下三个方面：

全部账户期初借方余额合计数＝全部账户期初贷方余额合计数

全部账户本期借方发生额合计数＝全部账户本期贷方发生额合计数

全部账户期末借方余额合计数＝全部账户期末贷方余额合计数

期末可以依据上述等式编制总分类账户期末余额试算平衡表和本期发生额试算平衡表，或合并编制总分类账户的期初、期末余额和本期发生额试算平衡表，进行试算平衡，以此来检查账户记录的正确性。试算平衡表编制步骤如下：

（1）将企业各账户的期初余额逐一登记在试算平衡表的期初余额栏目。

（2）根据企业本期发生的经济业务编制会计分录。

（3）将本期各账户期初余额和本期发生额分别记入各账户的 T 型账户中，并计算出期末余额。

（4）将各账户本期借方发生额合计数和贷方发生额合计数及期末余额登记在试算平衡表。

（5）计算出试算平衡表所有账户本期全部借方发生额合计数、所有账户本期全部贷方发生额合计数和所有账户余额合计数。最后，看看发生额与余额是否相等。下面举例说明试算平衡表的编制。

【例 2－13】 假设某企业有关账户的期初余额如表 2.4 所示，本期发生额参见本节〖例 2－12〗的 5 项经济业务。

表 2.4　　　　某企业账户期初余额　　　　单位：元

账户名称	借方余额	账户名称	贷方余额
库存现金	80 000	短期借款	40 000
银行存款	2 000 000	应付账款	900 000
应收账款	800 000	实收资本	3 000 000
原材料	600 000	盈余公积	1 400 000
库存商品	360 000		
固定资产	1 500 000		
合计	5 340 000	合计	5 340 000

为了编制试算平衡表，可先将本期发生的经济业务计入有关账户，并计算出各账户的期末余额，如图 2.21 所示。

银行存款

期初余额 2 000 000	250 000
1 500 000	5 000
	300 000
期末余额 2 945 000	

短期借款

	期初余额 40 000
	200 000
	期末余额 240 000

实收资本

	期初余额 3 000 000
	1 500 000
	期末余额 4 500 000

应付账款

250 000	期初余额 900 000
200 000	180 000
	期末余额 630 000

库存现金

期初余额 80 000	
5 000	
期末余额 85 000	

固定资产

期初余额 1 500 000	
480 000	
期末余额 1 980 000	

图 2.21　有关账户发生额及余额

根据以上资料编制总分类账户发生额、余额试算平衡表，分别如表 2.5 和表 2.6 所示。

表 2.5　总分类账户发生额试算平衡表

20××年 6 月 30 日　　单位：元

账户名称	本期发生额	
	借方	贷方
银行存款	1 500 000	555 000
库存现金	5 000	
固定资产	480 000	
短期借款		200 000
应付账款	450 000	180 000
实收资本		1 500 000
合计	2 435 000	2 435 000

表 2.6　总分类账户余额试算平衡表

20××年 6 月 30 日　　单位：元

账户名称	期末余额	
	借方	贷方
库存现金	85 000	
银行存款	2 945 000	

续表

账户名称	期末余额	
	借方	贷方
应收账款	800 000	
原材料	600 000	
库存商品	360 000	
固定资产	1 980 000	
短期借款		240 000
应付账款		630 000
实收资本		4 500 000
盈余公积		1 400 000
合计	6 770 000	6 770 000

在实际工作中，还可以将总分类账户发生额试算平衡表和总分类账户余额试算平衡表合并在一起，并结合各账户的期初余额，编制总分类账户发生额及余额试算平衡表（见表2.7）。在一张表上既可以进行总分类账户借贷发生额平衡的试算，又能进行总分类账户借贷余额平衡的试算。

表2.7　　总分类账户发生额及余额试算平衡表

20××年6月30日　　单位：元

账户名称	期初余额		本期发生额		期末余额	
	借方	贷方	借方	贷方	借方	贷方
库存现金	80 000		5 000		85 000	
银行存款	2 000 000		1 500 000	555 000	2 945 000	
应收账款	800 000				800 000	
原材料	600 000				600 000	
库存商品	360 000				360 000	
固定资产	1 500 000		480 000		1 980 000	
短期借款		40 000		200 000		240 000
应付账款		900 000	450 000	180 000		630 000
实收资本		3 000 000		1 500 000		4 500 000
盈余公积		1 400 000				1 400 000
合计	5 340 000	5 340 000	2 435 000	2 435 000	6 770 000	6 770 000

必须指出，如果发生额或余额借贷方金额不等，则表明账户记录有错误。但即使发生额或余额借贷方金额相等，也不足以说明账户记录完全正确，因为如果出现漏记或重记某项经济业务、借贷方向颠倒等情况，不能通过试算平衡发现。因此，根据试算平衡的结果只能确认账户记录的基本正确。

课后习题

一、思考题

1. 为什么任何经济业务的发生都不会破坏会计恒等式的平衡关系？
2. 什么是会计科目？会计科目分为哪几类？设置会计科目应遵循哪些原则？
3. 什么是账户？账户与会计科目有什么区别与联系？
4. 试说明账户的基本结构及一个完整的账户结构应包括的内容。
5. 什么是复式记账法？它有什么特点？
6. 什么是借贷记账法？包括哪些基本内容？
7. 什么是借贷记账法的试算平衡？有哪几种编制方法？
8. 试说明借贷记账法下的记账符号和账户结构。

二、实务练习

1. 练习常用会计科目的分类（见表 2.8）。

表 2.8 会计科目分类

会计科目	资产类	负债类	所有者权益	成本类	损益类
库存现金					
生产成本					
主营业务成本					
原材料					
固定资产					
累计折旧					
预收账款					
实收资本					
预付账款					
财务费用					
银行存款					
资本公积					
应收账款					
应付账款					
主营业务收入					

要求：表 2.8 中的会计科目各属于哪类？请在其对应的单元格中画“√”。

2. 熟悉各类账户的结构。

资料：某企业 20××年 6 月份有关账户的资料如表 2.9 所示。

表 2.9　　各账户金额变动情况　　单位：元

账户名称	期初余额	本期借方发生额	本期贷方发生额	期末余额
库存现金	2 300	3 000	4 000	
预付账款	2 500		5 000	2 000
应付账款	3 000	6 000		3 500
固定资产	200 000	80 000	30 000	
资本公积		50 000	60 000	100 000
原材料	20 000		30 000	40 000
预收账款		3 000	5 000	8 000

要求：计算表中各账户的有关数据并填在相应的空格中。

3. 练习运用借贷记账法编制会计分录和登记账户。

资料：某企业 20××年 6 月初有关账户的期初余额如表 2.10 所示。

表 2.10　　有关账户期初余额　　单位：元

资产	金额	负债及所有者权益	金额
库存现金	2 000	短期借款	160 000
银行存款	80 000	应付账款	80 000
应收账款	26 000	应交税费	100 000
原材料	12 000	长期借款	1 000 000
库存商品	150 000	实收资本	2 460 000
生产成本	130 000	资本公积	150 000
固定资产	3 800 000	盈余公积	250 000
合计	4 200 000	合计	4 200 000

该企业 6 月份发生如下经济业务：

（1）从银行提取现金 4 800 元。

（2）接受新股东投入资本 600 000 元，款项已存入银行。

（3）车间向仓库领用材料一批，价值 2 000 元，用于 A 产品的生产。

（4）以银行存款 50 000 元偿还应付供货单位货款。

（5）以银行存款购入全新汽车一辆，价值 250 000 元。

（6）向银行取得 3 年期的借款 500 000 元，存入银行。

(7) 以银行存款缴纳各种税金50 000元。

(8) 收到某股东投入材料一批，价值500 000元，材料已经验收入库。

(9) 经批准以资本公积100 000元转增资本。

(10) 收到购货单位前欠货款21 000元，款已存入银行。

(11) 以银行存款归还到期的短期借款140 000元。

(12) 完工产品一批已验收入库，其成本为650 000元。

(13) 将盈余公积150 000元转增资本。

要求：

(1) 根据上述各项经济业务，用借贷记账法编制会计分录。

(2) 开设各账户（T型账户）登记期初余额、本期发生额及期末余额，编制总分类账户发生额和余额试算平衡表。

三、单选题

1. 在借贷记账法下，所有者权益账户的期末余额等于（　　）。

A. 期初贷方余额 + 本期贷方发生额 − 本期借方发生额

B. 期初借方余额 + 本期贷方发生额 − 本期借方发生额

C. 期初借方余额 + 本期借方发生额 − 本期贷方发生额

D. 期初贷方余额 + 本期借方发生额 − 本期贷方发生额

2. “资产 = 负债 + 所有者权益”会计等式又称静态会计等式，是编制（　　）的理论基础。

A. 资产负债表　　B. 利润表　　C. 现金流量表　　D. 产品成本表

3. “利润 = 收入 − 费用”会计等式又称动态会计等式，是编制（　　）的理论基础。

A. 资产负债表　　B. 利润表　　C. 现金流量表　　D. 产品成本表

4. 借贷记账法最早产生于（　　）。

A. 我国商代　　B. 英国　　C. 意大利　　D. 法国

5. 我国现行的会计准则规定的记账方法是（　　）。

A. 收付记账法　　B. 增减记账法　　C. 借贷记账法　　D. 单式记账法

6. 借贷记账法下，账户的借方登记什么，贷方登记什么，取决于（　　）。

A. 账户的结构　　B. 记账方法　　C. 账户的方向　　D. 账户的名称

7. 借贷记账法记账符号“借”表示（　　）。

A. 资产增加，权益减少　　B. 资产减少，权益增加

C. 资产增加，权益增加　　D. 资产减少，权益减少

8. 下列不符合借贷记账法记账规则的是（　　）。

A. 资产与权益同时减少，总额减少　　B. 资产与负债有增有减，总额增加

C. 资产与权益同时增加，总额增加　　D. 权益内部有增有减，总额不变

9. 下列会计分录中，属于简单会计分录的是（　　）。

A. 多借一贷　　B. 一借多贷　　C. 多借多贷　　D. 一借一贷

10. 账户的对应关系是（　　）并据以记账的基础。

A. 编制会计分录　　B. 编制会计报表　　C. 账户分类　　D. 编制会计凭证

11. 账户的分类基础是按照（　　）进行分类。

A. 经济内容　　B. 经济用途　　C. 结构　　D. 经济性质

12. 关于结算账户，以下说法正确的是（　　）。

A. 按账户的具体用途和结构，结算账户又可分为债权结算账户和债务结算账户两类

B. 债权结算账户借方登记减少数，贷方登记增加数

C. 债务结算账户的期末余额通常在借方，也有可能在贷方

D. 债权债务结算账户兼有资产类账户和负债类账户的双重属性

13. 下列账户中，属于资本账户的是（　　）。

A. 应收账款　　B. 资本公积　　C. 应付账款　　D. 预收账款

14. 下列账户中，属于财务成果计算账户的是（　　）。

A. 本年利润　　B. 利润分配　　C. 主营业务收入　　D. 盈余公积

15. “固定资产”账户的借方余额减去“累计折旧”账户的贷方余额后的数额表示固定资产的（　　）。

A. 原始价值　　B. 账面净值　　C. 账面价值　　D. 重置价值

16. “累计折旧”账户按照经济内容分类，属于（　　）账户。

A. 资产类　　B. 负债类　　C. 成本类　　D. 损益类

四、多选题

1. 借贷记账法的记账符号“贷”对于下列会计要素表示增加的有（　　）。

A. 资产　　B. 负债　　C. 所有者权益　　D. 收入

2. 以下各项中，通过试算方法无法发现的错误有（　　）。

A. 漏记或重记某项经济业务　　B. 借贷记账方向彼此颠倒

C. 方向正确但记错账户　　D. 账户正确但记错方向

3. “资产＝负债＋所有者权益”会计等式是（　　）。

A. 复式记账法的理论依据　　B. 编制资产负债表的理论基础

C. 登记账户的理论依据　　D. 编制利润表的理论基础

4. 属于复式记账法的方法有（　　）。

A. 收付记账法　　B. 借贷记账法　　C. 增减记账法　　D. 收支记账法

5. 复式记账法的优点主要有（　　）。

A. 可以进行试算平衡

B. 可以了解经济业务的来龙去脉

C. 可以完整、系统地反映经济活动全过程和结果

D. 可以检查账户记录的正确性

6. 在借贷记账法下，账户借方登记的内容有（　　）。
A. 资产、费用账户的增加
B. 资产、费用账户的减少
C. 负债、所有者权益、收入账户的增加
D. 负债、所有者权益、收入账户的减少
7. 在借贷记账法下，账户的贷方登记的内容有（　　）。
A. 资产、费用账户的增加
B. 资产、费用账户的减少
C. 负债、所有者权益、收入账户的增加
D. 负债、所有者权益、收入账户的减少
8. 会计分录应包含的要素是（　　）。
A. 记账方法　　B. 应借、应贷账户方向
C. 记账金额　　D. 账户名称
9. 复合会计分录，主要包括（　　）。
A. 一借一贷　　B. 多借多贷　　C. 多借一贷　　D. 一借多贷
10. 下列差错不能通过编制试算平衡表进行查证的是（　　）。
A. 一笔经济业务借贷两方都在账户中漏记或重记
B. 一笔经济业务的会计分录，借方金额和贷方金额发生了相同的错误
C. 一笔经济业务应借、应贷账户被颠倒了或错用了账户名称
D. 一笔经济业务记账时一方多记了金额，而另一方少记了金额
11. 借贷记账法的试算平衡方法有（　　）。
A. 会计等式法　　B. 发生额平衡法
C. 余额平衡法　　D. 差额平衡法
12. 借贷记账法的试算平衡原理是（　　）。
A. 全部账户的借方期初余额合计数等于全部账户的贷方期初余额合计数
B. 全部账户的本期借方发生额合计数等于全部账户的本期贷方发生额合计数
C. 全部账户的借方期末余额合计数等于全部账户的贷方期末余额合计数
D. 全部账户的借方期初余额合计数等于全部账户的借方期末余额合计数
13. 会计科目设置应遵循的原则有（　　）。
A. 完整性原则　　B. 互斥性原则
C. 简明性原则　　D. 适用性原则
14. 总分类账户和明细分类账户平行登记的要点是（　　）。
A. 同时期登记　　B. 同方向登记
C. 等金额登记　　D. 等数量登记
15. 会计科目与账户的关系，主要体现在（　　）。
A. 会计科目和账户都是按照会计要素的经济内容进行设置的
B. 会计科目和账户反映的经济内容是相同的
C. 会计科目是账户的名称，账户是按照会计科目开设的

D. 账户有结构，而会计科目没有结构

16. 总分类账户和明细分类账户之间的关系是（　　）。

A. 总分类账户提供的是总括指标，它是明细分类账户的集中和概括

B. 明细分类账户提供的是详细具体指标，它是总分类账户的补充

C. 总分类账户对所属明细分类账户起着统驭和控制作用

D. 明细分类账户对总分类账户起着从属和辅助作用

第三章 制造业企业的资金循环业务处理

本章要点：

前述企业的会计对象是指企业生产经营活动过程中的资金运动，包括：资金筹集、资金循环与周转、资金退出。由于制造业企业的业务活动比较全面，所以，本章以制造企业为例来阐述制造企业经济业务核算的基本理论和方法。通过本章的学习，要求了解制造企业生产经营及资金循环的过程，掌握借贷记账法的应用，以及资金筹集业务、购进业务、生产业务、销售业务、期间费用、利润形成及分配等主要经济业务核算的内容及会计处理方法。

第一节 制造业企业主要经济业务

一、制造业企业的主要经济业务内容

制造业企业的生产经营过程，由供应过程、生产过程和销售过程构成。企业为了进行生产经营活动，首先必须通过一定的渠道筹集相应的资金，以满足生产经营的需要。企业从各种渠道筹集的资金，首先主要表现为货币资金。这些资金主要由所有者投入和债权人提供，随着生产经营活动的进行，不断地被运用出去，其形态也相应地从货币资金变成生产资金，最后再变成货币资金。这种变化周而复始不断进行，形成了资金的循环和周转。具体地，制造业企业主要经济业务内容可归纳为以下 5 种：资金筹集业务；供应过程业务；生产过程业务；产品销售过程业务；财务成果形成与分配业务。

二、对制造业企业的主要经济业务内容的理解

（一）资金筹集业务

接受投资，或借入债务，为生产经营筹集资金。

（二）供应过程业务

此过程主要包括购建固定资产，进行设备安装，核算设备的购置成本；进行材料采购，计算材料采购成本、办理货款结算，核算采购材料增值税进项税额等。在供应过程中，企业用现金或银行存款等货币资金建造厂房、购买机器设备和各种材料物资，为生

产准备必要的生产资料，这时资金就由货币资金形态转化为固定资金形态和储备资金形态。

（三）生产过程业务

生产过程业务主要包括：组织产品生产，消耗设备、材料、人工；计算并结转完工产品成本；办理产成品验收入库手续等。生产过程既是产品的生产过程，也是各种物化劳动和活劳动的耗费过程。在生产过程中，劳动者借助于劳动手段作用于劳动对象之上，创造出新的产品。在这一过程中，企业要发生各种材料消耗、工资支付、固定资产损耗、水电动力费用的支付等业务。这些费用都需要按照产品的种类进行归集和分配，计算产品的生产成本。这时资金就从固定资金、储备货币资金转化为生产资金形态。随着产品制成和验收入库，资金又从生产资金形态转化为成品资金形态。

（四）产品销售过程业务

产品销售过程业务主要包括：发出对外销售产品；结算销售产品货款；计算并交纳税金；计算并结转销售产品成本等。销售过程是企业将自己生产出来的产品作为商品投放市场，获得货币资金的过程。在销售过程中，企业将产品销售给购买单位，要收取货款，这时成品资金又转化为货币资金。同时，企业要支付包装、运输、广告等销售费用，还要根据税法的规定缴纳各种税金。企业除进行产品生产以外，还会发生一些其他经营业务，如对外进行短期和长期投资等，也会取得收入和支付费用。

（五）财务成果形成与分配业务

将企业一定期间所取得的全部收入与全部费用支出相抵后的差额，即为企业的财务成果（利润或亏损）。对于实现的利润，应按国家规定的分配程序进行分配；对于发生的亏损，还要进行弥补。在企业交纳所得税后，一部分作为留存收益形成盈余公积，继续参与资金循环与周转；另一部分则按投资比例分配给企业的投资者，资金退出企业。

因此，资金筹集业务、生产准备业务、产品生产业务、产品销售业务以及财务成果的形成和分配业务，共同构成制造业企业的主要经济业务。为了全面、连续、系统地反映和监督以上企业的主要经济业务，在会计工作中必须设置一系列账户，并运用借贷记账法，进行账务处理。下面我们将分节研究各类主要经济业务的核算及相关成本的计算问题。

第二节　资金筹集业务的核算

一、资金筹集业务的主要内容

企业的成立，首先必须筹集到所需要的资金。为了进行正常的生产经营活动，每个企业都必须拥有一定数量的经营资金，作为从事生产经营活动的物质基础，这些资金都是从不同的来源渠道获得的。企业筹集资金的方式可以分为权益筹资和债务筹资，即：一是所有者投入；二是向债权人借入。因此，资金筹集业务的核算主要包括所有者投入资本业务的核算和向债权人借入资金业务的核算。

二、所有者投入资本业务的核算

（一）投入资本的分类

通过权益筹资方式筹集资金就是吸收投资者的投资。投入资本是指企业的投资者实际投入企业经营活动的各种财产物资，这部分资金是企业从事生产经营活动的基本条件，是企业独立承担民事责任的资金保证。

投入资本按其投资主体不同，分为国家投入资本、法人投入资本、个人投入资本和外商投入资本。

国家投入资本是指有权代表国家投资的政府部门或者投资机构以国有资产投入企业形成的资本金数额，包括国家以各种形式对企业的实物投资、货币投资以及所有权属于国家的发明创造、技术成果等无形资产投资。

法人投入资本是指其他法人单位以其依法可以支配的资产投入企业形成的资本金数额，包括实物资产、货币资产和无形资产。

个人投入资本是指社会个人或本企业职工以合法财产投入企业形成的资本金数额，个人资本金大部分是以货币形式投入的。

外商投入资本是指外国投资者以及我国港、澳、台投资者以其合法财产投入企业形成的资本金数额，包括实务资产、货币资产和无形资产等。

（二）投入资本的方式及计价

投入资本按其物质形式不同分为货币投资、实务投资和无形资产投资。货币投资是指投资者以货币形式投入的资金。实物投资是指投资者以厂房、设备、材料、商品等实物资产投入的资金。无形资产投资是指投资者以商标、专利、土地使用权等无形资产投入的资金。企业收到投资者的投资，应按实际投资数额入账。其中，以现金出资的，应按实际收到后存入企业开户银行的金额作为实收资本入账。以非现金资产投入的资本，应按投资各方确认的价值作为实收资本入账。企业在生产经营过程中所取得的收入和收益，所发生的费用和损失，不得直接增减投入资本。

（三）所有者投入资本业务核算的账户设置

投资者将资金投入企业，并成为企业的股东（或称为投资者），进而可以参与企业的经营决策，并获得企业盈利分配。企业吸收投资者的投资后，企业的资金增加了，同时投资者在企业中所享有的权益也增加了。为了核算企业接受的投资者投资额的变化，企业应设置“实收资本”科目，并按投资者的不同进行明细核算。

“实收资本”属于所有者权益类科目，用来核算用于有限责任公司、合伙企业、个人独资企业的投入资本。具体反映企业实际收到的投资者投入的作为资本金的资金以及按照有关规定由资本公积金、盈余公积金转为资本金的资金。其贷方核算企业实收资本的增加，借方核算企业实收资本的减少，期末贷方余额表示企业接受投资者投入资本（或股本）的余额（见图3.1）。另外，本科目应按不同的投资者设置明细科目进行明细核算。

另外，股份制公司应当设置“股本”来反映股东在公司中所占的权益，多用于发

借方	实收资本　　　　贷方
投入资本的减少	收到投资者投入资本
	余额：期末投入资本的实有数额

图 3.1 “实收资本”账户的结构

行股票吸收投资款。其贷方核算企业股本的增加，借方核算企业股本的减少，期末贷方余额表示企业股本的余额。

知识卡片

实收资本和注册资本

开办企业，必须依法筹集最低限度的资本金即注册资本。但是投资者的资本金，往往允许分次缴付，因此在核算上就有必要设置“实收资本”科目，来反映实际投入的资本金。投资者在缴清资本金后，企业的实收资本应与注册资本相一致。然而，投资者投入企业的资金，不一定都能作为资本金，如有限责任公司投资者交付的出资额大于按合同、协议所规定的出资比例计算的部分，股份有限公司股东在股票溢价发行时超过股票面值的溢价，都只能列作资本公积，不能作为资本金记入“实收资本”科目。

知识卡片

“实收资本”和“股本”的异同

“实收资本”就是按股东投资协议的约定，企业实际收到的股东投资额，除股份制公司以外的一般企业用“实收资本”来核算；“股本”就是股份资本，是经股份公司章程授权、代表公司所有权的全部股份，既包括普通股也包括优先股，属于公司的所有者权益，该科目的贷方登记实收资本的增加数额，借方登记实收资本的减少数额，期末贷方余额反映企业期末股本实有数额。“股本”科目用于股份公司，“实收资本”科目用于普通的有限责任公司，二者核算的内容基本一样。上市公司与其他公司比较，最显著的特点就是将上市公司的全部资本划分为等额股份，并通过发行股票的方式来筹集资本。股东以其所认购股份对公司承担有限责任。股份是很重要的指标。股票的面值与股份总数的乘积为股本，股本应等于公司的注册资本，所以，股本也是很重要的指标。为了直观地反映这一指标，在会计核算上股份公司应设置“股本”科目。公司的股本应在核定的股本总额范围内，发行股票取得。但值得注意的是，公司发行股票取得的收入与股本总额往往不一致，公司发行股票取得的收入大于股本总额的，称为溢价发行；小于股本总额的，称为折价发行；等于股本总额的，为面值发行。我国不允许公司折价发行股票。在采用溢价发行股票的情况下，公司应将相当于股票面值的部分记入“股本”科目，其余部分在扣除发行手续费、佣金等发行费用后记入“资本公积”科目。

（四）所有者投入资本业务的会计处理举例

所有者投入资本业务的核算，主要是反映实收资本的增减变动情况。

【例 3－1】 光明有限责任公司注册成立，接受 B 公司投入现金 100 万元，款项已通过银行转入。

分析：光明公司接受投资者投入资金，获得一笔银行存款，故“银行存款”增加，记借方；同时，光明公司接受投资者投入的资本增加，即“实收资本”增加，记贷方。光明公司会计人员应根据业务内容编制会计分录如下：

借：银行存款　　1 000 000

　　贷：实收资本——B 公司　　1 000 000

【例 3－2】 假设光明有限责任公司按法定程序报经批准，减少注册资本 30 万元（其中 B 公司拥有 40% 的股份，C 公司拥有 60% 的股份），款项已通过银行存款支付。

分析：光明有限责任公司减少注册资本的方式是向企业投资者支付一定金额的银行存款，所以光明有限责任公司“银行存款”减少，记贷方；同时，企业接受投资者投资的金额相应减少，投资人在光明有限责任公司的权益相应减少，故应记“实收资本”的借方。光明有限责任公司会计人员应根据上述业务内容编制如下会计分录：

借：实收资本——B 公司　　120 000

　　　　　　——C 公司　　180 000

　　贷：银行存款　　300 000

【例 3－3】 光明有限责任公司收到宏达公司投入的新设备 4 台，价值 1 000 000 元（暂不考虑增值税）。

分析：该项经济业务的发生，一方面使企业的固定资产增加 1 000 000 元；另一方面是企业收到法人单位的投资，使企业资本金增加 1 000 000 元。因此，该项经济业务涉及“固定资产”和“实收资本”两个账户。固定资产的增加是企业资产的增加，应记入“固定资产”账户的借方；资本金的增加是所有者权益的增加，应记入“实收资本”账户的贷方。该项经济业务的会计分录如下：

借：固定资产　　1 000 000

　　贷：实收资本——宏达公司　　1 000 000

【例 3－4】 光明有限责任公司收到李三一项专利权投资，经评估确认价值为 1 000 000 元。

分析：该项经济业务的发生，一方面使企业无形资产增加 1 000 000 元；另一方面企业收到个人投资者的无形资产投资，使企业资本金增加 1 000 000 元。因此，该项经济业务涉及“无形资产”和“实收资本”两个账户。无形资产的增加是企业资产的增加，应记入“无形资产”账户的借方；资本金的增加是所有者权益的增加，应记入“实收资本”账户的贷方。该项经济业务的会计分录如下：

借：无形资产——专利权　　1 000 000

　　贷：实收资本——李三　　1 000 000

【例 3－5】 光明有限责任公司收到红星公司投资的甲材料一批，价值为 100 000 元（暂不考虑增值税）。

分析：该项经济业务的发生，一方面使企业原材料增加 100 000 元；另一方面企业收到原材料投资，使企业资本金增加 100 000 元。因此，该项经济业务涉及“原材料”和“实收资本”两个账户。原材料的增加是企业资产的增加，应记入“原材料”账户的借方；资本金的增加是所有者权益的增加，应记入“实收资本”账户的贷方，该项经济业务的会计分录如下：

借：原材料——甲材料　　　　100 000

　　贷：实收资本——红星公司　　　　100 000

三、向债权人借入资金的核算——以短期借款为例

企业在生产经营过程中，由于多种原因，经常需要向银行或其他非银行金融机构借款，以补充资金的不足。偿还期限在 1 年以下（含 1 年）的各种借款为短期借款；偿还期限在 1 年以上的各种借款为长期借款。企业借入的各种款项必须按照规定用途使用，按期还本付息。在这里，我们主要介绍短期借款的核算问题。

（一）短期借款业务核算的账户设置

为了反映和监督短期借款的取得、归还和结欠情况，应设置“短期借款”账户。该账户属于流动负债账户，其贷方登记企业借入的短期借款数额，借方登记企业归还的短期借款数额，期末余额在贷方，表示期末尚未归还的短期借款。本账户可按借款种类、贷款人和币种进行明细核算。“短期借款”账户的结构如图 3. 2 所示。

借方　　　短期借款	贷方
归还的短期借款	借入的短期借款数额
	余额：期末尚未归还的短期借款

图 3. 2　“短期借款”账户的结构

（二）短期借款业务的会计处理举例

【例 3 – 6】由于季节性资金需求，企业向银行借入期限为 3 个月、年利率为 7. 8% 的短期借款 100 000 元，所得款项存入银行。

分析：这项经济业务的发生，引起资产和负债两个会计要素发生变化。一方面使企业的银行存款增加 100 000 元，另一方面使企业的短期借款也增加 100 000 元。因此，这项经济业务涉及“银行存款”和“短期借款”两个账户。银行存款的增加是资产的增加，应记入“银行存款”账户的借方；短期借款的增加是负债的增加，应记入“短期借款”账户的贷方。这项经济业务应编制如下会计分录：

借：银行存款　　　　100 000

　　贷：短期借款　　　　100 000

〖例 3 – 1〗 ~ 〖例 3 – 6〗 的有关资金筹集业务的会计分录登记总账结果如图 3. 3 所示。

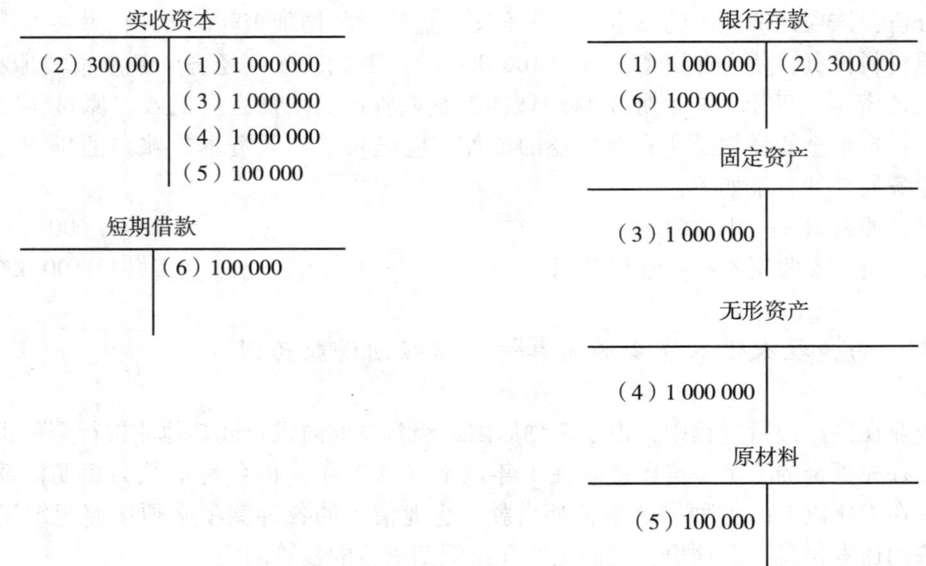

图 3.3　资金筹集业务会计分录登记总账

第三节　供应过程业务的核算

一、供应过程业务核算的主要内容

供应过程是制造业企业经营过程的第一个阶段，是生产的准备阶段。为了进行产品生产，企业必须建造厂房等建筑物，购置机器设备并进行材料采购。因此，供应过程业务体现在生产准备具体业务上，主要内容如下。

（一）固定资产购入业务的核算

固定资产购入业务的核算包括不需安装的固定资产的核算和需要安装的固定资产的核算。“固定资产”，属资产类科目，科目代码 1601，核算企业持有固定资产的原价。企业应当按照固定资产类别和项目进行明细核算。当企业因购入或通过其他方式取得可直接投入使用的固定资产时，借记本科目；因处置而减少固定资产时，贷记本科目；本科目期末借方余额，反映企业固定资产的账面原价。

【例 3－7】企业购入办公用设备，价款 20 000 元，增值税 2 600 元。该设备不需安装直接投入使用。

分析：企业购入设备，则企业“固定资产”增加；同时，款项未付，但开出承兑的商业汇票，则企业负债增加，记入“应付票据”科目。故应编制分录如下：

借：固定资产　　20 000

　　应交税费——应交增值税（进项税额）　　2 600

　　贷：应付票据　　22 600

若购入的设备需要安装后才能使用，则购入的固定资产应先通过“在建工程”科目核算设备及安装成本，待安装完毕，设备可投入使用后，再将全部成本转入“固定资产”科目。

【例3－8】 假设〖例3－8〗中购入的设备需要安装，安装费用为500元，以存款支付。

分析：购入的设备因需要安装，故先记入“在建工程”；发生安装费用时，则“在建工程”成本增加，同时，银行存款减少；待安装完工时，则将“在建工程”借方发生额合计转入“固定资产”科目。故应编制分录如下：

①购入设备时。

借：在建工程　　20 000

　　贷：应付票据　　20 000

②发生安装费用时。

借：在建工程　　500

　　贷：银行存款　　500

③安装完工时。

借：固定资产　　20 500

　　贷：在建工程　　20 500

注意：工程完工并结转后，“在建工程”科目余额应为零。

（二）材料采购业务的核算

材料采购业务的核算包括：

（1）遵照经济合同和结算制度的规定，与供应单位进行货款结算，支付材料买价和各种采购费用。

（2）核算购入材料应交增值税进项税额。

（3）计算材料采购成本并结转入库材料成本。

以下对材料采购的核算进行具体讲解。

二、材料采购成本的确定与计算

（一）材料采购成本的确定

材料采购的实际成本一般包括以下几个方面的内容：

（1）买价是指进货发票账单上所开列的货款金额，为不含增值税的货价。

（2）运杂费包括由供应单位运至企业所在地的运输费、装卸费、包装费、保险费和仓储费等。

（3）运输途中的合理损耗。

（4）入库前的挑选整理费用。

上述材料采购实际成本的构成内容中，运杂费、运输途中的合理损耗和入库前的挑选整理费用，称为材料的采购费用。因此，材料的实际采购成本，也可以说由买价和采购费用构成。

（二）材料采购成本的计算

材料采购成本的计算就是将企业采购材料所支付的买价和采购费用，按照购入材料的品种和类别加以归类，计算各种材料的采购总成本和单位成本。一般而言，上述费用中，凡是能够分清是为哪种材料的采购所支付的费用，就直接计入该种材料的采购成本，记入以材料名设置的相关明细账户；凡是不能分清应由哪种材料负担的费用，就采用合理的分配标准，分配之后计入各种材料的采购成本，如为采购多种材料所支付的运输费用，可以各种材料的重量或买价比例分配之后计入各种材料的采购成本。计算公式如下：

采购费用分配率＝采购费用总金额÷分配标准总额

某种材料应分配的采购费用＝该种材料的分配标准数×采购费用分配率

比如，某企业向新华公司购入甲、乙两种材料，甲材料100千克，单价180元，乙材料200千克，单价100元。购入两种材料的运杂费600元，增值税进项税额6 460元。

材料的买价可以直接计入甲、乙两种材料的采购成本；支付的运杂费600元，需要采用适当的标准，分配计入甲、乙两种材料的采购成本中。假定按重量比例进行分配，则：

（1）计算材料采购费用分配率，即计算采购每千克材料应负担的采购费用。费用分配率＝600/(100＋200)＝2（元/千克）。

（2）确定各种材料应分配的采购费用，编制采购费用分配表。甲材料应分配的运杂费＝100×2＝200（元），乙材料应分配的运杂费＝200×2＝400（元），编制材料费用分配表（见表3.1）。

表3.1　　　　材料采购费用分配

材料名称	分配标准（千克）	分配率（元/千克）	分配金额（元）
甲材料	100	2	200
乙材料	200	2	400
合计	300		600

根据材料采购费用分配表，登记甲、乙两种材料明细账。材料采购总成本和单位成本的计算，是根据“材料采购”明细分类账的记录，通过编制成本计算单来完成的。材料采购成本计算单的格式及编制方法，如表3.2所示。

表3.2　　　　材料采购成本计算单

项目	甲材料		乙材料	
	总成本（100千克）	单位成本	总成本（200千克）	单位成本
买价	18 000	180	20 000	200
运杂费	200	2	400	2
合计	18 200	182	20 400	202

三、材料采购业务的核算

供应过程的主要经济活动是以货币资金采购原材料，作为生产的储备，以保证生产的需要。在原材料的采购过程中，企业一方面从供应单位购进材料物资，另一方面必须按照购货合同和其他有关规定确定支付原材料的价税款和各种采购费用，包括原材料的买价，增值税进项税额，采购过程中发生的运输费、装卸费、包装费、储存保险费和入库前的挑选整理费以及其他费用。企业购进的原材料，经验收入库后，即为可供生产领用的库存材料。原材料的买价加上采购费用，构成原材料的采购成本。

（一）材料采购业务的账户设置

为了反映和监督原材料的采购业务，加强采购业务的管理，确定材料采购成本，需要设置以下账户。

1. “在途物资”账户

该账户是资产类账户，用以核算企业外购材料的买价和采购费用，计算确定材料实际采购成本的账户。其借方登记购入原材料的买价和采购费用；贷方登记已验收入库按实际采购成本转入“原材料”账户借方的数额；期末如有余额在借方，反映期末尚未到达或尚未验收入库的在途材料的实际成本。该账户可按供应单位和材料品种进行明细核算。“在途物资”账户的结构如图 3. 4 所示。

借方　　　　在途物资	贷方
购入材料物资的买价和采购费用	验收入库材料物资的实际成本
余额：期末在途材料的实际成本	

图 3. 4　“在途物资”账户的结构

2. “原材料”账户

该账户是用来核算企业库存材料的收入、发出和结存情况的账户。该账户属于资产类账户，其借方登记已验收入库材料的实际采购成本；贷方登记发出材料的实际成本；期末余额在借方，表示库存材料的实际成本。该账户可按照材料的保管地点和材料的类别、品种、规格等进行明细核算。“原材料”账户的结构如图 3. 5 所示。

借方　　　　原材料	贷方
验收入库材料的实际成本	发出材料的实际成本
余额：期末库存材料的实际成本	

图 3. 5　“原材料”账户的结构

3. “应付账款”账户

该账户是用来核算企业因购买材料、物资和接受劳务等经营活动而应支付给供应单位款项的账户。该账户属于负债类账户，其贷方登记应付而未付的数额；借方登记实际归还的数额；期末余额一般在贷方，表示期末尚未归还给供应单位款项的数额。该账户可按债权人进行明细核算。“应付账款”账户的结构如图 3. 6 所示。

借方　　　应付账款	贷方
本期归还的应付账款	本期增加的应付账款
	余额：期末尚未偿还的应付账款

图 3. 6 “应付账款”账户的结构

4. “应付票据”账户

当企业购买材料、物资是采用商业汇票（商业承兑汇票或银行承兑汇票）结算方式来结算供应单位货款时，应相应地开设“应付票据”账户，用来反映和监督与供应单位结算债务的情况。该账户属于负债类账户，企业开出商业汇票时，记入该账户的贷方；偿还到期的应付票据时，记入该账户的借方；期末如有余额在贷方，表示期末尚未到期的商业汇票的票面金额。该账户可按债权人进行明细核算。“应付票据”账户的结构如图 3. 7 所示。

借方　　　应付票据	贷方
本期偿付的应付票据	本期增加的应付票据
	余额：期末尚未到期的应付票据

图 3. 7 “应付票据”账户的结构

5. “预付账款”账户

该账户用来核算企业按购货合同预付给供应单位的货款及其结算情况。该账户属于资产类账户，其借方登记预付或补付的预付账款的金额；贷方登记所购货物金额及退回多付货款的金额；期末余额一般在借方，表示尚未结算的预付款项。该账户可按供货单位进行明细核算。“预付账款”账户的结构如图 3. 8 所示。

借方　　　预付账款	贷方
向供应单位预付的货款及补付的货款	核销的预付货款及退回多付的货款
余额：期末尚未结算的预付货款	

图 3. 8 “预付账款”账户的结构

6. “应交税费”账户

该账户是用来核算企业应交和实交税金增减变动情况的账户，主要包括增值税、消费税、所得税、资源税、土地增值税、城市维护建设税、房产税、土地使用税、车船税、教育费附加、矿产资源补偿费等税费，以及在上缴国家之前由企业代扣代缴的个人所得税等。该账户属于负债类账户，其借方登记实际交纳的税费；贷方登记应交纳的各种税费；期末余额在贷方，表示企业尚未交纳的税费；期末余额在借方，表示多交或尚未抵扣的税费。该账户可按应交的税费项目进行明细核算。“应交税费——应交增值税”账户是用来反映和监督企业应交和实交增值税结算情况的账户，企业购买材料物资时交纳的增值税进项税额记入该账户的借方；企业销售产品时向购买单位收取的增值税销项税额记入该账户的贷方。“应交税费”账户的结构如图 3.9 所示。

借方 应交税费	贷方
实际交纳的各种税费	应交纳的各种税费
余额：多交或尚未抵扣的税费	余额：期末尚未交纳的税费

图 3.9 “应交税费”账户的结构

知识卡片

增值税的理解与运用

增值税是以商品（含应税劳务和应税服务）在流转过程中产生的增值额作为征税对象而征收的一种流转税。我国现行的增值税种类属消费型增值税，增值税应纳税额的计算采用的是间接计算法，即不直接根据增值额计算增值税，而是首先计算出应税货物、劳务和服务的整体税负（可以简单理解为增值税销项税额，不含税销售额乘以适用税率，税率一般有13%、9%和6%三档，小规模纳税人征收率为3%），然后从整体税负中扣除法定的外购项目已纳税款（可以简单理解为增值税进项税额，不含税采购价乘以适用税率）。这是实行增值税的国家广泛采用的计税方法。

比如，水果制品行业甲企业销售水果制品不含税售价200 万元，则增值税销项税额为 200×13% =26（万元），若本期其外购项目仅有采购材料 100 万元，则增值税进项税额为 100 × 13% = 13（万元），则增值税以增值额为征税对象，金额为（200 - 100）×13% =13（万元），即销项税额减去进项税额等于 13 万元。

（二）材料采购业务实例

【例 3 -9】企业从宏达公司购入甲材料一批，买价总计 100 000 元，增值税进项税额为 13 000 元。材料已经收到并验收入库，价税款已通过银行支付。

分析：这项经济业务的发生，一方面使材料账面价值增加 100 000 元，增值税进项税额 13 000 元；另一方面使企业银行存款减少 113 000 元，材料已经收到并验收入库，因此，这项经济业务涉及“原材料”“应交税费——应交增值税（进项税额）”“银行存款”三个账户。材料采购成本记入“原材料”账户的借方，增值税进项税额记入“应交税费——应交增值税（进项税额）”账户的借方，银行存款的减少记入“银行存款”账户的贷方。此项经济业务应编制如下会计分录：

借：原材料——甲材料	100 000	
应交税费——应交增值税（进项税额）	13 000	
贷：银行存款		113 000

【例3-10】企业向利华工厂购入乙材料，收到利华工厂开来的专用发票，数量10 000千克，单价300元，丙材料2 000千克，单价180元，共计3 360 000元，增值税436 800元，货款及增值税均未支付，材料尚在途中。

分析：该项经济业务的发生，一方面使材料的买家增加3 360 000元，增值税进项税额增加436 800元；另一方面使企业负债应付账款增加3 796 800元。因此，该项经济业务涉及“在途物资”“应交税费”“应付账款”三个账户。具体地，“在途物资”下可根据乙材料、丙材料设置明细科目。支出的材料买价构成材料采购成本，应记入“在途物资”账户的借方；增值税进项税额应记入“应交税费——应交增值税（进项税额）”账户的借方；应付账款的增加是负债的增加，应记入“应付账款”账户的贷方。该项经济业务的会计分录如下：

借：在途物资——乙材料　　3 000 000
　　　　　　——丙材料　　360 000
　　应交税费——应交增值税（进项税额）　　436 800
　　贷：应付账款　　3 796 800

【例3-11】现金支付〖例3-10〗的乙材料、丙材料装卸费、保险费共计1 200元，按重量进行分配。

分析：装卸费、保险费3 000元按材料数量进行分配，分配率=1 200÷（10 000+2 000）=0.1元/千克；所以，乙材料分配到的采购费用=0.1×10 000=1 000（元），丙材料分配到的采购费用=0.1×2 000=200（元）。编制材料费用分配表如表3.3所示。

表3.3　　材料采购费用分配

材料名称	分配标准（千克）	分配率（元/千克）	分配金额（元）
乙材料	10 000	0.1	1 000
丙材料	2 000	0.1	200
合计	12 000		1 200

会计分录如下：

借：在途物资——乙材料　　1 000
　　　　　　——丙材料　　200
　　贷：库存现金　　1 200

【例3-12】接〖例3-11〗，乙材料、丙材料运抵仓库，验收入库。

分析：结转乙材料、丙材料采购成本到“原材料”账户。

乙材料采购成本=3 000 000+1 000=3 001 000（元）

丙材料采购成本=360 000+200=360 200（元）

该项经济业务的会计处理如下：

借：原材料——乙材料　　3 001 000
　　　　　——丙材料　　360 200
　　贷：在途物资——乙材料　　3 001 000

——丙材料　　　　　　　　　　　　　　　　　　　　　　360 200

【例 3－13】 以银行存款预付购买材料款 20 000 元。

分析：该项经济业务的发生，一方面使企业的预付款增加了 20 000 元，另一方面使企业的银行存款减少了 20 000 元。该业务的会计处理如下：

借：预付账款　　　　　　　　　　　　　　　　　　20 000

　　贷：银行存款　　　　　　　　　　　　　　　　　　20 000

【例 3－14】 以银行存款 3 796 800 元支付前欠材料款。

分析：该项经济业务的发生，一方面使企业的应付账款减少了 3 796 800 元，另一方面使企业的银行存款减少了 3 796 800 元。该业务的会计处理如下：

借：应付账款　　　　　　　　　　　　　　　　3 796 800

　　贷：银行存款　　　　　　　　　　　　　　　　3 796 800

〖例 3－9〗～〖例 3－14〗的材料采购业务的总分类核算如图 3.10 所示。

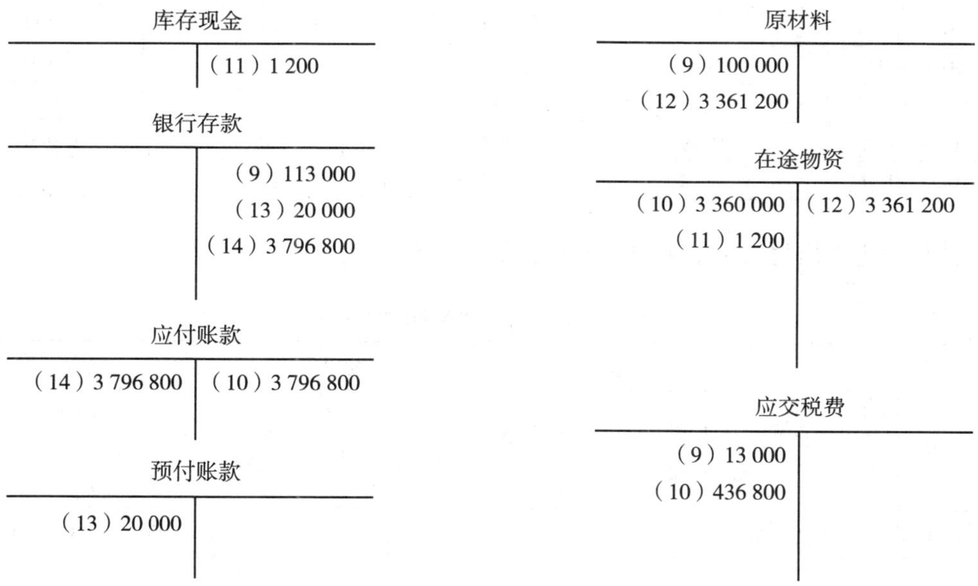

图 3.10　材料采购业务的总分类核算

四、确认材料发出成本的核算

材料购入以后，就面临着发出或耗用的问题，从会计计量的观点看，如何将材料成本在已发出或未发出两部分之间进行分配，不论对确定销货成本或计量存货价值都至关重要。由于不同批次购进的同种材料的单位成本不尽相同，为此，在材料发出时，需要采用一定的方法确定其成本。从理论上讲，可采用个别计价法、先进先出法、月末一次加权平均法、移动平均法等方法。

（一）个别计价法

个别计价法假设存货的成本流转与实物流转相一致，按照各种存货，逐一辨认各批次发出存货和期末存货所属的购进批别或生产批别，分别按其购入或生产时所确定的单位成本作为计算各批发出存货和期末存货成本。这种方法把每一种存货的实际成本作为计算发出存货成本和期末存货成本的基础。它的优点是：计算发出存货的成本和期末存货的成本比较合理、准确。它的缺点是：实务操作的工作量繁重，困难较大。适用于容易识别、存货品种数量不多、单位成本较高的存货计价。例如珠宝、名画等贵重物品。

（二）先进先出法

先进先出法是以先购入的材料先发出这样一种实物流转假设为前提，对发出材料进行计价的一种方法。在这一方法下，先购入的材料成本在后购入的材料成本之前转出，以确定发出材料和期末材料的成本。

【例 3－15】某企业有关甲材料的资料如表 3.4 所示。

表 3.4　　甲材料基本情况

日期	摘要	数量（千克）	单位成本（元/千克）	总成本（元）
10 月 1 日	期初余额	300	4	1 200
10 月 8 日	购入	700	5	3 500
10 月 15 日	发出	800		
10 月 25 日	购入	1 000	6	6 000
10 月 30 日	发出	900		

计算确定发出材料和期末材料成本，如表 3.5 所示。

表 3.5　　〖例 3－13〗的原材料明细分类账

<table>
<tr><th colspan="2">20××年</th><th rowspan="2">凭证号数</th><th rowspan="2">摘要</th><th colspan="3">收入</th><th colspan="3">发出</th><th colspan="3">结存</th></tr>
<tr><th>月</th><th>日</th><th>数量（千克）</th><th>单价（元/千克）</th><th>金额（元）</th><th>数量（千克）</th><th>单价（元/千克）</th><th>金额（元）</th><th>数量（千克）</th><th>单价（元/千克）</th><th>金额（元）</th></tr>
<tr><td>10</td><td>1</td><td rowspan="11">略</td><td>期初余额</td><td></td><td></td><td></td><td></td><td></td><td></td><td>300</td><td>4</td><td>1 200</td></tr>
<tr><td rowspan="2">10</td><td rowspan="2">8</td><td rowspan="2">购入</td><td rowspan="2">700</td><td rowspan="2">5</td><td rowspan="2">3 500</td><td rowspan="2"></td><td rowspan="2"></td><td rowspan="2"></td><td>300</td><td>4</td><td>1 200</td></tr>
<tr><td>700</td><td>5</td><td>3 500</td></tr>
<tr><td rowspan="2">10</td><td rowspan="2">15</td><td rowspan="2">发出</td><td rowspan="2"></td><td rowspan="2"></td><td rowspan="2"></td><td>300</td><td>4</td><td>1 200</td><td></td><td></td><td></td></tr>
<tr><td>500</td><td>5</td><td>2 500</td><td>200</td><td>5</td><td>1 000</td></tr>
<tr><td rowspan="2">10</td><td rowspan="2">25</td><td rowspan="2">购入</td><td>1 000</td><td>6</td><td>6 000</td><td></td><td></td><td></td><td>200</td><td>5</td><td>1 000</td></tr>
<tr><td></td><td></td><td></td><td></td><td></td><td></td><td>1 000</td><td>6</td><td>6 000</td></tr>
<tr><td rowspan="2">10</td><td rowspan="2">30</td><td rowspan="2">发出</td><td></td><td></td><td></td><td>200</td><td>5</td><td>1 000</td><td></td><td></td><td></td></tr>
<tr><td></td><td></td><td></td><td>700</td><td>6</td><td>4 200</td><td>300</td><td>6</td><td>1 800</td></tr>
<tr><td>10</td><td>31</td><td>本月发生额及月末余额</td><td>1 700</td><td>—</td><td>9 500</td><td>1 700</td><td>—</td><td>8 900</td><td>300</td><td>6</td><td>1 800</td></tr>
</table>

（三）月末一次加权平均法

月末一次加权平均法是以材料的数量为权数，计算出材料的加权平均单价，从而确定材料的发出成本的方法。其计算公式如下：

$$加权平均单价=\frac{期初结存材料成本+本期收入材料成本}{期初结存材料数量+本期收入材料数量}$$

$$发出材料成本=发出材料数量\times加权平均单价$$

【例3－16】根据〖例3－15〗的资料，用月末一次加权平均法核算材料成本。

根据上述资料，计算如下：

$$加权平均单价=\frac{1\ 200+(3\ 500+6\ 000)}{300+(700+1\ 000)}=5.35\ (元/千克)$$

$$发出材料成本=(800+900)\times5.35=9\ 095\ (元)$$

加权平均法的优点是计算简便，但平时无法从账上反映出材料及结存材料的单价及金额，不利于材料的日常管理。

（四）移动平均法

亦称移动加权平均法，是以某批材料收入数量和该批材料收入前的结存数量为权数，计算出平均单价，从而确定发出材料成本的方法。其计算公式如下：

$$材料的平均单价=\frac{本批材料收入前结存金额+本批材料成本}{本批材料收入前结存数量+本批收入材料数量}$$

【例3－17】根据〖例3－15〗的资料，用移动平均法核算材料成本。

根据〖例3－13〗的资料，计算过程如表3.6所示。

表3.6　〖例3－17〗的原材料明细分类账

原材料名称：甲材料

20××年		凭证号数	摘要	收入			发出			结存		
月	日			数量（千克）	单价（元/千克）	金额（元）	数量（千克）	单价（元/千克）	金额（元）	数量（千克）	单价（元/千克）	金额（元）
10	1	略	期初余额							300	4	1 200
10	8		购入	700	5	3 500				1 000	4.7	4 700
10	15		发出				800	4.7	3 760	200	4.7	940
10	25		购入	1 000	6	6 000				1 200	5.78	6 940
10	30		发出				900	5.78	5 204.97	300	5.78	1 735.03
10	31		本月发生额及月末余额	1 700	—	9 500	1 700	—	8 964.97	300	5.78	1 735.03

移动平均法的优点是在平时可及时了解发出材料和结存材料的情况。但由于每入库一批材料，就要计算一次加权平均单价，因而计算工作量较大。主要适用于材料收发次数较少的企业。

第四节　生产过程业务的核算

生产过程是制造业最具特色的阶段，是企业生产经营过程的中心环节，是从投入材料到产品完工并验收入库的全过程。

一、产品生产业务核算的主要内容

在生产过程中，劳动者借助劳动资料对劳动对象进行加工制造，生产出可供销售的产品；同时生产产品的过程中必然要发生各种耗费。工业企业在一定时期内为生产产品而发生的各种耗费，称为生产费用。生产费用是为生产产品而发生的，应当先进行归集，然后再计入产品制造成本中去。企业为生产一定种类和数量的产品所发生的生产费用的总和就构成了产品的生产成本，即产品的制造成本。因此，产品生产业务核算的主要内容为：

（1）核算企业材料的领用情况。

（2）核算企业职工工资及福利费的计提情况。

（3）核算固定资产的折旧费和其他制造费用。

（4）计算产品的生产成本并结转产成品生产成本。

二、产品生产业务核算应设置的主要账户

为了记录和反映生产过程中发生的各种费用，计算产品的制造成本，应设置以下账户。

（一）“生产成本”账户

“生产成本”账户是用来归集生产过程中所发生的应计入产品制造成本的全部费用，并计算确定产品实际制造成本的账户。该账户属于成本类账户，借方登记产品生产过程中发生的全部生产费用；贷方登记已完工并验收入库产品的实际生产成本；期末余额在借方，表示尚未完工的在产品的实际成本。该账户可按照基本生产成本产品和辅助生产成本产品的种类进行明细核算。“生产成本”账户的结构如图 3. 11 所示。

借方　　　　　　　　生产成本	贷方
为生产产品所发生的各种费用，包括直接材料、直接人工和分配的制造费用	完工入库产品的生产成本
余额：期末在产品成本	

图 3. 11　“生产成本”账户的结构

（二）“制造费用”账户

“制造费用”账户是用来归集和分配企业为生产产品和提供劳务而发生的各项间接费用的账户。该账户属于成本类账户，借方登记企业为生产产品和提供劳务而发生的各项间接费用，包括车间管理人员的工资和福利费、机器设备及车间厂房等固定资产的折旧费、车间办公费、机器物料消耗、劳动保护费、季节性和修理期间的停工损失以及其他不能直接计入产品生产成本的生产费用；制造费用账户是一个过渡账户，月末需将制造费用分配计入有关的成本核算对象；该账户期末一般无余额。该账户应按车间、部门和费用项目进行明细核算。

知识卡片

新准则规定车间固定资产的维修费用不再资本化计入制造费用，而是计入管理费用；包括固定资产的大修理费用不再通过预提费用或者长期待摊费用核算，一律费用化计入当期损益。

“制造费用”账户的结构如图3.12所示。

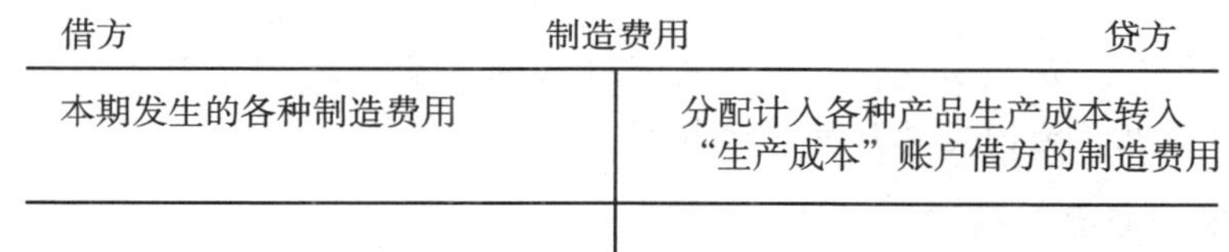

图3.12 “制造费用”账户的结构

（三）“应付职工薪酬”账户

“应付职工薪酬”账户是用来核算企业根据有关规定应付给职工的各种薪酬的提取、结算、使用等情况的账户。该账户属于负债类账户，其贷方登记已分配计入有关成本费用项目的职工薪酬的数额；借方登记企业实际发放职工薪酬的数额。期末贷方余额表示应付未付的职工薪酬。该账户可按“工资”“职工福利”“社会保险费”“住房公积金”“工会经费”“职工教育经费”“非货币性福利”“辞退福利”“股份支付”等进行明细核算。“应付职工薪酬”账户的结构如图3.13所示。

借方　　　　应付职工薪酬	贷方
本期实际发放职工薪酬的数额	本期已分配计入有关成本费用项目的职工薪酬的数额
	余额：应付未付的职工薪酬

图3.13 “应付职工薪酬”账户的结构

（四）“累计折旧”账户

“累计折旧”账户是“固定资产”账户的抵减账户，用来核算固定资产因损耗而减少的价值。固定资产在使用过程中，虽然能够始终保持原有的实物形态，但其价值在逐渐损耗。因此，会计核算中，不仅要设置“固定资产”账户反映固定资产的原始价值，同时还要设置累计折旧账户来反映固定资产价值的耗损。固定资产因损耗而转移到成本费用中的那一部分价值，叫作固定资产折旧。固定资产折旧应按固定资产的原始价值和核定的折旧率按月计算，并计入间接费用或期间费用。该账户属于资产类账户，其贷方登记计提的固定资产的折旧额；借方登记因出售、报废和毁损的固定资产而相应减少的折旧额；期末余额在贷方，表示现有固定资产的累计折旧额。将“累计折旧”账户的贷方余额抵减“固定资产”账户的借方余额，即可求得固定资产的净值。“累计折旧”账户的结构如图 3. 14 所示。

借方	累计折旧 贷方
固定资产折旧的减少额	固定资产折旧的增加额
	余额：现有固定资产的累计折旧

图 3. 14 “累计折旧”账户的结构

知识卡片

固定资产折旧，是指固定资产因使用而转移到企业成本、费用中去的金额，因此，固定资产的折旧也称为固定资产的价值转移。

（五）“库存商品”账户

“库存商品”账户用来核算企业生产完工并验收入库的可供销售的产成品的收入、发出和结存情况。该账户属于资产类账户，其借方登记已完工验收入库的各种产品的实际生产成本；贷方登记发出的各种产品的实际生产成本；期末余额在借方，表示期末库存产品的实际生产成本。该账户可按库存商品的种类、品种和规格进行明细核算。“库存商品”账户的结构如图 3. 15 所示。

借方 库存商品	贷方
完工入库产品的实际生产成本	发出产品的实际生产成本
余额：期末库存产品的实际生产成本	

图 3. 15 “库存商品”账户的结构

三、产品生产业务的总分类核算

【例 3－18】 企业本月发出材料的情况如下：

A 产品生产耗用甲材料 10 吨，单位成本 10 000 元，计 100 000 元；B 产品生产耗用乙材料 30 吨，单位成本 2 000 元，计 60 000 元；车间一般耗用丙材料 5 吨，单位成本 1 200 元，计 6 000 元。

分析：该项经济业务的发生，一方面使企业的库存材料减少了 166 000 元，另一方面使成本费用增加了 166 000 元，直接用于产品生产的材料费用应直接计入 A、B 产品的成本，车间一般耗用的材料应先计入制造费用。

编制会计分录如下：

借：生产成本——A 产品　　　　100 000
　　　　　　——B 产品　　　　60 000
　　制造费用　　　　　　　　6 000
　　贷：原材料——甲材料　　　　100 000
　　　　　　　——乙材料　　　　60 000
　　　　　　　——丙材料　　　　6 000

【例 3－19】企业本月应付工资总额为 60 000 元，其中：A 产品生产工人工资 30 000 元，B 产品生产工人工资 15 000 元，车间管理人员工资 5 000 元。

分析：该项经济业务的发生，一方面使企业的本月应付工资增加了 50 000 元，记入“应付职工薪酬”账户的贷方；另一方面使企业的工资费用增加了 50 000 元。具体地，工资费用应根据其功能和用途进行确认。其中，A 产品生产工人工资 30 000 元直接构成 A 产品的生产成本，B 产品生产工人工资 15 000 元直接构成 B 产品的生产成本，车间管理人员的工资费用作为产品成本的一部分先不直接计入产品生产成本，而是先记入“制造费用”进行归集。

编制会计分录如下：

借：生产成本——A 产品　　　　30 000
　　　　　　——B 产品　　　　15 000
　　制造费用　　　　　　　　5 000
　　贷：应付职工薪酬——工资　　　　50 000

【例 3－20】以现金支付本月工资 50 000 元。

分析：该项经济业务的发生，一方面使企业的现金减少了 50 000 元，另一方面使应付工资减少了 50 000 元。

编制会计分录如下：

借：应付职工薪酬——工资　　　　50 000
　　贷：库存现金　　　　　　　　50 000

【例 3－21】每月应支付车间普通职工租赁住房租金 8 500 元。费用按照工资总额比例进行分配。

分析：该项经济业务的发生，一方面使企业的应付职工薪酬增加了 8 500 元，另一方面使企业的成本费用增加了 8 500 元。具体地，工资费用应根据其功能和用途进行确认。其中，A 产品生产工人住房租金直接构成 A 产品的生产成本，B 产品生产工人住房租金直接构成 B 产品的生产成本，车间管理人员住房租金记入“制造费用”进行归集。根据工资总额，分配比例为 6∶3∶1。

编制会计分录如下：

借：生产成本——A 产品　　　　5 100
　　　　　　——B 产品　　　　2 550

制造费用　　850

贷：应付职工薪酬　　8 500

【**例3－22**】计提本月生产车间固定资产折旧费用8 550元。

分析：该项经济业务的发生，一方面使企业的折旧费用增加了8 550元，另一方面使固定资产的价值减少（即累计折旧增加了）8 550元。

编制会计分录如下：

借：制造费用　　8 550

贷：累计折旧　　8 550

【**例3－23**】以银行存款2 400元支付车间维修费用。

分析：该项经济业务的发生，一方面使制造费用增加了2 400元，另一方面使银行存款减少了2 400元。

编制会计分录如下：

借：制造费用　　2 400

贷：银行存款　　2 400

【**例3－24**】以现金支付应由本月负担的车间用固定资产租金850元。

分析：该项经济业务的发生，一方面使制造费用增加了850元，另一方面使现金减少了850元。

编制会计分录如下：

借：制造费用　　850

贷：库存现金　　850

【**例3－25**】以现金支付车间购买办公用品费350元。

分析：该项经济业务的发生，一方面使企业的现金减少了350元，另一方面使制造费用增加了350元。

编制会计分录如下：

借：制造费用　　350

贷：库存现金　　350

【**例3－26**】月末，将本月发生的制造费用24 000元分配转入生产成本。其中，按生产工人工资比例分配2∶1，A产品16 000元，B产品8 000元。

该项经济业务的发生，一方面使企业的生产成本增加了24 000元，另一方面使制造费用减少了24 000元。

编制会计分录如下：

借：生产成本——A产品　　16 000

——B产品　　8 000

贷：制造费用　　24 000

【**例3－27**】月末，结转本月完工验收入库产品成本221 100元。其中，A产品投产全部完工成本151 100元，B产品成本70 000元。

分析：该项经济业务的发生，一方面使企业的库存商品增加了221 100元，另一方面使生产成本减少了221 100元。

编制会计分录如下：

借：库存商品——A 产品　　151 100

　　　　　　——B 产品　　70 000

　贷：生产成本——A 产品　　151 100

　　　　　　　——B 产品　　70 000

生产费用归集和分配的总分类核算如图表 3.16 所示。

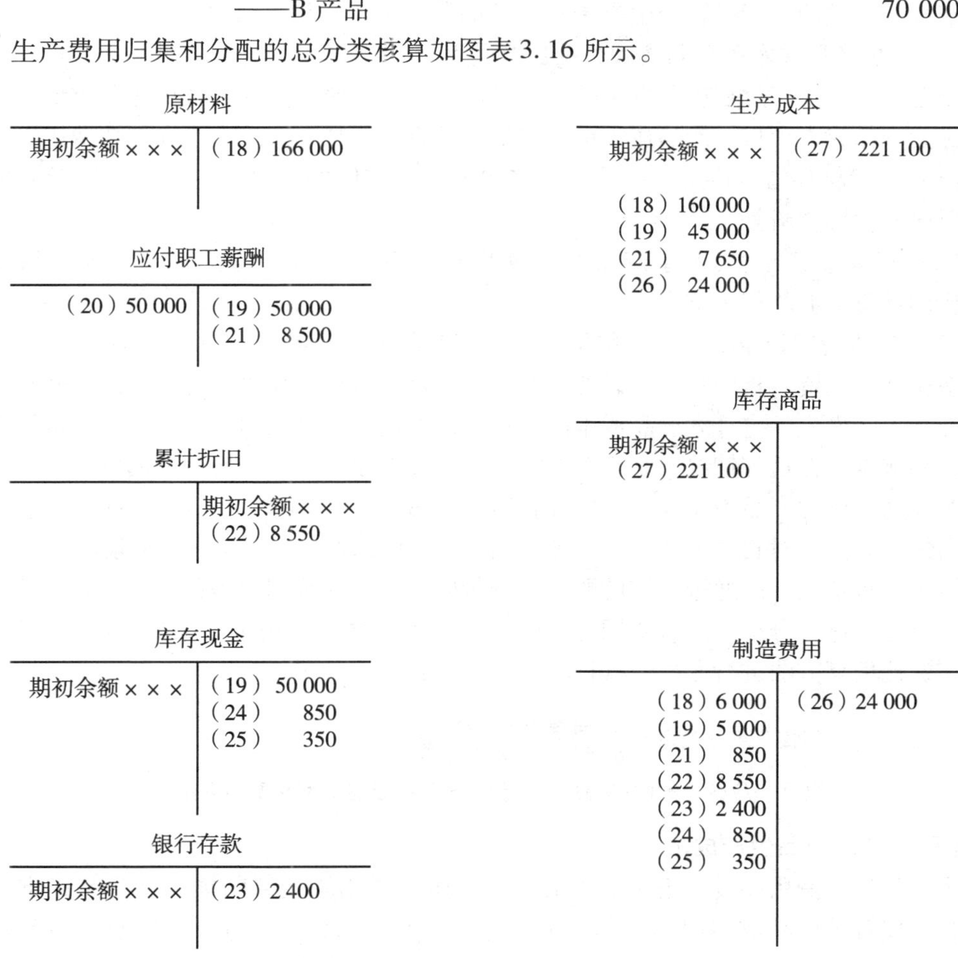

原材料

借方	贷方
期初余额×××	（18）166 000

应付职工薪酬

借方	贷方
（20）50 000	（19）50 000 （21）8 500

累计折旧

借方	贷方
	期初余额××× （22）8 550

库存现金

借方	贷方
期初余额×××	（19）50 000 （24）850 （25）350

银行存款

借方	贷方
期初余额×××	（23）2 400

生产成本

借方	贷方
期初余额××× （18）160 000 （19）45 000 （21）7 650 （26）24 000	（27）221 100

库存商品

借方	贷方
期初余额××× （27）221 100	

制造费用

借方	贷方
（18）6 000 （19）5 000 （21）850 （22）8 550 （23）2 400 （24）850 （25）350	（26）24 000

图 3.16　生产费用归集和分配的总分类核算

四、产品生产成本的计算

产品生产成本的计算，是指将企业在生产过程中发生的生产费用，按照一定的成本计算对象进行归集和分配，以确定各成本计算对象的总成本和单位成本。

产品生产成本计算的一般程序如下：

（一）确定成本计算对象

成本计算对象，即是归集生产费用的对象，或者成本的承担者。进行成本计算，首先必须确定成本计算对象。只有确定了成本计算对象，才能按照确定的成本计算对象归集各种费用，计算各种产品成本。

成本计算对象的确定要适应企业生产的特点与成本管理的要求。按照工艺技术的特点，制造企业的产品生产可分为大量生产、成批生产和单件生产。单步骤的大量生产以产品品种为成本计算对象，单件的小批量生产以产品的订单或批别为成本计算对象，多步骤连续加工式的生产以各个生产步骤（分品种）为成本计算对象。

（二）按产品成本项目归集和分配生产费用

制造企业在生产过程中所发生的各项生产费用，按照费用的经济用途分类形成的项目，称为产品成本项目。产品成本项目主要包括直接材料、直接人工和制造费用等。

（1）直接材料指直接用于产品生产、构成产品实体的原料和主要材料以及有助于产品形成的辅助材料等。

（2）直接人工指直接从事产品生产的工人的工资，以及按生产工人工资总额和规定的比例计算提取的相关支出。

（3）制造费用指企业各生产单位（如生产车间）为组织和管理生产而发生的各项间接费用，如工资、折旧费、修理费、办公费、水电费等。如果企业或生产车间只生产一种产品，所发生的应计入产品成本的各项生产费用，按产品项目进行归集即可计算出该产品的成本。在这种情况下，不存在按成本计算对象分配生产费用的问题。如果企业或生产车间生产的产品不止一种，即存在若干个成本计算对象，则对发生的生产费用，应区别情况处理：对直接费用，可根据原始凭证直接计入某成本计算对象的成本项目中；对于间接费用，应通过一定的账户先进行归集，然后采用适当的方法在各有关成本计算对象之间进行分配。间接费用分配的方法多种多样，如按生产工人生产工时比例、直接工资比例等方法进行分配。其计算公式如下：

$$\text{间接费用分配率} = \frac{\text{间接费用总额}}{\text{各产品分配标准总量}}$$

$$\text{某产品应分配的间接费用} = \text{该产品分配标准量} \times \text{间接费用分配率}$$

（三）计算产品生产成本

企业的生产费用经过归集和分配后，各项生产费用均全部归集到“生产成本”账户及其所属各种产品成本明细账的借方，这样，就可以算出各种产品的总成本和单位成本。

（1）如果月末某种产品全部完工，该种产品生产成本明细账中所归集的费用总额，就是该种完工产品的总成本。

（2）如果月末某种产品全部未完工，该种产品生产成本明细账中所归集的费用总额，就是该种产品的在产品总成本。

（3）如果月末某种产品一部分完工一部分未完工，则归集在该种产品生产成本明细账中的费用总额，还要采用适当的分配方法在完工产品和在产品之间进行分配，然后按照下列公式计算求得完工产品的总成本。

$$\text{完工产品成本} = \text{月初在产品成本} + \text{本月发生的生产费用} - \text{月末在产品成本}$$

完工产品的总成本，除以完工产品产量，得出该产品的单位成本。根据材料情况，编制完工产品成本计算表，如表 3.7 所示。然后根据完工产品成本计算表进行结转完工产成品生产成本的账务处理，同时登记“生产成本明细账”（见表 3.8 和表 3.9）。

表 3.7 **完工产品成本计算** 单位：元

项目	A 产品（1 000 件）		B 产品（500 件）	
	总成本	单位成本	总成本	单位成本
直接材料	100 000	100	60 000	120
直接人工	30 000 + 5 100	3.51	15 000 + 2 550	35.1
制造费用	16 000	16	8 000	16
生产成本合计	151 100	151.1	70 000	140

表 3.8 **生产成本明细账（1）**

产品名称：A 产品 单位：元

20××年		凭证号数	摘　　要	借方（成本项目）			
月	日			直接材料	直接人工	制造费用	合计
略	略	略	领用材料	100 000			100 000
			生产工人工资		30 000		30 000
			非货币性福利		5 100		5 100
			分配制造费用			16 000	16 000
			合计	100 000	35 100	16 000	151 100
			结转完工产品成本	100 000	35 100	16 000	151 100

表 3.9 **生产成本明细账（2）**

产品名称：B 产品 单位：元

20××年		凭证号数	摘　　要	借方（成本项目）			
月	日			直接材料	直接人工	制造费用	合计
略	略	略	领用材料	60 000			60 000
			生产工人工资		15 000		15 000
			非货币性福利		2 550		2 550
			分配制造费用			8 000	8 000
			合计	60 000	17 550	8 000	121 000
			结转完工产品成本	60 000	17 550	8 000	121 000

第五节　销售过程业务的核算

一、产品销售业务核算的主要内容

销售过程是企业生产经营的最后阶段，是企业产品进入流通领域，实现产品价值的过程。在销售过程中，企业要将制造完工的产成品及时地销售给购买单位，按销售价格收取货款，形成产品销售收入，同时，为了销售产品还会发生一定的产品销售费用。此外，在销售过程中，企业还应按照国家税法的规定计算并缴纳销售税金。企业的产品销售收入扣除产品销售成本、产品销售费用和产品销售税金及附加后的差额，即为产品销售利润或亏损。因此，销售过程核算的主要内容是：

（1）确认产品销售收入的实现，与购买单位办理结算，收回货款。

（2）支付产品的销售费用。

（3）计算并缴纳产品销售税金及附加。

（4）计算并结转产品销售成本。

（5）确定产品销售利润或亏损。

知识卡片

收入的确认和计量

收入确认和计量大致分为五步，即按照“五步法”模型进行处理：

第一步：识别与客户订立的合同。

第二步：识别合同中的单项履约义务。

第三步：确定交易价格。

第四步：将交易价格分摊至各单项履约义务。

第五步：履行各单项履约义务时确认收入。

二、产品销售业务核算应设置的主要账户

（一）“主营业务收入”账户

“主营业务收入”账户是用来核算企业销售商品、产品、自制半成品和提供工业性劳务等主营业务所取得的收入的账户，该账户属于损益类账户，其贷方登记企业本期实现的销售收入；借方登记发生的销售退回或销售折扣与折让等冲减的销售收入；月末将本账户的贷方余额全部转入“本年利润”账户的贷方，结转后本账户应无余额。本账户可按主营业务的种类进行明细核算。“主营业务收入”账户的结构如图 3.17 所示。

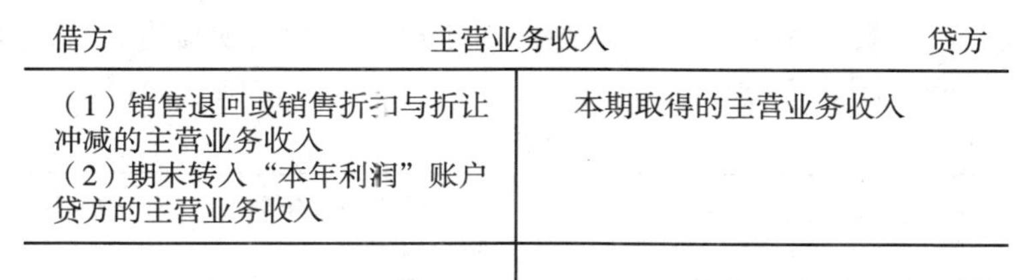

借方	主营业务收入 贷方
（1）销售退回或销售折扣与折让冲减的主营业务收入 （2）期末转入“本年利润”账户贷方的主营业务收入	本期取得的主营业务收入

图 3.17 “主营业务收入”账户的结构

（二）“主营业务成本”账户

“主营业务成本”账户是用来核算企业确认销售商品、产品、自制半成品和提供工业性劳务等主营业务收入时应结转的成本的账户。该账户属于损益类账户，其借方登记应结转的本期销售各种商品、产品、自制半成品和提供工业性劳务等主营业务的成本；贷方登记发生的销售退回应冲减的成本；月末将本账户的借方余额全部转入“本年利润”账户的借方，结转后本账户应无余额。本账户可按主营业务的种类进行明细核算。“主营业务成本”账户的结构如图 3.18 所示。

借方	主营业务成本 贷方
本期销售商品、产品、自制半成品和提供工业性劳务等主营业务而发生的实际成本	（1）销售退回冲减的主营业务成本 （2）期末转入“本年利润”账户借方的主营业务成本

图 3.18 “主营业务成本”账户的结构

（三）“税金及附加”账户

“税金及附加”账户是用来核算企业经营活动发生的消费税、城市维护建设税、资源税、土地增值税和教育费附加等相关税费的账户。该账户属于损益类账户，其借方登记企业按照规定计算确定的与经营活动相关的税费；月末将本账户的借方余额全部转入“本年利润”账户的借方，结转后本账户应无余额。“税金及附加”账户的结构如图 3.19 所示。

借方	税金及附加 贷方
本期经营活动应负担的相关税费	期末转入“本年利润”账户借方的税金及附加

图 3.19 “税金及附加”账户的结构

（四）“销售费用”账户

“销售费用”账户用来核算企业销售商品和材料、提供劳务的过程中发生的各种费用，包括保险费、包装费、展览费和广告费、商品维修费、预计产品质量保证损失、运输费、装卸费等以及为销售本企业商品而专设的销售机构（含销售网点、售后服务网点等）的职工薪酬、业务费、折旧费等经营费用。该账户属于损益类账户，其借方登记企业销售商品过程中发生的各种费用；月末将本账户的借方余额全部转入“本年利润”账户的借方，结转后本账户应无余额。本账户可按费用项目进行明细核算。“销售费用”账户的结构如图 3. 20 所示。

借方　　　　　　销售费用	贷方
本期发生的销售费用	期末转入“本年利润”账户借方的销售费用

图 3. 20　“销售费用”账户的结构

（五）“应收票据”账户

“应收票据”账户用来核算企业因销售商品、产品、提供劳务等而收到的商业汇票，包括银行承兑汇票和商业承兑汇票。该账户属于资产类账户，其借方登记收到的商业汇票的票面金额；贷方登记商业汇票到期实际收回的票面金额；期末余额在借方，表示企业持有的商业汇票的票面金额。“应收票据”账户的结构如图 3. 21 所示。

借方　　　　　　应收票据	贷方
本期收到的商业汇票的票面金额	本期回收商业汇票的票面金额
余额：期末持有的商业汇票票面金额	

图 3. 21　“应收票据”账户的结构

（六）“应收账款”账户

“应收账款”账户用来核算企业因销售商品、产品、提供劳务等，应向购货单位或接受劳务单位收取的款项。该账户属于资产类账户，其借方登记发生的应收账款；贷方登记已收回的应收账款；期末余额一般在借方，表示尚未收回的应收账款。本账户可按债务人进行明细核算。“应收账款”账户的结构如图 3. 22 所示。

借方　　　　　　应收账款	贷方
本期发生的应收账款	已收回的应收账款
余额：期末尚未收回的应收账款	

图 3. 22　“应收账款”账户的结构

（七）“预收账款”账户

“预收账款”账户是用来核算企业按合同规定向购货单位预收的货款。该账户属于负债类账户，其贷方登记向购货单位预收的款项；借方登记发货后与购货单位结算的款项；期末余额在贷方，表示尚未结算的预收款项。预收账款不多的企业，也可以将预收的款项直接记入“应收账款”账户的贷方，不设本账户。本账户可按购货单位进行明细核算。“预收账款”账户的结构如图 3. 23 所示。

借方	预收账款	贷方
本期用产品或劳务偿付的预收款项	本期预收的款项	
	余额：期末尚未结算的预收款项	

图 3.23 “预收账款”账户的结构

三、销售过程的总分类核算

（一）确认产品销售收入的实现，与购买单位办理结算，收回货款

假定企业本月发生下列销售业务：

【例 3－28】 向宏达公司销售甲产品 1 000 件，每件售价 500 元，价款共计 500 000 元，增值税率为 13%。货款已收到，存入银行。

分析：这项经济业务的发生，一方面使企业银行存款增加 565 000 元，另一方面使企业的产品销售收入增加 500 000 元，应交增值税销项税额增加 65 000 元。因此，这项经济业务涉及“银行存款”“主营业务收入”“应交税费”三个账户。银行存款的增加是资产的增加，应记入“银行存款”账户的借方；产品销售收入的增加是收入的增加，应记入“主营业务收入”账户的贷方；应交税费的增加是负债的增加，应记入“应交税费”账户的贷方。

这项经济业务应编制如下会计分录：

借：银行存款　　565 000
　　贷：主营业务收入　　500 000
　　　　应交税费——应交增值税（销项税额）　　65 000

【例 3－29】 4 日，向红星工厂发出甲产品 100 件，每件售价 300 元，价款共计 30 000 元，增值税税率为 13%，另以银行存款代垫运费 500 元，但款项均未收到。

分析：以银行存款代垫运费 500 元，引起银行存款减少，应收账款增加。所以，整个销售商品代垫运费经济业务的发生，一方面使企业应收账款增加 34 400 元（30 000 + 30 000 × 13% + 500），另一方面使企业的产品销售收入增加 30 000 元，应交增值税销项税额增加 3 900 元，银行存款减少 500 元。因此，这项经济业务涉及“应收账款”“银行存款”“主营业务收入”“应交税费”四个账户。应收账款的增加是资产的增加，应记入“应收账款”账户的借方；产品销售收入的增加是收入的增加，应记入“主营业务收入”账户的贷方；应交税费的增加是负债的增加，应记入“应交税费”账户的贷方；银行存款的减少是资产的减少，应记入“银行存款”账户的贷方。

这项经济业务应编制如下会计分录：

借：应收账款　　34 400
　　贷：主营业务收入　　30 000
　　　　应交税费——应交增值税（销项税额）　　3 900
　　　　银行存款　　500

【例3-30】向安信公司发出乙产品500件，每件售价150元，价款共计75 000元，增值税率为13%，收到安信公司开出并承兑的期限为3个月的商业汇票一张。

分析：这项经济业务的发生，一方面使企业应收票据增加84 750元，另一方面使企业的产品销售收入增加75 000元，应交增值税销项税额增加9 750元。因此，这项经济业务涉及“应收票据”“主营业务收入”“应交税费”三个账户。应收票据的增加是资产的增加，应记入“应收票据”账户的借方；产品销售收入的增加是收入的增加，应记入“主营业务收入”账户的贷方；应交税费的增加是负债的增加，应记入“应交税费”账户的贷方。这项经济业务应编制如下会计分录：

借：应收票据　　84 750
　贷：主营业务收入　　75 000
　　应交税费——应交增值税（销项税额）　　9 750

【例3-31】月末收到红星工厂前欠货款34 400元，款项存入银行。

分析：这项经济业务的发生，一方面使企业银行存款增加34 400元，应收账款减少34 400元。银行存款的增加是资产的增加，应记入“银行存款”账户的借方；应收账款的减少是资产的减少，应记入“应收账款”账户的贷方。这项经济业务应编制如下会计分录：

借：银行存款　　34 400
　贷：应收账款　　34 400

【例3-32】收到汇华公司预付购买甲产品货款10 000元，存入银行。

分析：这项经济业务的发生，一方面使企业银行存款增加10 000元，另一方面使企业的预收款项增加10 000元。因此，这项经济业务涉及“银行存款”和“预收账款”两个账户。银行存款的增加是资产的增加，应记入“银行存款”账户的借方；预收款项的增加是负债的增加，应记入“预收账款”账户的贷方。这项经济业务应编制如下会计分录：

借：银行存款　　10 000
　贷：预收账款　　10 000

【例3-33】向汇华公司发出甲产品40件，单位售价250元，增值税税率13%（已预收账款10 000元，剩余款项尚未收到）。

分析：这项经济业务的发生，一方面使企业的预收账款减少10 000元，应收账款增加1 300元，另一方面使企业销售收入增加1 000元，应交税费增加1 300元，涉及“预收账款”“应收账款”“主营业务收入”“应交税费”账户。这项经济业务应编制如下会计分录：

借：预收账款　　10 000
　应收账款　　1 300
　贷：主营业务收入　　10 000
　　应交税费——应交增值税（销项税额）　　1 300

（二）支付产品的销售费用

【例3-34】以银行存款支付广告费5 800元。

分析：这项经济业务的发生，一方面使企业产品销售费用增加5 800元，另一方面使企业的银行存款减少5 800元。因此，这项经济业务涉及“银行存款”和“销售费用”两个账户。产品销售费用的增加，记入“销售费用”账户的借方；银行存款的减少是资产的减少，应记入“银行存款”账户的贷方。这项经济业务应编制如下会计分录：

借：销售费用　　5 800

　　贷：银行存款　　5 800

（三）计算并缴纳产品销售税金及附加

产品销售税金及附加是企业因销售产品等按税法规定应该交纳的消费税、城市建设维护税和资源税等。为了核算产品销售税金，企业应设置“税金及附加”账户，该账户为损益类账户，其借方登记应交纳的各种销售税金及附加，贷方登记期末转入“本年利润”账户的销售税金及附加额，结转后期末无余额。

【例3-35】按规定计算本月已售产品应负担的消费税、城市维护建设税等税费，共计1 320元。

分析：这项经济业务的发生，一方面使企业负担的产品销售税金增加1 320元，另一方面使企业的应交税费增加1 320元。因此，这项经济业务涉及“税金及附加”和“应交税费”两个账户。产品销售税金的增加是费用的增加，应记入“税金及附加”账户的借方；应交税费的增加是负债的增加，应记入“应交税费”账户的贷方。这项经济业务应编制如下会计分录：

借：税金及附加　　1 320

　　贷：应交税费　　1 320

（四）计算并结转产品销售成本

产品销售成本是企业销售的产成品、自制半成品及工业性劳务的实际生产成本。为了核算企业的产品销售成本，应设置“主营业务成本”账户。

【例3-36】计算并结转本月已售产品的生产成本372 600元。

分析：这项经济业务的发生，一方面使企业已售产品销售成本增加372 600元，另一方面使企业的库存产品减少372 600元。因此，这项经济业务涉及“主营业务成本”和“库存商品”两个账户。产品销售成本的增加是费用的增加，应记入“主营业务成本”账户的借方；库存商品的减少是资产的减少，应记入“库存商品”账户的贷方。这项经济业务应编制如下会计分录：

借：主营业务成本　　372 600

　　贷：库存商品　　372 600

本月销售的产品不一定都是本月生产的。由于各个月份生产的同一种产品的单位生产成本可能不相同，所以与确定仓库发出材料的实际成本一样，要计算本月销售产品的实际生产成本，就必须采用一定的存货计价方法，如先进先出法、加权平均法等。产品销售利润的确定，可按下列公式计算确定：

主营业务利润＝主营业务收入－主营业务成本－税金及附加

产品销售业务的会计分录登记总账如图3.24所示。

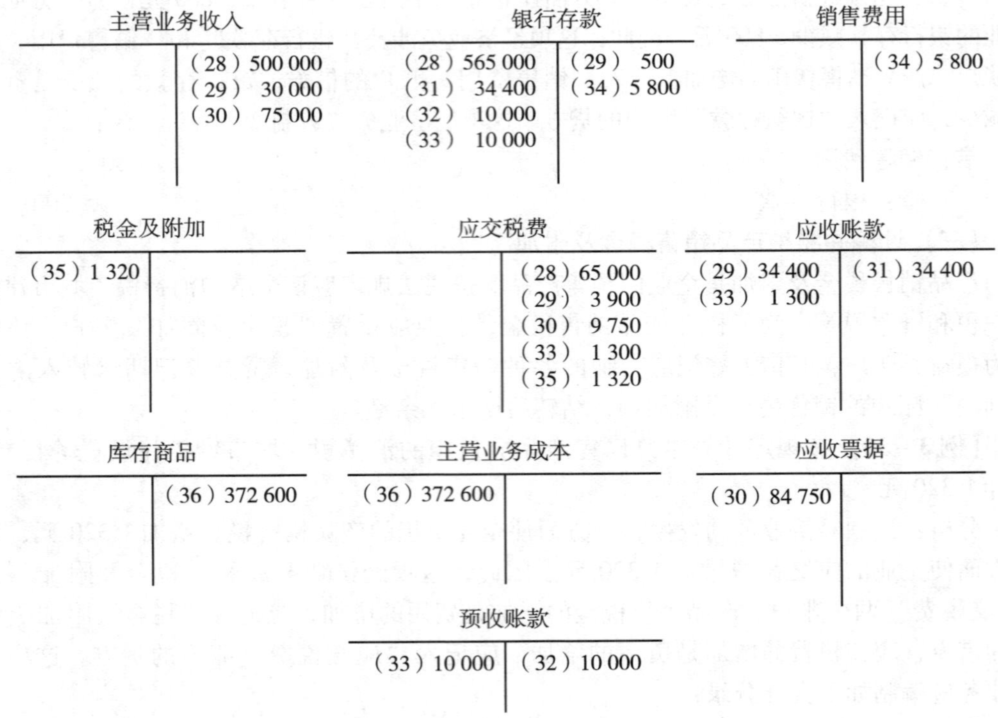

图 3.24　产品销售业务的会计分录登记总账

第六节　利润形成及分配业务的核算

一、财务成果业务核算的主要内容

财务成果是企业在一定会计期间生产经营活动的最终成果，是收入扣减费用后的净额。如果收入大于费用，净剩余为正，则形成利润；反之，则为亏损。利润是综合反映企业工作质量的一项财务指标，按其构成层次可分为营业利润、利润总额和净利润。

营业利润＝营业收入－营业成本－税金及附加－销售费用－管理费用
－财务费用±投资收益±公允价值变动损益－资产减值损失
利润总额＝营业利润＋营业外收入－营业外支出
净利润＝利润总额－所得税费用

企业实现的净利润，除国家另有规定者外，应按照下列顺序进行分配：首先提取法定盈余公积；然后向投资者分配利润；最后是其他。

因此，企业财务成果业务核算的主要内容包括利润形成的核算和利润分配的核算两部分。

二、利润形成的核算

(一) 期间费用的核算

期间费用是指虽与本期收入的取得密切相关，但不能直接归属于某个特定对象的各种费用。期间费用是企业当期发生的费用中重要的组成部分，包括销售费用、管理费用和财务费用。销售费用的核算已在本章第一节进行了介绍，这里仅介绍管理费用和财务费用的核算。

1. 期间费用核算的账户设置

(1) “管理费用”账户。

该账户用来核算企业为组织和管理企业生产经营活动而发生的管理费用。该账户属于损益类账户，其借方登记本期发生的各项管理费用，包括企业在筹建期间内发生的开办费、董事会和行政管理部门在企业经营管理中发生的或者应由企业统一负担的公司经费（包括行政管理部门职工工资及福利费、物料消耗、低值易耗品摊销、办公费和差旅费等）、工会经费、董事会费、聘请中介机构费、咨询费、诉讼费、业务招待费、房产税、车船税、土地使用税、印花税、技术转让费、矿产资源补偿费、研究费用、排污费等；贷方登记期末转入“本年利润”账户借方的数额，结转后该账户应无余额。本账户可按费用项目进行明细核算。“管理费用”账户的结构如图 3. 25 所示。

借方　　　　管理费用	贷方
本期发生的各项管理费用	期末转入“本年利润”账户的数额

图 3. 25 “管理费用”账户的结构

(2) “财务费用”账户。

该账户是用来核算企业为筹集生产经营活动所需资金等而发生的筹资费用的账户。财务费用包括利息支出（减利息收入）、汇兑损益以及相关的手续费、企业发生的现金折扣或收到的现金折扣等。该账户属于损益类账户，其借方登记本期发生的各项财务费用；贷方登记期末转入“本年利润”账户借方的数额，结转后该账户应无余额。本账户可按费用项目进行明细核算。“财务费用”账户的结构如图 3. 26 所示。

借方　　　　财务费用	贷方
本期发生的各项财务费用	期末转入“本年利润”账户的数额

图 3. 26 “财务费用”账户的结构

2. 期间费用的总分类核算

【例 3－37】计提本月行政管理部门使用的空调、电脑等固定资产折旧 1 800 元。

分析：这项经济业务的发生，一方面使管理费用增加 1 800 元，另一方面使固定资产累计折旧额增加 1 800 元。因此，这项经济业务涉及“管理费用”和“累计折旧”两个账户。管理费用的增加是费用的增加，应记入“管理费用”账户的借方；累计折旧的增加，实际上是固定资产价值的减少，应记入“累计折旧”账户的贷方。这项经济业务应编制如下会计分录：

借：管理费用　　1 800

　　贷：累计折旧　　1 800

【例3-38】 以银行存款480元购买办公用品。

分析：这项经济业务的发生，一方面使管理费用增加480元，另一方面使企业银行存款减少480元。因此，这项经济业务涉及“管理费用”和“银行存款”两个账户。管理费用的增加是费用的增加，应记入“管理费用”账户的借方；银行存款的减少是资产的减少，应记入“银行存款”账户的贷方。这项经济业务应编制如下会计分录：

借：管理费用　　480

　　贷：银行存款　　480

【例3-39】 分配本月应付行政管理人员工资10 000元，应提取的职工福利费2 000元。

分析：这项经济业务的发生，一方面使管理费用增加12 000元，另一方面使应付职工薪酬增加12 000元。因此，这项经济业务涉及“管理费用”和“应付职工薪酬”两个账户。管理费用的增加是费用的增加，应记入“管理费用”账户的借方；应付职工薪酬的增加是负债的增加，应记入“应付职工薪酬”账户的贷方。这项经济业务应编制如下会计分录：

借：管理费用　　12 000

　　贷：应付职工薪酬——工资　　12 000

【例3-40】 预提本月负担的银行借款利息3 000元。

分析：这项经济业务的发生，一方面使财务费用增加3 000元，另一方面使应付利息增加3 000元。因此，这项经济业务涉及“财务费用”和“应付利息”两个账户。财务费用的增加是费用的增加，应记入“财务费用”账户的借方；应付利息的增加是负债的增加，应记入“应付利息”账户的贷方。这项经济业务应编制如下会计分录：

借：财务费用　　3 000

　　贷：应付利息　　3 000

【例3-41】 行政管理部门职工刘芳报销差旅费400元（原借款400元）。

分析：这项经济业务的发生，一方面使管理费用增加400元，另一方面使其他应收款减少400元。因此，这项经济业务涉及“管理费用”“其他应收款”两个账户。管理费用的增加是费用的增加，应记入“管理费用”账户的借方；其他应收款的减少是资产的减少，应记入“其他应收款”账户的贷方。这项经济业务应编制如下会计分录：

借：管理费用　　400

　　贷：其他应收款　　400

（二）营业外收支的核算

1. 营业外收支核算的账户设置

（1）“营业外收入”账户。

该账户是用来核算企业发生的与日常活动无直接关系的各项利得的账户。该账户属于损益类账户，其贷方登记本期取得的各项营业外收入，包括非货币性资产交换利得、债务重组利得、政府补助、盘盈利得、捐赠利得等；借方登记期末转入“本年利润”账户贷方的数额，结转后该账户应无余额。本账户可按营业外收入项目进行明细核算。“营业外收入”账户的结构如图3.27所示。

借方　　　　　　　　　营业外收入	贷方
期末转入“本年利润”账户的数额	本期取得的各项营业外收入的数额

图3.27 “营业外收入”账户的结构

（2）“营业外支出”账户。

该账户是用来核算企业发生的与日常活动无直接关系的各项损失的账户。该账户属于损益类账户，其借方登记本期发生的各项营业外支出，包括非货币性资产交换损失、债务重组损失、公益性捐赠损失、非常损失、盘亏损失等；贷方登记期末转入“本年利润”账户借方的数额，结转后该账户应无余额。本账户可按支出项目进行明细核算。“营业外支出”账户的结构如图3.28所示。

借方　　　　　　　　　营业外支出	贷方
本期发生的各项营业外支出的数额	期末转入“本年利润”账户的数额

图3.28 “营业外支出”账户的结构

2. 营业外收支的总分类核算

【例3-42】 企业原欠北方公司一笔货款2 000元，因北方公司撤销已无法偿还，转为营业外收入。

分析：这项经济业务的发生，一方面使企业的营业外收入增加2 000元，另一方面使企业的应付账款减少2 000元。因此，这项经济业务涉及“应收账款”和“营业外收入”两个账户。营业外收入的增加是收入的增加，应记入“营业外收入”账户的贷方；应收账款的减少是负债的减少，应记入“应付账款”账户的借方。这项经济业务应编制如下会计分录：

借：应付账款　　　　2 000
　　贷：营业外收入　　　　2 000

【例3-43】 企业公益性捐赠货币资金1 000元，以银行存款转账支付。

分析：这项经济业务的发生，一方面使营业外支出增加1 000元，另一方面使企业银行存款减少1 000元。因此，这项经济业务涉及“营业外支出”和“银行存款”两个账户。营业外支出的增加是费用的增加，应记入“营业外支出”账户的借方；银行存款的减少是资产的减少，应记入“银行存款”账户的贷方。这项经济业务应编制如下会计分录：

借：营业外支出　　　　1 000
　　贷：银行存款　　　　1 000

（三）利润形成的核算

1. 利润形成核算的账户设置

“本年利润”账户是用来核算企业当期实现的净利润（或发生的净亏损）的账户。

该账户属于所有者权益类账户，其贷方登记期末由各收入账户转入的本期实现的各种收入；借方登记由各费用账户转入的本期发生的各种费用；将收入与费用相抵后，如果收入大于费用，即为贷方余额，表示本期实现的净利润；如果费用大于收入，即为借方余额，表示本期发生的净亏损。在年度中间，该账户的余额不予结转，表示截至本期本年度累计实现的净利润或发生的净亏损。年度终了，应将本账户余额转入"利润分配"账户，结转后该账户应无余额。"本年利润"账户的结构如图 3.29 所示。

借方　　　　　　本年利润	贷方
期末从有关账户转入的各种费用支出	期末从有关账户转入的各种收入

图 3.29 "本年利润"账户的结构

2. 利润形成的总分类核算

【例 3-44】 期末结转本月发生的各项收入共计 617 000 元。其中，主营业务收入 615 000 元，营业外收入 2 000 元。

分析：这项经济业务的发生，一方面使企业本年利润增加 617 000 元，另一方面使主营业务收入和营业外收入分别减少 615 000 元和 2 000 元。因此，这项经济业务涉及"本年利润""主营业务收入""营业外收入"三个账户。将各项收入转入"本年利润"账户的贷方，应编制如下会计分录：

借：主营业务收入	615 000	
营业外收入	2 000	
贷：本年利润		617 000

【例 3-45】 期末结转本月发生的各项费用共计 414 400 元。其中，主营业务成本 372 600 元，销售费用 5 800 元，税金及附加 1 320 元，管理费用 14 680 元，财务费用 3 000 元，营业外支出 1 000 元。

分析：这项经济业务的发生，一方面使企业本年利润减少 398 400 元，另一方面使主营业务成本、销售费用、税金及附加、管理费用、财务费用和营业外支出分别减少 372 600 元、5 800 元、1 320 元、14 680 元、3 000 元和 1 000 元。因此，这项经济业务涉及"本年利润""主营业务成本""销售费用""税金及附加""管理费用""财务费用""营业外支出"七个账户。将各项支出转入"本年利润"账户的借方，应编制如下会计分录：

借：本年利润	398 400	
贷：主营业务成本		372 600
销售费用		5 800
税金及附加		1 320
管理费用		14 680
财务费用		3 000
营业外支出		1 000

【例 3-46】 企业本期实现的税前会计利润（利润总额）为 617 000 - 398 400 = 218 600（元）。假定税前会计利润与应税利润一致（即无调整项目），按 25% 的所得税

税率计算当期应交纳的所得税税额为54 650元（假定不考虑递延所得税）。

分析：这项经济业务的发生，一方面使企业的应交税费增加了54 650元，另一方面使所得税费用增加了54 650元。应交税费增加为负债增加，应记入“应交税费”账户贷方；所得税费用增加为费用增加，应记入“所得税费用”账户借方。会计分录编制如下：

借：所得税费用　　54 650

　　贷：应交税费——应交所得税　　54 650

【例3-47】将本月的所得税费用转入“本年利润”账户。

分析：这项经济业务的发生，一方面使企业的所得税费用减少54 650元，另一方面使企业本年利润减少54 650元。因此，这项经济业务涉及“所得税费用”和“本年利润”两个账户。所得税费用的减少是费用的减少，应记入“所得税费用”账户的贷方；本年利润的减少是所有者权益的减少，应记入“本年利润”账户的借方。这项经济业务应编制如下会计分录：

借：本年利润　　54 650

　　贷：所得税费用　　54 650

上述利润形成业务的会计分录登记总账的结果如图3.30所示。

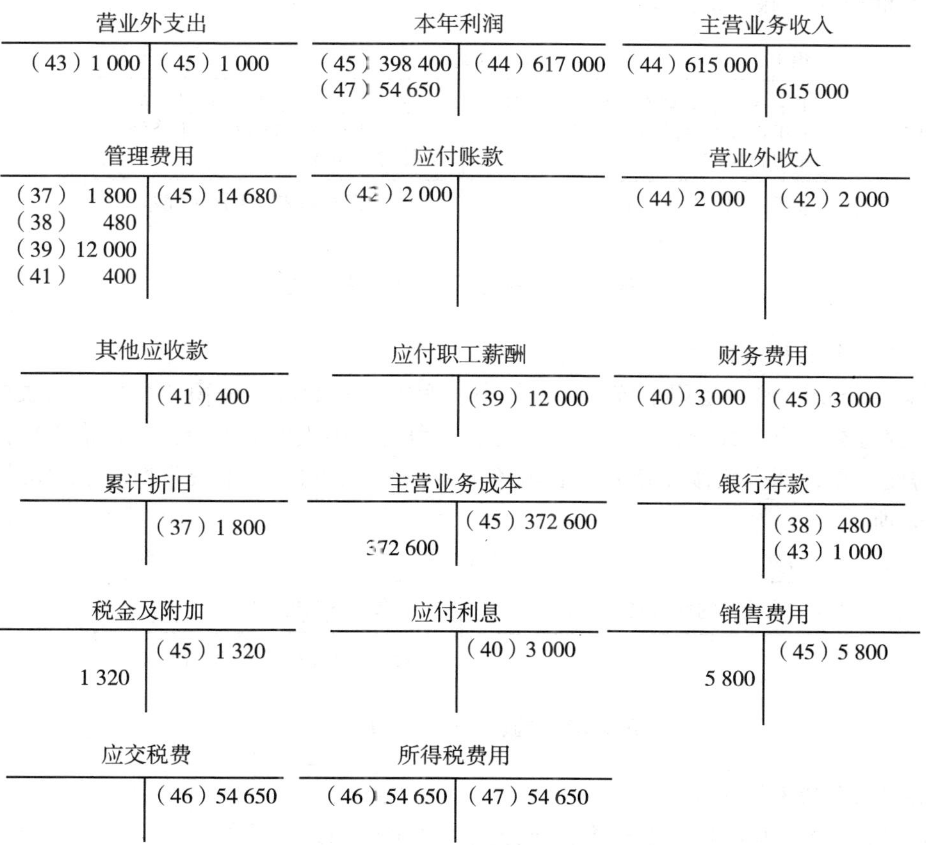

账户	借方	贷方
营业外支出	（43）1 000	（45）1 000
本年利润	（45）398 400 （47）54 650	（44）617 000
主营业务收入	（44）615 000	615 000
管理费用	（37）1 800 （38）480 （39）12 000 （41）400	（45）14 680
应付账款	（42）2 000	
营业外收入	（44）2 000	（42）2 000
其他应收款		（41）400
应付职工薪酬		（39）12 000
财务费用	（40）3 000	（45）3 000
累计折旧		（37）1 800
主营业务成本	372 600	（45）372 600
银行存款		（38）480 （43）1 000
税金及附加	1 320	（45）1 320
应付利息		（40）3 000
销售费用	5 800	（45）5 800
应交税费		（46）54 650
所得税费用	（46）54 650	（47）54 650

图3.30　利润形成业务的会计分录登记总账

三、利润分配的核算

企业实现的净利润应按规定的程序进行分配。企业如果发生亏损，可以用以后年度实现的利润弥补，也可以用以前年度提取的盈余公积金弥补。

（一）利润分配核算的账户设置

为了反映和监督企业利润的分配情况，应设置以下账户。

1. “利润分配”账户

“利润分配”账户是用来核算企业利润的分配（或亏损的弥补）和历年分配（或弥补）后的积存余额的账户。该账户属于所有者权益类账户，其贷方登记年末由“本年利润”账户转来的全年实现的净利润额和用盈余公积弥补的亏损数；借方登记企业按规定实际分配的利润数和年末由“本年利润”账户转来的本年累计发生的亏损数；余额如果在贷方，表示年末未分配的利润数额，余额如果在借方，表示年末尚未弥补的亏损。该账户应按利润分配项目，如“提取法定盈余公积”“提取任意盈余公积”“应付现金股利或利润”“转作股本的股利”“盈余公积补亏”“未分配利润”等进行明细核算。“利润分配”账户的结构如图 3. 31 所示。

借方　　　　　　　　利润分配	贷方
年末从“本年利润”账户转入的本年累计发生的亏损数及实际分配的利润数	年末从“本年利润”账户转入的全年实现的净利润及用盈余公积弥补的亏损数
余额：期末尚未弥补的亏损数	余额：期末尚未分配的利润数

图 3. 31 “利润分配”账户的结构

2. “盈余公积”账户

“盈余公积”账户是用来核算企业从净利润中提取的盈余公积的账户。该账户属于所有者权益类账户，其贷方登记企业按规定从净利润中提取的盈余公积；借方登记盈余公积的使用数；期末余额在贷方，表示盈余公积的结余数。“盈余公积”账户的结构如图 3. 32 所示。

借方　　　　　　　　盈余公积	贷方
盈余公积的使用数	盈余公积的提取数
	余额：盈余公积的结余数

图 3. 32 “盈余公积”账户的结构

3. “应付股利”账户

“应付股利”账户是用来核算企业分配的现金股利或利润的账户。该账户属于负债类账户，其贷方登记企业计算出的应付的现金股利或利润；借方登记实际支付的现金股利或利润；期末余额如果在贷方，表示企业应付未付的现金股利或利润。该账户应按投资者进行明细核算。“应付股利”账户的结构如图3.33所示。

借方　　　　应付股利	贷方
实际支付给投资者的利润	计算出的应付的现金股利或利润
	余额：尚未支付的现金股利或利润

图3.33 “应付股利”账户的结构

（二）利润分配的总分类核算

【例3-48】 按净利润147 950（617 000-414 400-54 650）元的10%计算提取盈余公积。

分析：这项经济业务的发生，一方面使企业的盈余公积增加14 795元，另一方面使利润分配增加14 795元。因此，这项经济业务涉及“利润分配”和“盈余公积”两个账户。由于“利润分配”账户是“本年利润”账户的抵减账户，所以利润分配的增加使所有者权益中的利润减少，应记入“利润分配”账户的借方；盈余公积的增加是所有者权益的增加，应记入“盈余公积”账户的贷方。这项经济业务应编制如下会计分录：

借：利润分配——提取法定盈余公积　　14 795
　　贷：盈余公积——法定盈余公积　　14 795

【例3-49】 企业根据利润分配方案，向投资者分配利润26 882元。

分析：这项经济业务的发生，一方面使企业的应付股利增加26 882元，另一方面使利润分配增加26 882元。因此，这项经济业务涉及“利润分配”和“应付股利”两个账户。由于“利润分配”账户是“本年利润”账户的抵减账户，所以利润分配的增加使所有者权益中的利润减少，应记入“利润分配”账户的借方；应付股利的增加是负债的增加，应记入“应付股利”账户的贷方。这项经济业务应编制如下会计分录：

借：利润分配——应付股利　　26 882
　　贷：应付股利　　26 882

【例3-50】 年末结转全年实现的未分配利润106 273（147 950-14 795-26 882）元。

年末，把“本年利润”账户余额和“利润分配”账户除“利润分配——未分配利润”账户以外的其他明细账余额（反映已分配利润），转入“利润分配——未分配利润”账户。其中，“本年利润”账户转入“利润分配”账户，利润总额由“本年利润”账户的借方转入“利润分配”账户的贷方；亏损总额由“本年利润”账户的贷方转入“利润分配”账户的借方；结转后，“本年利润”账户无余额。“利润分配——未分配利润”账户以外的其他明细账户无余额。因此，这项经济业务应编制如下会计分录：

借：本年利润　　147 950
　　贷：利润分配——提取法定盈余公积　　14 795

——应付股利　　26 882

——未分配利润　　106 273

以上利润分配业务的会计分录登记总账的结果如图 3.34 所示。

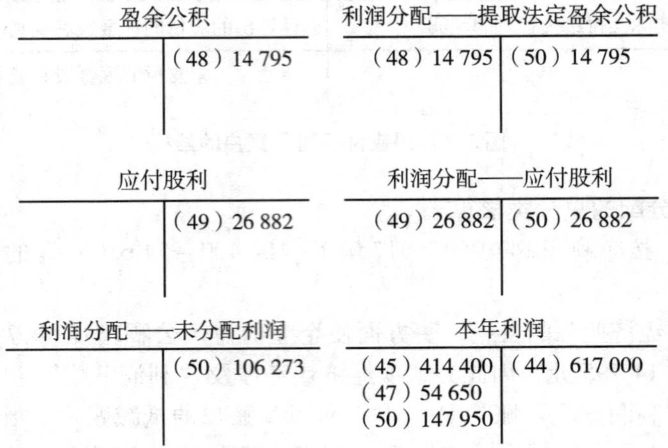

图 3.34　利润分配业务的会计分录登记总账

课后习题

一、思考题

1. 工业企业的经济业务主要包括哪些？为了反映和监督经济业务的变动情况应开设哪些账户？这些账户之间的联系是什么？

2. 如何在账户中反映资金筹集业务？

3. 说明材料采购业务核算的主要内容、“材料采购”账户的用途和结构特点，以及与相关账户的对应关系是什么。

4. 进行产品生产业务核算，为什么要分别开设“生产成本”和“制造费用”账户？核算的主要内容和相应的会计分录都包括哪些？

5. 简要说明产品成本核算的一般程序和产品成本计算的方法。

6. 说明产品销售业务核算中，收入账户与费用账户之间的关系。

7. 财务成果核算的主要内容包括什么？企业利润的构成内容及各项指标的关系是什么？

8. 说明“本年利润”账户与“利润分配”账户的用途和登记方法，以及两个账户之间的关系。

9. 简要说明利润分配的程序。

10. 营业外收入和营业外支出各包括哪些内容？

二、实务练习

1. 关于筹资业务的练习。

（1）华达公司吸收新龙公司投资转入银行存款300 000元，投入专利权一项，评估价值100 000元。

（2）华达公司收到新龙公司投资转入厂房一栋，双方评估确认该厂房的价值为2 000 000元。

（3）华达公司收到佳兴公司捐赠资金100 000元，存入银行。

（4）华达公司按面值发行普通股200 000股，每股面值为10元，筹集资金存入银行。

要求：根据上述经济业务编制会计分录。

2. 供应过程业务的核算。

华远公司某年10月份发生下列经济业务：

（1）购进1台设备，买价80 000元，运输费400元，包装费300元，所有款项均以银行存款支付，设备交付使用，不考虑增值税。

（2）向大明工厂购进甲材料1 500千克，单价30元，计45 000元；乙材料2 000千克，单价15元，计30 000元，全部款项以银行存款支付，增值税税率13%。

（3）用银行存款支付上述甲、乙材料的运杂费7 000元。

（4）向宏天工厂购进丙材料3 000千克，单价25元，计75 000元，款项尚未支付，增值税税率13%。

（5）本期购进的甲、乙、丙材料均已验收入库，现结转实际采购成本。

要求：根据上述经济业务编制会计分录（运杂费和挑选整理费按材料重量分摊）。

3. 生产过程业务的核算。

华远公司生产A、B两种产品，本月发生以下业务：

（1）本月耗用材料95 000元，其中生产A产品领用60 000元，B产品25 000元，车间一般消耗8 000元，管理部门耗用2 000元。

（2）根据本月工资汇总表，本月应付职工薪酬43 000元，其中生产工人工资13 000元（按工时分配，A产品13 000小时，B产品7 000小时），车间管理人员工资20 000元，厂部管理人员工资10 000元。要求：从银行提现，发放工资，并分配应付职工薪酬。

（3）按工资总额的14%预提应付的职工福利费。

（4）计提本月固定资产折旧费，其中车间6 000元，厂部4 000元。

（5）本月车间租入一台机器，预付当月租金300元。

（6）支付本月车间设备修理费630元。

（7）银行存款支付办公费1 500元，其中：生产车间500元，厂部1 000元。

（8）汇总本月制造费用，按工时分配结转制造费用。

（9）月末，A产品投产100台全部生产完工，结转完工产品的生产成本。B产品投产60台尚未完工。

要求：根据上述经济业务编制会计分录。

4. 销售过程的核算。

华远公司10月份发生下列经济业务：

（1）销售A产品10件，单价1 920元，货款19 200元，款项已存入银行，不考虑销项税额。

（2）销售B产品150件，单价680元，计102 000元，款项尚未收到，不考虑销项税额。

（3）用银行存款支付销售费用计1 350元。

（4）预提本月银行借款利息1 200元。

（5）结转已销产品生产成本，A产品12 476元，B产品69 000元。

要求：根据上述经济业务编制会计分录。

5. 关于利润形成的核算。

华远公司12月结转前有关损益类账户余额如下（单位：元）：

主营业务成本	80 280	主营业务收入	90 000
税金及附加	688.50	其他业务收入	20 000
其他业务成本	16 000	营业外收入	3 218.50
销售费用	1 000		
管理费用	9 250		
财务费用	300		
营业外支出	1 200		

所得税税率为25%。

要求：

（1）结转各收支账户，计算12月份利润总额。

（2）按12月份利润总额计提本月所得税，并结转所得税。

6. 综合分录题。

华远公司3月发生下列经济业务：

（1）以银行存款6 000元偿还银行借款。

（2）收到外商投资100 000元存入银行。

（3）以银行存款2 500元，偿还以前欠某工厂的购货款。

（4）收到购货单位以前欠的货款3 000元，其中支票2 700元存入银行，另收现金300元。

（5）以银行借款20 000元购买设备一台。

（6）采购员预借差旅费800元，以现金付讫。

（7）购进材料一批，计价15 000元，以银行存款支付，材料验收入库。

（8）从银行提取现金500元，以备零星开支。

（9）生产车间领用材料10 000元。

（10）收到某单位投入的设备一台，价值6 000元。

要求：根据上述经济业务编制会计分录。

三、单选题

1. 资金运动的起点是（　　）。

A. 资金筹集　　B. 资金投放　　C. 资金使用　　D. 资金收回

2. 开办企业必须拥有一定数量的资金，企业在工商行政管理部门登记的注册资本，通过（　　）进行核算。

A. 实收资本　　B. 留存收益　　C. 资本公积　　D. 盈余公积

3. 短期借款的利息支出应记入（　　）账户。

A. 制造费用　　B. 管理费用　　C. 财务费用　　D. 短期借款

4. 存货范围的确定，应以企业对存货是否具有（　　）为标准。

A. 法定所有权　　B. 法定使用权　　C. 法定经营权　　D. 法定处置权

5. 某企业为增值税一般纳税人，本期外购原材料的买价为 10 000 元，增值税为 1 300 元，入库前发生的挑选整理费用为 500 元，该批原材料的入账价值应为（　　）元。

A. 10 000　　B. 11 800　　C. 10 500　　D. 12 200

6. 下列内容不属于企业营业外支出的是（　　）。

A. 非常损失　　B. 坏账损失

C. 处置固定资产净损失　　D. 固定资产盘亏损失

7. 下列人员的工资应计入直接费用的是（　　）。

A. 生产车间管理人员工资　　B. 产品生产工人工资

C. 企业行政管理人员工资　　D. 产品销售人员工资

8. 通过专门账户归集，期末按一定标准分配计入产品生产成本中的费用是（　　）。

A. 财务费用　　B. 制造费用　　C. 期间费用　　D. 管理费用

9. 计提固定资产折旧时，应贷记的账户是（　　）。

A. 制造费用　　B. 管理费用　　C. 固定资产　　D. 累计折旧

10. 企业为组织和管理生产经营活动发生的各项费用，称为（　　）。

A. 制造费用　　B. 财务费用　　C. 管理费用　　D. 销售费用

11. “销售费用”账户的期末余额，应结转到（　　）账户。

A. 管理费用　　B. 本年利润　　C. 生产成本　　D. 利润分配

12. 企业的期间费用应直接计入（　　）。

A. 生产成本　　B. 当期损益　　C. 当期损失　　D. 销售成本

13. 结转已售商品实际成本时，贷记“库存商品”账户，应借记（　　）账户。

A. 库存商品　　B. 其他业务成本　　C. 主营业务成本　　D. 本年利润

14. 利润总额减去（　　）后的余额，称为净利润。

A. 增值税　　B. 应交税费　　C. 所得税费用　　D. 税金及附加

四、多选题

1. 企业的资本金按投资主体不同，分为（　　）。
A. 国家资本金　B. 法人资本金　C. 个人资本金　D. 外商资本金
2. 企业外购材料的采购成本，主要包括（　　）。
A. 材料的购买价格　B. 运杂费
C. 入库前的挑选整理费用　D. 运输途中的合理损耗
3. 材料采购费用包括（　　）。
A. 运输费、搬运费、装卸费、保险费　B. 进口关税和消费税
C. 运输途中合理损耗　D. 入库前的挑选整理费用
4. 企业的库存商品，主要包括（　　）。
A. 存在门市部准备出售的商品　B. 发出展览的商品
C. 寄存在外库的商品　D. 库存的外购半成品
5. 产品的成本项目，一般分为（　　）。
A. 直接材料　B. 直接人工　C. 制造费用　D. 期间费用
6. 财务费用账户核算内容包括（　　）。
A. 利息支出　B. 汇兑损失　C. 借款手续费用　D. 资本化利息
7. 下列收入属于企业其他业务收入的是（　　）。
A. 材料销售收入　B. 代购代销收入
C. 技术转让收入　D. 包装物出租收入
8. 产品销售业务涉及的账户有（　　）。
A. 主营业务收入　B. 主营业务成本　C. 税金及附加　D. 应收账款
9. “税金及附加”账户核算的税金不包括（　　）。
A. 增值税　B. 营业税　C. 消费税　D. 所得税
10. 下列属于营业外收入项目的有（　　）。
A. 盘盈利得　B. 捐赠利得　C. 政府补贴　D. 罚款收入

第四章　制造业企业的基本投融资业务处理

本章要点：

通过本章的学习，要求了解企业的基本投融资内容；了解企业投资的性质、分类；掌握交易性金融资产的核算；了解企业融资的资金来源；掌握企业吸收资金的核算；掌握借入资金的核算。

第一节　制造业企业基本投融资业务

企业除了从事日常生产经营活动以外，投融资也是极其重要的活动。这里主要介绍制造业企业的基本投融资业务，包括投资和融资两个方面的业务。

一、制造业企业的基本投资业务

企业日常生产经营活动是其主要从事的业务，是企业赖以生存和发展的基础；投资业务是维护和扩大经营活动的必要补充，通过投资活动获得利益（包括股利和利息的收益等），以达到日常生产经营活动所不能达到的效果，为扩大再生产提供资金或其他方面的条件。

（一）投资的性质

财务会计中的投资有广义和狭义之分。广义的投资分为对内投资和对外投资。对内投资包括固定资产投资、无形资产投资、存货投资等；对外投资包括权益性投资、债权性投资等。狭义的投资一般仅包括对外投资，如权益性投资、债权性投资等，不包括对内投资。本章所讲的投资是狭义的投资。

关于投资可以这样定义："投资是企业为通过分配来增加财富，或为谋求其他利益，而将资产让渡给其他单位所获得的另一项资产。"这个定义对投资的目的和方式进行了分析。从投资的目的来看：一是增加财富；二是谋求其他利益。取得投资的形式是将资产让渡给其他单位。这样的定义排除了对内投资（存货、固定资产投资）。投资具有以下特点：

（1）投资是以让渡其他资产而换取的另一项资产，如支付现金以购买债券、以固定资产向其他单位投资以取得其他单位的股权等，即企业将所拥有的现金、固定资产等让渡给其他单位，以换取债权投资或股权投资。这项资产与其他资产一样，能为投资者带来未来的经济利益。这种经济利益能直接或间接地增加流入企业的现金或现金等价物。

（2）投资所流入的经济利益，与其他资产为企业带来的经济利益在形式上有所不同。企业所拥有或控制的除投资以外的其他资产，通常能为企业带来直接的经济利益，如商品流通企业的库存商品是为转售而储备的，对这些存货的出售可以直接为企业带来经济利益。而投资通常是将企业的资产转让给其他单位使用，通过其他单位使用投资者投入的资产创造效益后分配取得利益，或者通过投资改善贸易关系等从而达到获取利益的目的。

（3）某些投资，如在证券市场上进行交易性质的股票或债券的买卖，实际上是将现金投入证券交易所（或证券交易代理机构），通过证券的买卖获取收益。这种收益是对购买证券的投资者投入的所有现金的再次分配的结果，以使资本增值。这里的资本增值主要是指通过证券市场买卖证券所取得的高于原投入资金的部分，即价差收入。

（二）投资的分类

1. 按对外投资形成的企业拥有权益不同分类

（1）股权投资：形成被投资企业的资本金，而投资企业则拥有被投资企业的股权。如购买上市公司的股票。

（2）债权投资：形成被投资单位的负债，而投资企业是被投资单位的债权人。包括购买各种债券和租赁投资。债权投资与对外股权投资相比，具有投资权利小、风险小等特点。

2. 按对外投资方式不同分类

（1）权益性投资：即表明企业拥有证券发行公司的所有权，如其他公司发行的普通股股票。

（2）债券性投资：包括国库券、金融债券和其他公司债券。

（3）混合性投资：比如，优先股股票是介于普通股股票和债券之间的一种混合性有价证券。

3. 按对外投资投出资金的回收期限分类

（1）长期投资：指购进不准备随时变现、持有时间在 1 年以上的有价证券，以及超过 1 年的其他对外投资。

（2）短期投资：指能够随时变现、持有时间不超过 1 年的有价证券，以及不超过 1 年的其他投资。短期投资的目的是利用生产经营暂时闲置不用的资金谋求收益，投资购入的有价证券通常是证券市场上交易活跃、容易脱手的证券。

4. 按照投资目的分类

（1）交易性投资。交易性投资主要是指企业为了近期内出售而持有的金融资产，属于交易性金融资产。比如，企业以赚取差价为目的从二级市场购入的股票、债券、基金等。

（2）债权投资。金融资产同时符合下列条件的，应当分类为以摊余成本计量的金融资产：①企业管理该金融资产的业务模式是以收取合同现金流量为目标。②该金融资产的合同条款规定，在特定日期产生的现金流量，仅为对本金和以未偿付本金金额为基础的利息的支付。

企业一般应当设置“贷款”“应收账款”“债权投资”等科目核算分类为以摊余成本计量的金融资产。

（3）其他债权投资和其他权益工具投资。金融资产同时符合下列条件的，应当分类为以公允价值计量且其变动计入其他综合收益的金融资产：①企业管理该金融资产的业务模式既以收取合同现金流量为目标，又以出售该金融资产为目标；②该金融资产的合同条款规定，在特定日期产生的现金流量，仅为对本金和以未偿付本金金额为基础的利息的支付。企业一般应当设置“其他债权投资”“其他权益工具投资”等科目核算分类为以公允价值计量且其变动计入其他综合收益的金融资产。

（4）长期股权投资。长期股权投资是指企业持有的对其子公司、合营企业及联营企业的权益性投资以及企业持有的对被投资单位不具有控制、共同控制或重大影响，并且在活跃市场中没有报价、公允价值不能可靠计量的权益性投资。

二、制造业企业的基本融资业务

企业融资的渠道可以分为两类：债务性融资和权益性融资。

债务性融资是指企业通过举债筹措资金，资金供给者作为债权人，享有到期收回本金的融资方式。相对于股权融资，它具有以下特征：短期性、可逆性、负担性。债务性融资包括银行贷款、发行债券、应付票据、应付账款等。债务性融资构成负债，企业要按期偿还约定的本息，债权人一般不参与企业的经营决策，对资金的运用也没有决策权。

股权性融资是指资金不通过金融中介机构，借助股票这一载体直接从资金盈余部门流向资金短缺部门，资金供给者作为所有者享有对企业控制权的融资方式。它具有以下特征：长期性、不可逆性、无负担性。

第二节　投资业务的核算

投资业务的核算主要包括交易性投资的核算、持有至到期投资的核算、可供出售金融资产的核算和长期股权投资的核算。本节投资业务的核算主要是介绍交易性投资的核算。

一、交易性金融资产的概念

交易性投资可能是股票投资，也可能是债券投资或基金投资。这种投资应按照“以公允价值计量且其变动计入当期损益的金融资产”进行会计处理。根据我国会计准则的规定，应设置“交易性金融资产”账户。下面以交易性金融资产为例来讲解交易性投资。

交易性金融资产是指企业利用市场短期交易机会，通过二级市场购买，准备在较短期间内出售的债券、股票等投资。也就是企业为了近期内出售而持有的金融资产，例如企业以赚取差价为目的从二级市场购入的股票、债券、基金等。

二、交易性金融资产的核算

（一）交易性金融资产的初始计量

企业在取得交易性金融资产时，应当按照取得时的公允价值计量，而在取得交易性金融资产时所发生的交易费用在发生时直接计入当期损益（交易费用是指可直接归属于购买、发行或处置金融工具新增的外部费用，包括支付给代理机构、咨询公司、券商等的手续费和佣金及其他必要支出）。支付的价款中包含已宣告但尚未发放的现金股利或已到付息期但尚未领取的债券利息，应当单独确认为应收项目，记入“应收股利”或“应收利息”账户。

企业应当设置“交易性金融资产”账户，用来核算企业为交易目的所持有的债券、股票、基金投资等交易性金融资产的公允价值。“交易性金融资产”账户是资产类账户，借方登记企业取得的交易性金融资产的公允价值、资产负债表日交易性金融资产公允价值高于账面价值的差额，贷方登记资产负债表日交易性金融资产公允价值低于账面价值的差额、出售金融资产的账面价值。账户的期末余额在借方，反映企业持有的交易性金融资产的公允价值（见图4.1）。

借方　　　　　交易性金融资产	贷方
（1）企业取得时的公允价值 （2）资产负债表日公允价值高于账面价值的差额	（1）资产负债表日公允价值低于账面价值的差额 （2）企业出售时的账面价值
余额：期末持有的交易性金融资产公允价值	

图4.1 “交易性金融资产”账户结构

【例4－1】 20××年1月20日，甲公司购入A上市公司股票100万股，并将其划分为交易性金融资产。该笔股票投资在购买日的公允价值为1 000万元。另支付相关交易费用金额为2.5万元。款项均以银行存款支付。甲公司应编制如下会计分录：

（1）取得交易性金融资产时，按交易性金融资产的公允价值，借记本科目：

借：交易性金融资产　　10 000 000

　　贷：银行存款　　10 000 000

（2）支付相关交易费用时：

借：投资收益　　25 000

　　贷：银行存款　　25 000

也可以合并为：

借：交易性金融资产　　10 000 000
　　投资收益　　25 000
　　贷：银行存款　　10 025 000

（二）交易性金融资产的后续计量

企业在持有交易性金融资产期间取得的利息或现金股利，应当确认为当期损益，记入“投资收益”账户，借记“应收利息”或“应收股利”账户，贷记“投资收益”账户。

在资产负债表日，交易性金融资产应当按资产负债表日的公允价值计价，期末公允价值与账面价值的差额直接计入当期损益，通过“公允价值变动损益”账户处理。

“公允价值变动损益”账户是损益类账户，借方登记资产负债表日交易性金融资产公允价值低于账面价值的差额（即交易性金融资产公允价值下跌的金额），贷方登记资产负债表日交易性金融资产公允价值高于账面价值的差额（即交易性金融资产公允价值上涨的金额），如图 4.2 所示。出售交易性金融资产时，应将其持有期间的公允价值变动金额，从“公允价值变动损益”账户转入“投资收益”账户。

借方　　公允价值	变动损益　　贷方
资产负债表日交易性金融资产公允价值低于账面价值的差额	资产负债表日交易性金融资产公允价值高于账面价值的差额
余额：期末公允价值低于成本数额	余额：期末公允价值高于成本数额

图 4.2 “公允价值变动损益”账户结构

【例 4－2】 承〖例 4－1〗，假定 20××年 6 月 30 日，甲公司购买的该股票的市价为 1 500 万元；20××年 12 月 31 日，甲公司购买的该股票的市价为 1 400 万元。

甲公司应编制如下会计分录：

（1）20××年 6 月 30 日，确认该股票的公允价值变动损益时：

借：交易性金融资产　　5 000 000
　　贷：公允价值变动损益　　5 000 000

（2）20××年 12 月 31 日，确认该股票的公允价值变动损益时：

借：公允价值变动损益　　1 000 000
　　贷：交易性金融资产　　1 000 000

（三）交易性金融资产的处置

企业可能因需要现金或获利机会而将交易性金融资产抛售变现，其售出的净收入（售价减去佣金、税金等附带费用）与交易性金融资产账面价值的差额即为出售投资的损益，同时，将原计入该金融资产的公允价值变动转出，由“公允价值变动损益”账户转入“投资收益”账户。即出售交易性金融资产时，应将其持有期间的公允价值变动金额，从“公允价值变动损益”账户转入“投资收益”账户。

【例 4－3】 承〖例 4－2〗和〖例 4－1〗，甲公司将上述股票对外出售，收到款项 1 450 万元存入银行。甲公司应编制如下会计分录：

（1）借：银行存款　14 500 000
　　贷：交易性金融资产　14 000 000
　　　　投资收益　500 000
（2）借：公允价值变动损益　4 000 000
　　贷：投资收益　4 000 000

（四）综合举例

【例4－4】 20××年3月10日，A公司从证券交易所购入B公司股票作为短期投资，购入时实际支付的价款为302万元，其中，2万元为已宣告尚未发放的现金股利，另支付相关交易费用5万元。A公司应编制如下分录：

借：交易性金融资产　3 000 000
　　应收股利　20 000
　　投资收益　50 000
　贷：银行存款　3 070 000

【例4－5】 承〖例4－4〗，20××年4月10日，A公司收到现金股利2万元。A公司应编制如下分录：

借：银行存款　20 000
　贷：应收股利　20 000

【例4－6】 承〖例4－5〗和〖例4－4〗，20××年6月30日，该股票的公允价值为314万元。A公司应编制如下分录：

借：交易性金融资产　140 000
　贷：公允价值变动损益　140 000

【例4－7】 承〖例4－6〗、〖例4－5〗和〖例4－4〗，20××年12月31日，该股票的公允价值为306万元。A公司应编制如下分录：

借：公允价值变动损益　80 000
　贷：交易性金融资产　80 000

【例4－8】 承〖例4－7〗、〖例4－6〗、〖例4－5〗和〖例4－4〗，次年2月10日，A公司将该股票全部出售，所得价款为385万元。A公司应编制如下分录：

借：银行存款　3 850 000
　贷：交易性金融资产　3 060 000
　　　投资收益　790 000
借：公允价值变动损益　60 000
　贷：投资收益　60 000

【例4－9】 20××年4月10日，甲公司以620万元（含已宣告但尚未领取的现金股利20万元）购入乙公司股票200万股作为交易性金融资产，另支付手续费6万元，4月20日，甲公司收到现金股利20万元。20××年6月30日该股票每股市价为3.2元，20××年8月10日，乙公司宣告分派现金股利，每股0.20元，8月20日，甲公司收到分派的现金股利。至12月31日，甲公司仍持有该交易性金融资产，期末每股市价为3.6元，次年1月3日以630万元出售该交易性金融资产。假定甲公司每年6月30日和

12 月 31 日对外提供财务报告。

要求：编制上述经济业务的会计分录；计算该交易性金融资产的累计损益。

（1）甲公司应编制如下分录：

①20××年 4 月 10 日购入时：

借：交易性金融资产　　6 000 000
　　应收股利　　200 000
　　投资收益　　60 000
　　贷：银行存款　　6 260 000

②20××年 4 月 20 日收到股利时：

借：银行存款　　200 000
　　贷：应收股利　　200 000

③20××年 6 月 30 日：

借：交易性金融资产（2 000 000×3.2－6 000 000）　　400 000
　　贷：公允价值变动损益　　400 000

④20××年 8 月 10 日宣告分派时：

借：应收股利（0.20×2 000 000）　　400 000
　　贷：投资收益　　400 000

⑤20××年 8 月 20 日收到股利时：

借：银行存款　　400 000
　　贷：应收股利　　400 000

⑥20××年 12 月 31 日：

借：交易性金融资产（2 000 000×3.6－2 000 000×3.2）　　800 000
　　贷：公允价值变动损益　　800 000

⑦次年 1 月 3 日处置：

借：银行存款　　6 300 000
　　公允价值变动损益　　1 200 000
　　贷：交易性金融资产　　7 200 000
　　　　投资收益　　300 000

（2）该交易性金融资产的累计损益＝－6＋40＋40＋80－120＋30＝64（万元）。

第三节　融资业务的核算

一、吸收投资业务

企业的成立，首先必须通过融资筹集到所需要的资金。企业筹集资金的方式可以分为权益筹资和债务筹资。其中，通过权益筹资方式筹集资金就是这里所指的吸收投资者的投资。

所有者投入的资本主要包括实收资本（或股本）和资本公积。

实收资本（或股本）是指企业的投资者按照企业章程、合同或协议的约定，实际投入企业的资本金以及按照有关规定由资本公积、盈余公积等转增资本的资金。《中华人民共和国公司法》规定，股东可以用货币资金出资，也可以对实物、知识产权和土地使用权等进行货币估价并依法转让的非货币财产作价出资；但是，法律、行政法规规定不得作为出资的财产除外。

资本公积是企业收到投资者投入的超出其在企业注册资本（或股本）中所占份额的投资。

资本公积作为企业所有者权益的重要组成部分，主要用于转增资本。

为了核算企业接受的投资者投资额的变化，企业应设置“实收资本”科目，并按投资者的不同进行明细核算。吸收投资可以是货币资金也可以是非货币资金（如固定资产、无形资产、原材料等形式的投资，由于第三章已经详细阐述，这里不再重复）。

“资本公积”账户，属于所有者权益类账户，用以核算企业收到投资者出资额超出其在注册资本或股本中所占份额的部分，借方登记资本公积的减少额，贷方登记资本公积的增加额（见图 4.3）。期末余额在贷方，反映企业期末资本公积的结余数额。

借方　　　　　　　　　　资本	公积　　　　　　　　　贷方
资本公积的减少额	资本公积的增加额
	余额：企业期末资本公积的结余数额

图 4.3 “资本公积”账户结构

【例 4－10】 长江公司注册成立，接受 B 公司投入的现金 500 万元，款项已通过银行转入。

分析：长江公司接受投资者投入资金，获得一笔银行存款，故“银行存款”增加，记借方；同时，长江公司接受投资者投入的资本增加，即“实收资本”增加，记贷方。长江公司会计人员应根据业务内容编制会计分录如下：

借：银行存款　　　　　　　　　　　　　　　　5 000 000

　　贷：实收资本——B 公司　　　　　　　　　　　　5 000 000

【例 4－11】 接〖例 4－10〗，假设长江公司按法定程序报经批准，减少注册资本 1 000 000 万元（其中 B 公司拥有 40% 的股份，C 公司拥有 60% 的股份），款项已通过银行存款支付。

分析：长江公司减少注册资本的方式是向企业投资者支付一定金额的银行存款，所以长江公司“银行存款”减少，记贷方；同时，企业接受投资者投资的金额相应减少，投资人在长江公司的权益相应减少，故应记“实收资本”的借方。长江公司会计人员应根据上述业务内容编制如下会计分录：

借：实收资本——B 公司　　　　　　　　　　　　400 000

　　　　　　——C 公司　　　　　　　　　　　　600 000

　　贷：银行存款　　　　　　　　　　　　　　　　1 000 000

二、借款业务的核算

（一）概述

企业自有资金不足以满足企业经营运转需要时，可以通过从银行或其他金融机构借款的方式筹集资金，并按借款协议约定的利率承担支付利息及到期归还借款本金的义务。因此，企业借入资金时，一方面银行存款增加，另一方面负债也相应增加。

知识卡片

借入资金业务的主要内容

银行借入资金即信贷融资，是企业负债筹资的一种主要方式，包括企业从银行和非银行金融机构借入各种资金。具体是指企业根据借款合同从有关银行或非银行金融机构借入的需要还本付息的款项。信贷融资具有筹资成本低、筹资时间短、有一定灵活性等优点。但同时信贷融资又具有财务风险大、限制条件多、筹资金额有限，如果宏观经济环境发生变化，企业还要承担利率变动的风险等缺点。银行借入资金业务根据借入款项偿还期限的长短不同分为短期借款业务和长期借款业务。短期借款是指企业向银行或其他金融机构等借入的期限在一年以下（含一年）的各种借款，通常是为了满足正常生产经营的需要。长期借款是指企业向银行或其他金融机构借入的期限在一年以上（不含一年）的各种借款，一般用于固定资产的购建、改扩建工程、大修理工程、对外投资以及为了保持长期经营能力等方面。它是企业长期负债的重要组成部分，必须加强管理与核算。

（二）账户设置

为核算企业因借款而形成的负债，企业应设置“短期借款”“长期借款”“应付利息”“财务费用”等账户。

（1）“短期借款”账户属于负债类账户，核算企业向银行或其他金融机构等借入的期限在1年以下（含1年）的各种借款。企业从银行或其他金融机构借款时，应贷记“短期借款”；企业归还借款时，借记“短期借款”；“短期借款”期末贷方余额反映企业尚未偿还的短期借款的本金。企业应当按照借款种类、贷款人和币种进行明细核算。

（2）“长期借款”账户属于负债类账户，用来核算企业向银行或其他金融机构借入的期限在1年以上（不含1年）的各项借款（含本金及计提的借款利息）。企业借入长期借款及计提借款利息时，贷记“长期借款”；归还长期借款本金及利息时，借记“长期借款”；“长期借款”期末贷方余额，反映企业尚未偿还的长期借款本金及利息的余额（见图4.4）。企业还应当按照贷款单位进行明细核算。

（3）“应付利息”账户属于负债类账户，用以核算企业按照合同约定应支付的利息，包括吸收存款、分期付息到期还本的长期借款、企业债券等应支付的利息。该账户贷方登记企业按合同利率计算确定的应付未付利息，借方登记归还的利息，期末余额在贷方，反映企业应付未付的利息（见图4.5）。该账户可按存款人或债权人进行明细核算。

借方	长期借款　　贷方
归还长期借款本金及利息的减少额	借入长期借款及计提利息的增加额
	余额：期末企业尚未偿还的长期借款本金及利息的余额

图 4.4 “长期借款”账户结构

借方	应付利息　　贷方
归还的利息	计算确定的应付未付利息
	余额：期末企业应付未付的利息

图 4.5 “应付利息”账户结构

（4）“财务费用”账户属于损益类（费用）账户，用来核算企业为筹集生产经营所需资金等而发生的筹资费用，包括利息支出（减利息收入）、汇兑差额以及相关的手续费等。企业确认发生筹资费用时，记本科目的借方；发生利息收入时贷记本科目；期末，企业应将余额转入“本年利润”账户，结转后无余额（见图 4.6）。

借方	财务费用　　贷方
利息支出、汇兑差额、手续费等	（1）利息收入 （2）期末结转财务费用

图 4.6 “财务费用”账户结构

（三）短期借款业务

企业借入的各种短期借款，应借记“银行存款”科目，贷记“短期借款”科目；偿还时做相反的会计分录。

资产负债表日，应按计算确定的短期借款利息费用，借记“财务费用”科目，贷记“银行存款”“应付利息”等科目。

【例 4－12】 20××年 1 月 1 日长江公司从银行借入一年期短期借款 50 万元，年利率 12%，每月末计提一次利息，每半年付息一次，到期一次还本。

分析：长江公司从银行借入资金后，银行存款增加，应借记“银行存款”；同时，长江公司增加了一项负债，即“短期借款”增加，应贷记“短期借款”。长江公司会计人员应根据上述业务内容编制如下会计分录：

借：银行存款　　　　500 000

　　贷：短期借款　　　　500 000

长江公司借入上述短期借款后，必须承担支付利息的义务。例如，在 20××年 1～5 月的每个月末，长江公司应确认每月的利息费用。企业在每月末确认发生的利息费用时，费用增加，应记“财务费用”的借方，应付利息增加，应记“应付利息”的贷方。

借：财务费用　　　　　　　　　　　　　　　　　　　5 000
　　贷：应付利息　　　　　　　　　　　　　　　　　　　5 000

1～5 月每月末做相同分录。

【例 4－13】20××年 6 月 30 日，长江公司以存款支付银行上半年短期借款利息 500 000×12%×6/12＝30 000（元）。

分析：企业在期末确认发生的利息费用时，费用增加，应记“财务费用”的借方；在 6 月之前，1～5 月份已经确认应付利息 5 000×5＝25 000（元），6 月 30 日确认当月的财务费用 5 000 元，同时，以银行存款支付 1～6 月的利息，故银行存款减少，应贷记“银行存款”。长江公司会计人员应根据上述业务内容编制如下会计分录：

借：财务费用　　　　　　　　　　　　　　　　　　　5 000
　　应付利息　　　　　　　　　　　　　　　　　　　25 000
　　贷：银行存款　　　　　　　　　　　　　　　　　　　30 000

【例 4－14】20××年 12 月 31 日，长江公司以银行存款归还银行短期借款本金 50 万元及下半年利息 30 000 元。

分析：长江公司归还借款，则企业负债减少，应借记“短期借款”；同时，长江公司还应确认并支付下半年的借款利息，所以还应借记“财务费用”“应付利息”，贷记“银行存款”等科目。长江公司会计人员应根据上述业务内容编制如下会计分录：

7～11 月每月末计提利息：

借：财务费用　　　　　　　　　　　　　　　　　　　5 000
　　贷：应付利息　　　　　　　　　　　　　　　　　　　5 000

12 月计提当月利息并偿还本息和：

借：短期借款　　　　　　　　　　　　　　　　　　　500 000
　　应付利息　　　　　　　　　　　　　　　　　　　25 000
　　财务费用　　　　　　　　　　　　　　　　　　　5 000
　　贷：银行存款　　　　　　　　　　　　　　　　　　　530 000

知识卡片

短期借款利息的确认与计量

确认方法：作为借款使用期间的财务费用（期间费用）。

计算公式：短期借款利息＝借款本金×利率×时间（按月）。

利息支付方式及财务处理方法：

（1）按月度支付或还款时确认。直接记入“财务费用”和“银行存款”账户。

（2）按季度或半年支付。采用计提方式确认，记入各月的“财务费用”和“应付利息”等账户。

（四）长期借款业务

企业借入长期借款，应按借款的金额借记“银行存款”科目，贷记“长期借款”科目。

【例 4 – 15】20××年 1 月 1 日，长江公司从银行借入两年期借款 100 万元，年利率 12%，到期一次还本付息。

分析：长江公司借入资金，则银行存款增加，应借记“银行存款”；同时，企业也增加了一笔负债，应贷记“长期借款”。长江公司会计人员应根据上述业务内容编制如下会计分录：

借：银行存款　　1 000 000

　贷：长期借款　　1 000 000

课后习题

1. 20××年 7 月 2 日，长江公司购入 A 上市公司股票 100 万股，每股 7 元，另发生相关交易费用 4 万元，并将该股票划分为交易性金融资产。

（1）7 月 31 日，该股票在证券交易所的收盘价格为每股 6.70 元。

（2）8 月 31 日，该股票在证券交易所的收盘价格为每股 8.00 元。

（3）9 月 5 日，将所持有的该股票全部出售，取得价款 825 万元，已存入银行。假定不考虑相关税费。

要求：逐笔编制长江公司上述业务的会计分录。

2. 创新工厂 20××年发生下列经济业务：

（1）1 月 1 日，收到国家追加投资 500 000 元，其中全新固定资产 300 000 元，银行存款 200 000 元。

（2）1 月 10 日，接收到华联公司投资，华联公司出资一栋厂房和一部分机器设备，经有关部门评估，厂房净值 180 000 元，机器设备 140 000 元。

（3）1 月 18 日，接受黄河公司以某项专有技术作为投资，经专家评估确认为 100 000 元。

（4）1 月 1 日，向银行借入短期借款 200 000 元，年利率为 9.84%，期限 3 个月，利息按月计提，按季结算。

（5）3 月 10 日，向银行借入三年期借款 1 000 000 元，用于建造新厂房。

要求：根据上述经济业务编制会计分录，其中短期借款业务要求编制收到借款、1～3 月的利息费用计提以及季末还本付息的全部分录。

第五章 会计凭证与账簿

——以手工模拟实训为平台

本章要点：

通过本章学习，悉知会计凭证、会计账簿的概念、意义和种类；熟练掌握会计凭证的填制方法和程序；会计账簿的内容、设置及登记规则；会计账簿的核对与错账更正方法；掌握会计凭证的审核内容和方法；会计期末结账的方法。

第一节 选用科目并开设账簿

会计能做什么？即会计的职能——核算和管理。

会计核算什么？即会计的具体对象——资产、负债、所有者权益、收入、费用、利润。

会计怎样进行核算？即会计的核算方法——设置会计科目和账户、复式记账、填制和审核会计凭证、登记账簿、编制财务会计报告。按照会计的核算程序——确认、计量、记录、报告，进行会计核算。

其中填制和审核会计凭证是会计循环的第一环节，掌握会计凭证的填制审核程序，是会计人员的基本功；会计凭证是登记账簿的依据，是生产会计信息的原材料。会计账簿是会计信息的存储器，设置账簿是会计核算方法中的重要方法之一，也是会计循环中的关键环节。通过本章的学习，要求在全面掌握理论内容的基础上，注重实际操作练习，理论与实践相结合。

一、选用科目

详见第二章的表 2. 1。

二、开设账簿

会计账簿，是指由一定格式的账页组成，以经过审核的会计凭证为依据，全面系统连续地记录各项经济业务的账簿。在形式上，会计账簿是若干账页的组合；在实质上，会计账簿是会计信息形成的重要环节，是会计资料的主要载体之一，也是会计资料的重要组成部分。

各单位每发生一项经济业务，都必须取得或填制原始凭证，并根据审核无误的原始凭证及有关资料填制记账凭证。通过记账凭证的填制和审核，可以反映和监督单位每一项经济业务的发生和完成情况。但是由于会计凭证数量多，格式不一，所提供的资料比较分散，缺乏系统性，每张凭证一般只能反映个别经济业务的内容。为了连续、系统、全面地反映单位在一定时期内的某一类和全部经济业务及其引起的资产与权益的增减变化情况，给经济管理提供完整而系统的会计核算资料，并为编制会计报表提供依据，就需要设置会计账簿，把分散在会计凭证中的大量核算资料加以集中和归类整理，分门别类地记录在账簿中。因此，每一单位都应按照国家统一的会计制度和会计业务的需要设置和登记会计账簿。通过账簿记录，既能对经济活动进行序时核算，又能进行分类核算；既可提供各项总括的核算资料，又可提供明细核算资料。

合理的设置和登记账簿，能系统地记录和提供企业经济活动的各种数据。它对加强企业经济核算，改善提高经营有着重要意义，主要表现在以下三个方面：

（1）通过设置和登记账簿，可以系统地归纳和积累会计核算的资料，为改善企业经营管理，合理使用资金提供资料。通过账簿的序时核算和分类核算，把企业承包经营情况，收入的构成和支出情况，财物的购置、使用、保管情况，全面、系统地反映出来，用于监督计划、预算的执行情况和资金的合理有效使用，促使企业改善经营管理。

（2）通过设置和登记账簿，可以为计算财务成果编制会计报表提供依据。根据账簿记录的费用、成本和收入、成果资料，可以计算一定时期的财务成果，检查费用、成本、利润计划的完成情况。经核对无误的账簿资料，及其加工的数据为编制会计报表提供总括和具体的资料，是编制会计报表的主要依据。

（3）通过设置和登记账簿，利用账簿的核算资料，为开展财务分析和会计检查提供依据。通过对账簿资料的检查、分析，可以了解企业贯彻有关方针、政策、制度的情况，借以考核各项计划的完成情况。另外，对资金使用是否合理，费用开支是否符合标准，经济效益有无提高，利润的形成与分配是否符合规定等做出分析、评价，从而找出差距，挖掘潜力，提出改进措施。

第二节　会计凭证概述及分类

一、会计凭证的概念

会计凭证是记录经济业务、明确经济责任的书面证明，也是登记账簿的依据。

会计管理工作要求会计核算提供真实的会计资料，强调记录的经济业务必须有根有据。因此，任何企业、事业和行政单位，每发生一笔经济业务，都必须由执行或完成该项经济业务的有关人员取得或填制会计凭证，并在凭证上签名或盖章，以对凭证上所记载的内容负责。例如，购买商品、材料由供货方开出发票；支出款项由收款方开出收据；接收商品、材料入库要有收货单；发出商品要有发货单；发出材料要有领料单等。这些发票、收据、收据单、发货单、领料单都是会计凭证。

所有会计凭证都必须认真填制，同时还得经过财会部门严格审核，只有审核无误的会计凭证才能作为经济业务发生或完成的证明，才能作为登记账簿的依据。

二、会计凭证的作用

填制和审核会计凭证是会计核算方法之一，也是会计核算工作的基础。填制和审核会计凭证在经济管理中具有重要作用。

（一）为会计核算提供原始依据

任何经济业务发生都必须取得或填制会计凭证，如实地反映经济业务发生或完成情况。会计凭证上记载了经济业务发生的时间和内容，从而为会计核算提供原始凭据，保证了会计核算的客观性与真实性，克服了主观随意性，使会计信息的质量得到了可靠保障。

（二）发挥会计监督作用

经济业务是否合法、合理，是否客观真实，在记账前都必须经过财会部门审核。通过审核会计凭证，可以充分发挥会计监督作用。通过检查每笔经济业务是否符合有关政策、法令、制度、计划和预算的规定，有无铺张浪费和违纪行为，从而促进各单位和经办人树立遵纪守法的观念，促使各单位建立健全各项规章制度，确保财产安全完整。

（三）加强岗位责任制

每一笔经济业务发生或完成都要填制和取得会计凭证，并由相关单位和人员在凭证上签名盖章，这样能促使经办人员严格按照规章制度办事。一旦出现问题，便于分清责任，及时采取措施，有利于岗位责任制的落实。

三、会计凭证的种类

经济业务的纷繁复杂决定了会计凭证是多种多样的。为了正确地使用和填制会计凭证，必须对会计凭证进行分类。会计凭证按照编制的程序和用途不同，分为原始凭证和记账凭证。

（一）原始凭证

原始凭证是在经济业务发生或完成时由相关人员取得或填制的，用以记录或证明经济业务发生或完成情况并明确有关经济责任的一种原始凭据。任何经济业务发生都必须填制和取得原始凭证，原始凭证是会计核算的原始依据。

（二）记账凭证

记账凭证是财会部门根据审核无误的原始凭证进行归类、整理，记载经济业务简要内容，确定会计分录的会计凭证。记账凭证是登记会计账簿的直接依据。

第三节　原始凭证

一、原始凭证的基本内容

原始凭证是在经济业务发生或完成时由相关人员取得或填制的，用以记录或证明经济业务发生或完成情况并明确有关经济责任的一种原始凭据。原始凭证是证明经济业务发生的原始依据，具有较强的法律效力，是一种很重要的会计凭证。

企业发生的经济业务纷繁复杂，反映其具体内容的原始凭证也品种繁多。虽然原始凭证反映经济业务的内容不同，但无论哪一种原始凭证，都应该说明有关经济业务的执行和完成情况，都应该明确有关经办人员和经办单位的经济责任。因此，各种原始凭证，尽管名称和格式不同，但都应该具备一些共同的基本内容。这些基本内容就是每一张原始凭证所应该具备的要素。原始凭证必须具备以下基本内容：

（1）原始凭证的名称。

（2）填制原始凭证的日期和凭证编号。

（3）接受凭证的单位名称。

（4）经济业务内容，如品名、数量、单价、金额大小写。

（5）填制原始凭证的单位名称和填制人姓名。

（6）经办人员的签名或盖章。

有些原始凭证，不仅要满足会计工作的需要，还应满足其他管理工作的需要。因此，在有些凭证上，除具备上述内容外，还应具备其他一些项目，如与业务有关的经济合同、结算方式、费用预算等，以更加完整、清晰地反映经济业务。

在实际工作中，各单位根据会计核算和管理的需要，可自行设计印制适合本单位需要的各种原始凭证。但是对于在一个地区范围内经常发生的大量同类经济业务，应由各主管部门统一设计印制原始凭证。如银行统一印制的银行汇票、转账支票和现金支票等，由铁路部门统一印制的火车票，由税务部门统一印制的有税务登记的发票，财政部门统一印制的收款收据等。这样，不但可以使原始凭证的内容格式统一，而且便于加强监督管理。

二、原始凭证的种类

纷繁复杂的经济业务导致原始凭证的品种繁多，为了更好地认识和利用原始凭证，必须按照一定标准对原始凭证进行分类。原始凭证按照不同的分类标准，可以分为不同的种类。

（一）原始凭证按其来源不同分类

原始凭证按其来源不同分类，可以分为外来原始凭证和自制原始凭证两种。

外来原始凭证是在经济业务活动发生或完成时，从其他单位或个人直接取得的原始凭证。如增值税专用发票、非增值税及小规模纳税人的发票、铁路运输部门的火车票、由银行转来的结算凭证和对外支付款项时取得的收据等都是外来原始凭证，其格式如图5.1所示。

××××专用发票

发票联　　（2015）

付款单位：________　　支票号：________

编号	商品名称	规格	单位	数量	单价	金额								
小写金额合计														
大写金额合计	佰　拾　万　仟　佰　元　角　分													

收款单位（盖章）　　开票人　　年　月　日

图5.1　外来原始凭证格式

自制原始凭证是指本单位内部具体经办业务的部门和人员，在执行或完成某项经济业务时所填制的原始凭证。如“收料单”“领料单”“销货发票”“产品入库单”“工资结算表”等，其格式如图5.2所示。

领 料 单

领料部门：　　凭证编号：

用　　途：　　年　月　日　　收料仓库：

材料编号	材料规格及名称	计量单位	数量		价格	
			请领	实领	单价	金额（元）
备　注					合计	

记账　　发料　　审批　　领料

（a）

图5.2　自制原始凭证格式

产品入库单

凭证编号：
交库单位：　　　　年　　月　　日　　　　收料仓库：

<table>
<tr><td rowspan="2">产品编号</td><td rowspan="2">产品名称</td><td rowspan="2">规格</td><td rowspan="2">计量单位</td><td rowspan="2">交付数量</td><td colspan="2">检验结果</td><td rowspan="2">实收数量</td><td rowspan="2">单价</td><td rowspan="2">金额</td></tr>
<tr><td>合格</td><td>不合格</td></tr>
<tr><td></td><td></td><td></td><td></td><td></td><td></td><td></td><td></td><td></td><td></td></tr>
<tr><td colspan="7">备　注</td><td colspan="2">合计</td><td></td></tr>
</table>

(b)

图 5.2　自制原始凭证格式（续）

（二）原始凭证按其填制方法不同分类

原始凭证按其填制方法不同分类，可以分为一次凭证、累计凭证和汇总凭证三种。

一次凭证是指一次填制完成的原始凭证。它反映一笔经济业务或同时反映若干同类经济业务的内容。外来原始凭证一般均属一次凭证，自制原始凭证中大多数也是一次凭证。日常的原始凭证多属此类，如“现金收据”“发货票”“收料单”等。一次凭证能够清晰地反映经济业务活动情况，使用方便灵活，但数量较多。

累计凭证是指在一张凭证上连续登记一定时期内不断重复发生的若干同类经济业务，直到期末才能填制完毕的原始凭证。累计凭证可以连续登记相同性质的经济业务，随时计算出累计数及结余数，期末按实际发生额记账。如“费用限额卡”“限额领料单”等。“限额领料单”的格式如图 5.3 所示。

限额领料单

领料部门：________　　　　　　　　　　　　凭证编号：________
产品名称、号码：________　　　年　　月　　日
计划产量：________　　　单位消耗定额：________　　　编号：________

<table>
<tr><td rowspan="2">材料编号</td><td rowspan="2">材料名称</td><td rowspan="2">规格</td><td rowspan="2">计量单位</td><td rowspan="2">计划单位</td><td rowspan="2">领料限额</td><td colspan="2">全月实用</td></tr>
<tr><td>数量</td><td>金额</td></tr>
<tr><td></td><td></td><td></td><td></td><td></td><td></td><td></td><td></td></tr>
<tr><td>领料日期</td><td>请领数量</td><td>实发数量</td><td>领料人签章</td><td colspan="2">发料人签章</td><td colspan="2">限额结余</td></tr>
<tr><td></td><td></td><td></td><td></td><td></td><td></td><td></td><td></td></tr>
<tr><td></td><td></td><td></td><td></td><td></td><td></td><td></td><td></td></tr>
<tr><td>合计</td><td></td><td></td><td></td><td></td><td></td><td></td><td></td></tr>
</table>

供应部门负责人：　　　　生产部门负责人：　　　　仓库管理员：

图 5.3　限额领料单格式

汇总凭证，也叫原始凭证汇总表，是根据许多同类经济业务的原始凭证或会计核算资料定期加以汇总而重新编制的原始凭证。如“发出材料汇总表”“差旅费报销单”等。汇总凭证既可以提供经营管理所需要的总量指标，又可以大大简化核算手续。“发出材料汇总表”的格式如图 5.4 所示。

发出材料汇总表

年　　月　　日

<table>
<tr><th colspan="2">会计科目</th><th>领料部门</th><th>原材料</th><th>燃料</th><th>合计</th></tr>
<tr><td rowspan="6">生产成本</td><td rowspan="3">基本生产车间</td><td>一车间</td><td></td><td></td><td></td></tr>
<tr><td>二车间</td><td></td><td></td><td></td></tr>
<tr><td>小计</td><td></td><td></td><td></td></tr>
<tr><td rowspan="3">辅助生产车间</td><td>供电车间</td><td></td><td></td><td></td></tr>
<tr><td>供气车间</td><td></td><td></td><td></td></tr>
<tr><td>小计</td><td></td><td></td><td></td></tr>
<tr><td colspan="2" rowspan="3">制造费用</td><td>一车间</td><td></td><td></td><td></td></tr>
<tr><td>二车间</td><td></td><td></td><td></td></tr>
<tr><td>小计</td><td></td><td></td><td></td></tr>
<tr><td colspan="2">管理费用</td><td>行政部门</td><td></td><td></td><td></td></tr>
<tr><td colspan="2">合计</td><td></td><td></td><td></td><td></td></tr>
</table>

财务负责人：　　　　　　　　　　复核：　　　　　　　　　　制表：

图 5.4　发出材料汇总表格式

（三）原始凭证按用途不同分类

原始凭证按其用途不同分类，可以分为通知凭证、执行凭证和计算凭证三种。

通知凭证是指要求、指示或命令企业进行某项经济业务的原始凭证，如“罚款通知书”“付款通知单”等。

执行凭证是用来证明某项经济业务发生或已经完成的原始凭证，如“销货发票”“材料验收单”“领料单”等。

计算凭证是指根据原始凭证和有关会计核算资料而编制的原始凭证。计算凭证一般是为了便于以后记账和了解各项数据来源和产生的情况而编制的，如“制造费用分配表”“产品成本计算单”“工资结算表”等。

（四）原始凭证按其格式不同分类

原始凭证按其格式不同分类，可以分为通用凭证和专用凭证两种。

通用凭证是指全国或某一地区、某一部门统一格式的原始凭证。如由银行统一印制的结算凭证、税务部门统一印制的发票等。

专用凭证是指一些单位具有特定内容、格式和专门用途的原始凭证。如高速公路通过费收据、养路费缴款单等。

以上是按不同的标准对原始凭证进行的分类。它们之间是相互依存密切联系的，有些原始凭证按照不同的分类标准分别属于不同的种类。如现金收据对出具收据的单位来说是自制原始凭证；面对接收收据的单位来说则是外来原始凭证；同时，它既是一次凭证，又是执行凭证，也是专用凭证。外来的凭证大多为一次凭证，计算凭证、累计凭证大多为自制原始凭证。

根据上述原始凭证的分类，归纳如图 5.5 所示。

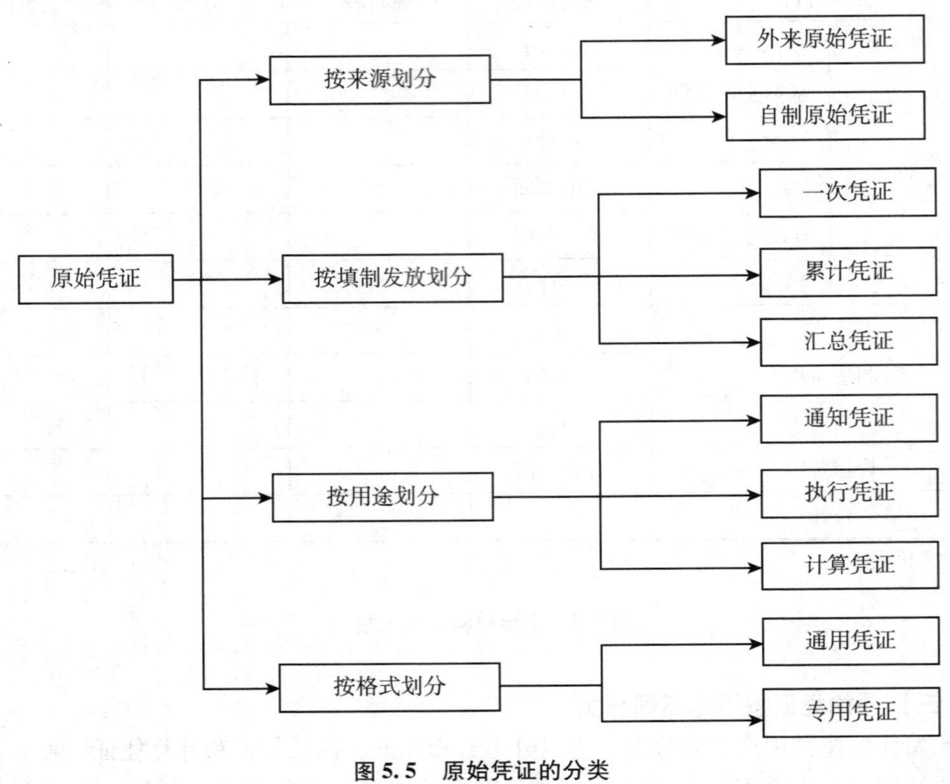

图 5.5　原始凭证的分类

三、原始凭证的填制

填制原始凭证，要由填制人员将各项原始凭证要素按规定方法填写齐全，办妥签章手续，明确经济责任。

由于各种凭证的内容和格式千差万别，因此，原始凭证的具体填制方法也不同。一般来说，自制原始凭证通常有三种形式。一是根据经济业务的执行和完成的实际情况直接填列，如根据实际领用的材料品名和数量填制领料单等；二是根据账簿记录对某项经济业务进行加工整理填列，如月末计算产品成本时，先要根据“制造费用”账户本月借方发生额填制“制造费用分配表”，将本月发生的制造费用按照一定的分配标准分配到有关产品成本中去，然后再计算出某种产品的生产成本；三是根据若干张反映同类业务的原始凭证定期汇总填列，如发出材料汇总表。外来原始凭证是由其他单位或个人填制的。它同自制原始凭证一样，也要具备能证明经济业务完成情况和明确经济责任所必需的内容。

原始凭证是具有法律效力的证明文件，是进行会计核算的依据，必须认真填制。为了保证原始凭证能清晰地反映各项经济业务的真实情况，原始凭证的填制必须符合以下要求：

（1）记录要真实。原始凭证上填制的日期、经济业务内容和数字必须是经济业务发生或完成的实际情况，不得弄虚作假，不得以匡算数或估计数填入，不得涂改、挖补。

（2）内容要完整。原始凭证中应该填写的项目要逐项填写，不可缺漏；名称要写全，不要简化；品名和用途要填写明确，不能含糊不清；有关部门和人员的签名和盖章必须齐全。

（3）手续要完备。单位自制的原始凭证必须有经办业务的部门和人员签名盖章；对外开出的凭证必须加盖本单位的公章或财务专用章；从外部取得的原始凭证必须有填制单位公章或财务专用章。总之，取得的原始凭证必须符合手续完备的要求，以明确经济责任，确保凭证的合法性、真实性。

（4）填制要及时。所有业务的有关部门和人员，在经济业务实际发生或完成时，必须及时填写原始凭证，做到不拖延、不积压，不事后补填，并按规定的程序审核。

（5）编号要连续。原始凭证要按顺序连续或分类编号，在填制时要按照编号的顺序使用，跳号的凭证要加盖“作废”戳记，连同存根一起保管，不得撕毁。

（6）书写要规范。原始凭证中的文字、数字的书写都要清晰、工整、规范，做到字迹端正、易于辨认，不草、不乱、不造字。大小写金额要一致。复写的凭证要不串行、不串格，不模糊，一式几联的原始凭证，应当注明各联的用途。数字和货币符号的书写要符合下列要求：

①数字要一个一个地写，不得连笔写。特别是在要连写几个“0”时，也一定要单个的写，不能将几个“0”连在一起一笔写完。数字排列要整齐，数字之间的空格要均匀，不宜过大。此外，阿拉伯数字的书写还应有高度的标准，一般要求数字的高度占凭证横格的1/2为宜。书写时还要注意紧靠横格底线，使上方能有一定的空位，以便需要进行更正时可以再次书写。

②阿拉伯数字前面应该书写货币币种或者货币名称简写和币种符号。币种符号与阿拉伯数字之间不得留有空白。凡阿拉伯金额数字前写有货币币种符号的，数字后面不再写货币单位。所有以元为单位（其他货币种类为货币基本单位，下同）的阿拉伯数字，除表示单价等情况外，一律填写到角分；无角分的，角位和分位写“00”或者符号“—”；有角无分的，分位应当写“0”，不得用符号“—”代替。在发货票等须填写大写金额数字的原始凭证上，如果大写金额数字前未印有货币名称，应当加填货币名称，然后在其后紧接着填写大写金额数字，货币名称和金额数字之间不得留有空白。

③汉字填写金额如零、壹、贰、叁、肆、伍、陆、柒、捌、玖、拾、佰、仟、万、亿等，应一律用正楷或行书体填写，不得用〇、一、二、三、四、五、六、七、八、九、十等简化字代替。不得任意自造简化字。大写金额数字到元或角为止的，在“元”或“角”之后应当写“整”或“正”字。阿拉伯金额数字之间有“0”时，汉字大写金额应写“零”字；阿拉伯金额数字中间连续有几个“0”时，大写金额中可以只有一个“零”；阿

拉伯金额数字元位为“0”或者数字中间连续有几个“0”，元位也是“0”，但角位不是“0”时，汉字大写金额可以只写一个“零”字，也可以不写“零”字。

四、原始凭证的审核

为了正确反映和监督各项经济业务，财务部门对取得的原始凭证，必须进行严格审核和核对，保证核算资料的真实、合法、完整。只有经过审查无误的凭证，方可作为编制记账凭证和登记账簿的依据。原始凭证的审核，是会计监督工作的一个重要环节，一般应从以下两方面进行：

（1）审查原始凭证所反映经济业务的合理性、合法性和真实性。这种审查是以有关政策、法规、制度和计划合同等为依据，审查凭证所记录的经济业务是否符合有关规定，有无贪污盗窃、虚报冒领、伪造凭证等违法乱纪现象，有无不讲经济效益、违反计划和标准的要求等。对于不合理、不合法及不真实的原始凭证，财会人员应拒绝受理。如发现伪造或涂改凭证弄虚作假、虚报冒领等不法行为，除拒绝办理外，还应立即报告有关部门，提请严肃处理。

（2）审核原始凭证的填制是否符合规定的要求。首先审查所用的凭证格式是否符合规定，凭证的要素是否齐全，是否有经办单位和经办人员签章；其次审查凭证上的数字是否完整，大、小写是否一致；最后审查凭证上数字和文字是否有涂改、污损等不符合规定之处。如果通过审查发现凭证不符合上述要求，那么凭证本身就失去作为记账依据的资格，会计部门应把那些不符合规定的凭证退还给原编制凭证的单位或个人，要求重新补办手续。

原始凭证的审核，是一项很细致而且十分严肃的工作。要做好原始凭证的审核，充分发挥会计监督的作用，会计人员应该做到精通会计业务；熟悉有关的政策、法令和各项财务规章制度；对本单位的生产经营活动有深入的了解；同时还要求会计人员具有维护国家法律法规和本单位财务管理制度的高度责任感，敢于坚持原则，才能在审核原始凭证时正确掌握标准，及时发现问题。

原始凭证经过审核后，对于符合要求的原始凭证，及时编制记账凭证并登记账簿；并对于手续不完备、内容记载不全或数字计算不正确的原始凭证，应退回有关经办部门或人员补办手续或更正；对于伪造、涂改或经济业务不合法的凭证，应拒绝受理，并向本单位领导汇报，提出拒绝执行的意见；对于弄虚作假、营私舞弊、伪造涂改凭证等违法乱纪行为，必须及时揭露并严肃处理。

第四节　记账凭证

一、记账凭证的基本内容

记账凭证是会计人员根据审核后的原始凭证进行归类、整理，并确定会计分录而编制的会计凭证，是登记账簿的依据。由于原始凭证只表明经济业务的内容，而且种类繁多、数量庞大、格式不一，因而不能直接记账。为了做到分类反映经济业务的内容，必须按会计核算方法的要求，将其归类、整理、编制记账凭证，标明经济业务应记入的账户名称及应借应贷的金额，作为记账的直接依据。所以，记账凭证必须具备以下内容：

（1）记账凭证的名称。

（2）填制凭证的日期、凭证编号。

（3）经济业务的内容摘要。

（4）经济业务应记入账户的名称、记账方向和金额。

（5）所附原始凭证的张数和其他附件资料。

（6）会计主管、记账、复核、出纳、制单等有关人员签名或盖章。

记账凭证和原始凭证同属于会计凭证，但二者存在以下不同：原始凭证是由经办人员填制，记账凭证一律由会计人员填制；原始凭证根据发生或完成的经济业务填制，记账凭证根据审核后的原始凭证填制；原始凭证仅用以记录、证明经济业务已经发生或完成，记账凭证要依据会计科目对已经发生或完成的经济业务进行归类、整理；原始凭证是填制记账凭证的依据，记账凭证是登记账簿的依据。

二、记账凭证的种类

由于会计凭证记录和反映的经济业务多种多样，因此，记账凭证也是多种多样的。记账凭证按不同的标志，可以分为不同的种类。

（一）记账凭证按经济内容分类

记账凭证按其反映的经济内容不同，可分为收款凭证、付款凭证、转账凭证三种。

（1）收款凭证是指专门用于记录库存现金和银行存款收款业务的会计凭证，收款凭证是出纳人员收讫款项的依据，也是登记总账、库存现金日记账和银行存款日记账以及有关明细账的依据，一般按库存现金和银行存款分别编制。收款凭证格式如图5.6所示。

收　款　凭　证

借方科目：　　　　　　　　　　年　　月　　日　　　　　　　　　　字第　　号

摘　要	贷方科目		金　额											记账√
	总账科目	明细科目												
附件　张	合　计													

会计主管　　　　记账　　　　出纳　　　　审核　　　　制单

图5.6　收款凭证格式

（2）付款凭证是指专门用于记录库存现金和银行存款付款业务的会计凭证。付款凭证是出纳人员支付款项的依据，也是登记总账、库存现金日记账和银行存款日记账以及有关明细账的依据，一般按库存现金和银行存款分别编制。付款凭证格式如图 5.7 所示。

付　款　凭　证

贷方科目：　　　　　　年　　月　　日　　　　　　　　字第　　号

摘　要	借方科目		金　额											记账√
	一级科目	二级科目												
附件　张	合　计													

会计主管　　　　复核　　　　记账　　　　出纳　　　　审核　　　　制单

图 5.7　付款凭证格式

（3）转账凭证是指专门用于记录不涉及现金和银行存款收付款业务的会计凭证。它是登记总账和有关明细账的依据。转账凭证格式如图 5.8 所示。

转　账　凭　证

年　　月　　日　　　　　　　　字第　　号

摘要	会计科目		借方金额										贷方金额										记账√
	总账科目	明细科目																					
附件　张	合计																						

会计主管　　　　记账　　　　审核　　　　制单

图 5.8　转账凭证格式

收款凭证、付款凭证和转账凭证分别用以记录库存现金、银行存款收款业务、付款业务和转账业务（与库存现金、银行存款收支无关的业务），为了便于识别，各种凭证印制成不同的颜色。在会计实务中，对于库存现金和银行存款之间的收付款业务，为了避免记账重复，一般只编制付款凭证，不编制收款凭证。

（二）记账凭证按填制方式分类

记账凭证按其填制方式不同，可分为单式记账凭证和复式记账凭证两种。

（1）单式记账凭证。单式记账凭证是在每张凭证上只填列经济业务事项所涉及的一个会计科目及其金额的记账凭证。填列借方科目的称为借项记账凭证，填列贷方科目的称为贷项记账凭证。一项经济业务涉及几个科目，就分别填制几张凭证，并采用一定的编号方法将它们联系起来。单式凭证的优点是内容单一，便于记账工作的分工，也便于按科目汇总，并可加速凭证的传递。其缺点是凭证张数多，内容分散，在一张凭证上不能完整地反映一笔经济业务的全貌，不便于检验会计分录的正确性，故需加强凭证的复核、装订和保管工作。

（2）复式记账凭证。复式记账凭证是指将每一笔经济业务事项所涉及的全部会计科目及其发生额均在同一张凭证中反映的一种记账凭证。即一张记账凭证上登记一项经济业务所涉及的两个或者两个以上的会计科目，既有“借方”，又有“贷方”。复式记账凭证优点是可以集中反映账户的对应关系，有利于了解经济业务的全貌；同时还可以减少凭证的数量，减轻编制记账凭证的工作量，便于检验会计分录的正确性。其缺点是不便于汇总计算每一会计科目的发生额和进行分工记账。在实际工作中，普遍使用的是复式记账凭证。上述介绍的收款凭证、付款凭证和转账凭证都是复式记账凭证。

（三）记账凭证按汇总方法分类

记账凭证按其汇总方法不同，可分为分类汇总凭证和全部汇总凭证两种。

（1）分类汇总凭证。它可以定期按库存现金、银行存款及转账业务进行分类汇总，也可以按科目进行汇总。比如，可以将一定时期的收款凭证、付款凭证、转账凭证分别汇总，编制汇总收款凭证、汇总付款凭证、汇总转账凭证。

（2）全部汇总凭证。它是指将单位一定时期内编制的会计分录，全部汇总在一张记账凭证上。将一定时期的所有记账凭证按相同会计科目的借方和贷方分别汇总，编制记账凭证汇总表（或称科目汇总表）。

汇总凭证是将许多同类记账凭证逐日或定期（3 天、5 天、10 天等）加以汇总后编制的记账凭证，有利于简化总分类账的登记工作。

收款凭证、付款凭证和转账凭证，称为专用记账凭证。实际工作中，货币资金的管理是财会人员的一项重要工作。为了单独反映货币资金收付情况，在货币资金收付业务量较多的单位，往往对货币资金的收付业务编制专用的收、付款凭证。目前，现实工作中大多数单位，使用一种通用格式的记账凭证。这种通用记账凭证既可用于收、付款业务，又可用于转账业务，所以称为通用记账凭证，更加具有普遍性。通用记账凭证的格式如图 5.9 所示。

<u>通 用 记 账 凭 证</u>

20 年 月 日　　　　字第 号

摘要	会计科目		借方金额	贷方金额	记账√
	总账科目	明细科目			
附件 张	合 计				

会计主管　　记账　　审核　　制单

图 5.9 通用记账凭证格式

综上所述，记账凭证的分类如图 5.10 所示。

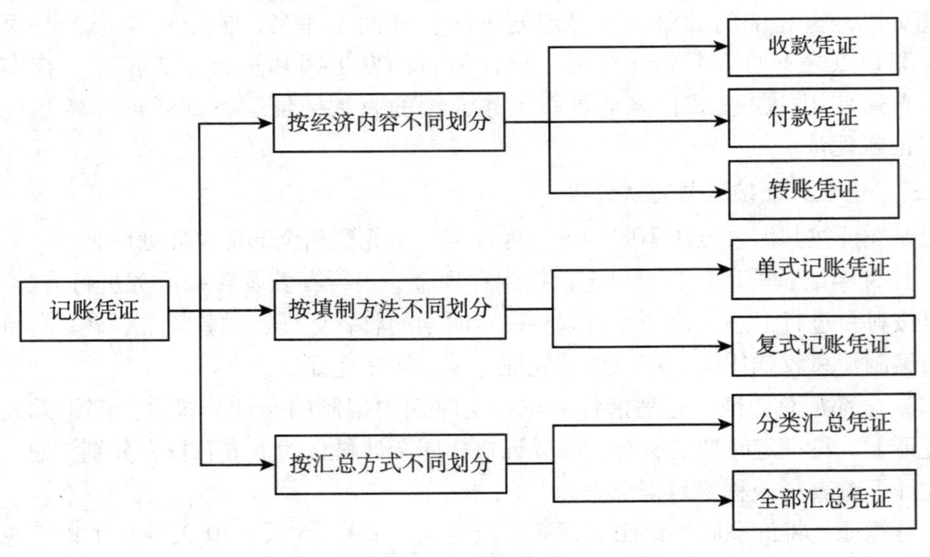

图 5.10 记账凭证的分类

三、记账凭证的填制

（一）记账凭证的填制要求

填制记账凭证是一项重要的会计工作，为了便于登记账簿，保证账簿记录的正确性，填制记账凭证应符合以下要求：

（1）依据真实。除结账和更正错误外，记账凭证应根据审核无误的原始凭证及有关资料填制，记账凭证必须附有原始凭证并如实填写所附原始凭证的张数。记账凭证所附原始凭证张数的计算一般应以原始凭证的自然张数为准。如果记账凭证中附有原始凭证汇总表，则应该把所附的原始凭证和原始凭证汇总表的张数一起记入附件的张数之内。但报销差旅费等零散票券，可以粘贴在一张纸上，作为一张原始凭证。一张原始凭证如果涉及几张记账凭证，可以将原始凭证附在一张主要的记账凭证后面，在该主要记账凭证摘要栏注明“本凭证附件包括××号记账凭证业务”字样，并在其他记账凭证上注明该主要记账凭证的编号或者附上该原始凭证的复印件，以便复核查阅。如果一张原始凭证所列的支出需要由两个以上的单位共同负担时，应当由保存该原始凭证的单位开给其他应负担单位原始凭证分割单，原始凭证分割必须具备原始凭证的基本内容，并可作为填制记账凭证的依据，计算在所附原始凭证张数之内。

（2）内容完整。记账凭证应具备的内容都要具备，要按照记账凭证上所列项目逐一填写清楚，有关人员的签名或者盖章要齐全不可缺漏。如有以自制的原始凭证或者原始凭证汇总表代替记账凭证使用的，也必须具备记账凭证应有的内容。金额栏数字的填写必须规范、准确，与所附原始凭证的金额相符。金额登记方向、数字必须正确，角分位不留空格。

（3）分类正确。填制记账凭证，要根据经济业务的内容，区别不同类型的原始凭证，正确应用会计科目和记账凭证。记账凭证可以根据每一张原始凭证填制，或者根据若干张同类原始凭证汇总填制，也可以根据原始凭证汇总表填制，但不得将不同内容或类别的原始凭证汇总填制在一张记账凭证上，会计科目要保持正确的对应关系。一般情况下，库存现金或银行存款的收、付款业务，应使用收款凭证或付款凭证；不涉及库存现金和银行存款收付的业务，如将现金送存银行，或者从银行提取现金，应以付款业务为主，只填制付款凭证不填制收款凭证，以避免重复记账。在一笔经济业务中，如果既涉及库存现金或银行存款收付，又涉及转账业务，则应分别填制收款或付款凭证和转账凭证。例如，单位职工出差归来报销差旅费并交回剩余现金时，就应根据有关原始凭证按实际报销的金额填制一张转账凭证，同时按收回的现金数额填制一张收款凭证。各种记账凭证的使用格式应相对稳定，特别是在同一会计年度内，不宜随意更换，以免引起编号、装订、保管方面的不便与混乱。

（4）日期正确。记账凭证的填制日期一般应填制记账凭证当天的日期，不能提前或拖后；按权责发生制原则计算收益、分配费用、结转成本利润等调整分录和结账分录的记账凭证，虽然需要到下月才能填制，但为了便于在当月的账内进行登记，仍应填写当月月末的日期。

（5）连续编号。为了分清会计事项处理的先后顺序，以便记账凭证与会计账簿之间的核对，确保记账凭证完整无缺，填制记账凭证时，应当对记账凭证连续编号。记账凭证编号的方法有多种：一种是将全部记账凭证作为一类统一编号；另一种是分别按现金和银行存款收入业务、现金和银行付出业务、转账业务三类进行编号，这样记账凭证的编号应分为收字第×号、付字第×号、转字第×号；还有一种是分别按库存现金收入、库存现金支出、银行存款收入、银行存款支出和转账业务五类进行编号，这种情况下，记账凭证的编号应分为现收字第×号、现付字第×号、银收字第×号、银付字第×号和转字第×号，或者将转账业务按照具体内容再分成几类编号。各单位应当根据本单位业务繁简程度、会计人员多寡和分工情况来选择便于记账、查账、内部稽核、简单严密的编号方法。无论采用哪一种编号方法，都应该按月顺序编号，即每月都从 1 号编起，按自然数 1、2、3、4、5……顺序编至月末，不得跳号、重号。一笔经济业务需要填制两张或两张以上记账凭证的，可以采用分数编号法进行编号，例如有一笔经济业务需要填制三张记账凭证，凭证顺序号为 6，就可以编成 6 1/3、6 2/3 、6 3/3，前面的数表示凭证顺序，后面分数的分母表示该号凭证共有三张，分子表示三张凭证中的第一张、第二张、第三张。

（6）简明扼要。记账凭证的摘要栏是填写经济业务简要说明的，摘要应与原始凭证内容一致，能正确反映经济业务的主要内容，既要防止简而不明，又要防止过于烦琐。应能使阅读者通过摘要就可了解该项经济业务的性质、特征，判断出会计分录的正确与否，一般不需要再去翻阅原始凭证或询问有关人员。

（7）分录正确。会计分录是记账凭证中重要的组成部分，在记账凭证中，要正确编制会计分录并保持借贷平衡，就必须根据国家统一会计制度的规定和经济业务的内容，正确使用会计科目，不得任意简化或改动。应填写会计科目的名称，或者同时填写会计科目的名称和会计科目编号，不应只填编号，不填会计名称。应填写总账科目和明细科目，以便于登记总账和明细分类账。会计科目的对应关系要填写清楚，应先借后贷，一般填制一借一贷、一借多贷或者多借一贷的会计分录。但如果某项经济业务本身就需要编制一个多借多贷的会计分录时，也可以填制多借多贷的会计分录，以集中反映该项经济业务的全过程。填入金额数字后，要在记账凭证的合计行计算填写合计金额。记账凭证中借、贷方的金额必须相等，合计数必须计算正确。

（8）空行注销。填制记账凭证时，应按行次逐行填写，不得跳行或留有空行。记账凭证填完经济业务后，如有空行，应当在金额栏自最后一笔金额数字下的空行至合计数上的空行处划斜线或“~”行线注销。

（9）填错更改。填制记账凭证时如果发生错误，应当重新填制。已经登记入账的记账凭证在当年内发现错误的，如果是使用的会计科目或记账凭证方向有错误，可以用红字金额填制一张与原始凭证内容相同的记账凭证，在摘要栏注明“注销某月某日某号凭证”字样，同时再用蓝字重新填制一张正确的记账凭证，在摘要栏注明“更正某月某日某号凭证”字样；如果会计科目和记账方向都没有错误，只是金额错误，可以按正确数字和错误数字之间的差额，另编一张调整的记账凭证，调增金额用蓝数字，调减金额用红数字。发现以前年度的金额有错误时，应当用蓝字填制一张更正的记账凭证。

记账凭证中，文字、数字和货币符号的书写要求，与原始凭证相同。实行会计电算化的单位，其机制记账凭证应当符合对记账凭证的基本要求，打印出来的机制凭证上，要加盖制单人员、审核人员、记账人员和会计主管人员印章或者签字，以明确责任。

（二）记账凭证的填制方法

1. 单式记账凭证的填制

单式记账凭证，就是在一张凭证上只填列一个会计科目。一项经济业务的会计分录涉及几个会计科目，就填几张记账凭证。为了保持会计科目间的对应关系，便于核对，在填制一个会计分录时编一个总号，再按凭证张数编几个分号，如第4笔经济业务涉及三个会计科目，编号则为4 1/3，4 2/3 ，4 3/3。

单式记账凭证中，填列借方账户名称的称为借项记账凭证，填列贷方账户名称的称为贷项记账凭证。为了便于区别，两者常用不同的颜色印制。

2. 复式记账凭证的填制

复式记账凭证就是在一张记账凭证上记载一笔完整的经济业务所涉及的全部会计科目。为了清晰地反映经济业务的来龙去脉，不应将不同的经济业务合并填制。

（1）收款凭证的填制。收款凭证是根据审核无误的库存现金和银行存款收款业务的原始凭证编制的（见图5.6）。收款凭证左上角的“借方科目”，按收款的性质填写“库存现金”或者“银行存款”；日期填写的是编制本凭证的日期；右上角填写编制收款凭证顺序号；“摘要”栏简明扼要地填写经济业务的内容梗概；“贷方科目”栏为填写与收入“库存现金”或“银行存款”科目相对应的总账科目及所属明细科目；“金额”栏内填写实际收到的库存现金或银行存款的数额，各总账科目与所属明细科目的应贷金额，应分别填写在与总账科目或明细科目同一行的“总账科目”或“明细科目”金额栏内；“金额”栏的合计数，只合计“总账科目”金额，表示借方科目“库存现金”或“银行存款”的金额；“记账”栏供记账人员在根据收款凭证登记有关账簿后作记号用，表示已经记账，防止经济业务的事项的重记或漏记；该凭证左下方“附件张”根据所附原始凭证的张数填写；凭证最下方有关人员签章处供有关人员在履行了责任后签名或签章，以明确经济责任。

（2）付款凭证的填制。付款凭证是根据审核无误的现金和银行付款业务的原始凭证编制的（见图5.7）。付款凭证的左上角“贷方科目”，应填列“库存现金”或者“银行存款”，“借方科目”栏应填写与“库存现金”或“银行存款”科目相对应的总账科目及所属的明细科目。其余各部分的填制方法与收款凭证基本相同，不再述及。

（3）转账凭证的填制。转账凭证是根据审核无误的不涉及现金和银行存款收付的转账业务的原始凭证编制的（见图5.8）。转账凭证的“会计科目”栏应按照先借后贷的顺序分别填写应借应贷的总账科目及所属的明细科目；借方总账科目及所属明细科目的应记金额，应在与科目同一行的“借方金额”栏内相应栏次填写，贷方总账科目及所属明细科目的应记金额，应在与科目同一行的“贷方金额”栏内相应栏次填写；“合计”行只合计借方总账科目金额和贷方总账科目金额，借方总账科目金额合计数与贷方总账金额合计数应相等。

四、记账凭证的审核

记账凭证编制以后，必须由专人进行审核，借以监督经济业务的真实性、合法性和合理性，并检查记账凭证的编制是否符合要求。特别要审核最初证明经济业务实际发生、完成的原始凭证。因此，对记账凭证的审核是一项严肃细致、政策性很强的工作。只有做好这项工作才能正确地发挥会计反映和监督的作用。记账凭证审核的基本内容包括以下几项：

（1）内容是否真实。审核记账凭证是否有原始凭证为依据，所附原始凭证的内容是否与记账凭证的内容一致，记账凭证汇总表的内容与其所依据的记账凭证的内容是否一致等。

（2）项目是否齐全。审核记账凭证各项目的填写是否齐全，如日期、凭证编号、摘要、金额、所附原始凭证张数及有关人员签章等。

（3）科目是否准确。审核记账凭证的应借、应贷科目是否正确，是否有明确的账户对应关系，所使用的会计科目是否符合国家统一的会计制度的规定等。

（4）金额是否正确。审核记账凭证所记录的金额与原始凭证的有关金额是否一致、计算是否正确，记账凭证汇总表的金额与记账凭证的金额合计是否相符等。

（5）书写是否规范。审核记账凭证中的记录是否文字工整、数字清晰，是否按规定进行更正等。

在审核过程中，如果发现不符合要求的地方，应要求有关人员采取正确的方法进行更正。只有经过审核无误的记账凭证，才能作为登记账簿的依据。

第五节　会计账簿的设置与登记

一、会计账簿的分类

在会计账簿体系中，有各种不同功能和作用的账簿，它们各自独立、又相互补充。为了便于了解和使用，必须从不同的角度对会计账簿进行分类。

（一）会计账簿按用途分类

会计账簿按其用途不同，可分为序时账簿、分类账簿和备查账簿。

（1）序时账簿，又称日记账，是按经济业务发生和/或完成时间的先后顺序进行登记的账簿。按其记录的内容不同，序时日记账又分为普通日记账和特种日记账。

普通日记账是指用来逐笔记录全部经济业务的序时账簿。即把每天发生的各项经济业务逐日逐笔地登记在日记账中，并确定会计分录，然后据以登记分类账。

特种日记账是用来逐笔记录某一经济业务的序时账簿。目前在我国，大多数单位一般只设库存现金日记账和银行存款日记账。

（2）分类账账簿，是对全部经济业务按照会计要素的具体类别而设置的分类账户进行分类登记的账簿。按照总分类账户分类登记经济业务事项的是总分类账簿，简称总账，按照明细分类账户分类登记经济业务事项的是明细分类账簿，简称明细账。分类账簿提供的核算信息是编制会计报表的主要依据。

在实际工作中，序时账簿和分类账簿还可以结合为一本联合账簿，既进行序时登记，又进行总分类登记，称为“日记账”。

（3）备查账簿，简称备查账，是对某些能在序时账簿和分类账簿等主要账簿中进行登记或者登记不够详细的经济业务事项进行补充登记时使用的账簿，又称为辅助账簿。这些账簿可以对某些经济业务的内容提供必需的参考资料，但是它记录的信息无须编入会计报表中，所以也称表外记录。备查账簿没有固定格式，可由各单位根据管理的需要自行设置与设计。如租入固定资产登记簿、应收票据备查簿、受托加工来料登记簿。

（二）会计账簿按外形特征分类

会计账簿按其外形特征不同，可以分为订本式账簿、活页式账簿和卡片式账簿。

订本式账簿，也称订本账，是指在账簿启用前就把具有账户基本结构并连续编号的若干张账页固定地装订成册的账簿。这种账簿的优点是可以避免账页散失，防止账页被随意抽换，比较安全；其缺点是由于账页固定，不能根据需要增加或减少，不便于按需要调整各账户的账页，也不便于分工记账。这种账簿一般使用于总分类账、现金日记账和银行存款日记账。

活页式账簿，也称活页账，是指年度内账页不固定装订成册，而是将其放置在活页账夹中的账簿。当账簿登记完毕之后（通常是一个会计年度结束之后），才能将账页予以装订，加具封面，并给各账页连续编号。这种账簿的优点是随时取放，便于账页的增加和重新排列，便于分工记账和记账工作电算化；缺点是账页容易散失和被随意抽换。活页账在年度终了时，应及时装订成册，妥善保管。各种明细分类账一般采用活页账式。

卡片式账簿，又称卡片账，是指由许多具有一定格式的卡片组成，存放在一定卡片箱内的账簿。卡片账的卡片一般装在卡片箱内，不用装订成册，随时可存放，也可跨年度长期使用。这种账簿的优点是便于随时查阅，也便于按不同要求归类整理，不易损坏；其缺点是账页容易散失和随意抽换。因此，在使用时应对账页连续编号，并加盖有关人员图章，卡片箱应由专人保管，更换新账后也应封扎保管，以保证其安全。在我国，单位一般只对固定资产和低值易耗品等资产明细账采用卡片账形式。

（三）会计账簿按账页的格式分类

会计账簿按其账页的格式不同，可以分为两栏式账簿、三栏式账簿、多栏式账簿、数量金额式账簿和横线登记式账簿。

两栏式账簿，是指只有借方和贷方两个基本金额栏目的账簿。普通日记账一般采用两栏式。

三栏式账簿，是指其账页的格式主要部分为借方、贷方和余额三栏或者收入、支出和余额三栏的账簿。三栏式账簿又可分为设对方科目和不设对方科目两种。区别是在摘要栏和借方科目栏之间是否有一栏为“对方科目”栏。有“对方科目”栏的，称为设对方科目的三栏式账簿；不设“对方科目”栏的，称为不设对方科目的三栏式账簿。它主要适用于各种日记账、总分类账以及资本、债权债务明细账等。

多栏式账簿，是指根据经济业务的内容和管理的需要，在账页的“借方”和“贷方”栏内再分别按照明细科目或某明细科目的各明细项目设置若干专栏的账簿。这种账簿可以按“借方”和“贷方”分别设专栏，也可以只设“借方”专栏，“贷方”的内容在相应的借方专栏内用红字登记，表示冲减。收入、费用明细账一般均采用这种格式的账簿。

数量金额式，是指在账页中分设“借方”“贷方”“余额”或者“收入”“发出”“结存”三大栏，并在每一大栏内分设数量、单价和金额等三小栏的账簿，数量金额式账簿能够反映出财产物资的实物数量和价值量。原材料、库存商品、产成品等明细账一般采用数量金额式账簿。

横线登记式账簿，是指账页分为借方和贷方两个基本栏目，每一个栏目再根据需要分设若干栏次，在账页两方的同一行记录某一经济业务自始至终所有事项的账簿。它主要适用于需要逐笔结算的经济业务的明细账，如物资采购、应收账款等明细账。

二、会计账簿的基本内容

各种账簿所记录的经济内容不同，账簿的格式又多种多样，不同账簿的格式所包括的具体内容也不尽一致，但各种主要账簿应具备以下基本内容：

（1）封面。主要用于表明账簿的名称，如现金日记账、银行日记账、总分类账、应收账款明细账等。

（2）扉页。主要用于载明经办人员一览表，其应填列的内容主要有：经办人员、移交人和移交日期；接管人和接管日期。

（3）账页。账页是用来记录具体经济业务的载体，其格式因记录经济业务的内容不同而有所不同，但每张账页上应载明的主要内容有：账户的名称（即会计科目）；记账日期栏；记账凭证种类和号数栏；摘要栏（经济业务内容的简要说明）；借方、贷方金额及余额的方向、金额栏；总页次和分页次等。

三、会计账簿的启用

为了考证会计账簿记录的合法性和会计资料的真实性、完善性，明确经济业务，会计账簿应由专人负责登记。启用会计账簿应遵守以下规则。

（一）认真填写封面及账簿启用和经办人员一览表

启用会计凭证时应在账簿封面上写明单位名称和账簿名称，并在账簿扉页附账簿启用和经办人员一览表（简称启用表）。启用表内容主要包括：账簿名称、启用日期、账簿页数、记账人员和会计机构负责人、会计主管人员姓名，并加盖名章和单位公章。

启用订本式账簿，应当从第一页到最后一页顺序编定页数，不得跳页、缺页。使用活页式账簿，应当按账户顺序编号，并要定期装订成册；装订后再按实际使用的账页顺序编定页码，另加目录，记明每个账户的名称和页次。卡片式账簿在使用前应当登记卡片登记簿。

（二）严格交接手续

记账人员或者会计机构负责人、会计主管人员调动工作时，必须办理账簿交接手续，在账簿启用和经管人员一览表中注明交接日期、交接人员和监交人员姓名，并由双方交接人员签名或者盖章，以明确有关人员的责任，增强有关人员的责任感，维护会计记录的严肃性。

（三）及时结转旧账

每年年初更换新账时，应将旧账的各账户余额过入新账的余额栏，并在摘要栏中注明“上年结转”字样。

四、会计账簿的设置原则

会计账簿的设置和登记，包括确定账簿的种类、设计账页的格式、内容和规定账簿登记的方法等。各单位应根据经济业务的特点和管理要求，科学、合理地设置账簿。具体表现为：

（1）账簿的设置必须保证能够全面、系统地核算和监督各项经济活动，为经营管理提供必要的考核指标。

（2）账簿的设置要从各单位经济活动和业务工作特点出发进行设置，以有利于会计分工和加强岗位责任制。

（3）账簿结构要求科学严密，有关账簿之间要有统驭关系或平行制约关系，并应避免重复记账或遗漏。

（4）账簿的格式，要力求简明实用，既要保证会计记录的系统和完整，又要避免过于烦琐，以便于日常使用和保存。账簿的设置要组织严密、层次分明。账簿之间要互相衔接、互相补充、互相制约，能清晰地反映账户间的对应关系，以便能提供完整、系统的资料。

五、日记账的设置和登记

日记账有普通日记账和特种日记账两类。

（一）普通日记账

普通日记账是逐日序时登记特种日记账以外的经济业务的账簿。在不设特种日记账的企业，则要序时地逐笔登记企业的全部经济业务，因此普通日记账也称分录簿。

普通日记账一般分为“借方金额”和“贷方金额”两栏，登记每一分录的借方账户和贷方账户及金额，这种账簿不结余额，其格式如表 5.1 所示。

表 5.1　　普通日记账格式

第　　页

年		会计科目	摘要	借方金额	贷方金额	过账
月	日					

（二）特种日记账

常用的特种日记账是“库存现金日记账”和“银行存款日记账”。在企业、行政、事业单位中，现金日记账和银行存款日记账的登记，有利于加强货币资金的日常核算和监督，有利于贯彻执行国家规定的货币资金管理制度。

1. 库存现金日记账

库存现金日记账是用来核算和监督库存现金每日的收入、支出和结存状况的账簿。它由出纳人员根据库存现金收款凭证、库存现金付款凭证和银行存款付款凭证，按经济业务发生时间的先后顺序，逐日逐笔进行登记。

库存现金日记账的结构一般采用“借方”“贷方”“余额”三栏式。库存现金日记账中的“年、月、日”“凭证字号”“摘要”“对方科目”等栏，根据有关记账凭证登记；“借方”（或“收入”）栏根据库存现金收款凭证和引起库存现金增加的银行存款付款凭证登记（从银行提取现金，只编制银行存款付款凭证）；“贷方”（或“支出”）栏根据现金付款凭证登记。每日终了应计算全日的现金收入、支出合计数，并逐日结出现金余额，与库存现金实存数核对，以检查每日现金收付是否有误。每月期末，应结出当期“收入”栏和“支出”栏的发生额和期末余额，并与“库存现金”总分类账户核对一致，做到日清月结，账实相符。如账实不符，应查明原因。库存现金日记账的格式如表 5. 2 所示。

表 5. 2　　　　库存现金日记账格式

第　　页

年		凭证		对方科目	摘要	借方	贷方	余额
月	日	种类	号码					

2. 银行存款日记账

银行存款日记账用来核算和监督银行存款每日的收入、支出和结存情况的账簿。它是由出纳人员根据银行存款收款凭证、银行存款付款凭证和库存现金付款凭证按经济业务发生时间的先后顺序，逐日逐笔进行登记的序时账簿。银行存款日记账应按企业在银行开立的账户和币种分别设置，每个银行存款账户设置一本银行存款日记账。

银行存款日记账的结构一般也采用“借方”“贷方”和“余额”三栏式，由出纳人员根据银行存款的收、付款凭证，逐日逐笔按顺序登记。对于将现金存入银行的业务，因习惯上只填制库存现金付款凭证，不填制银行存款收款凭证，所以此时的银行存款收入数，应根据相关的库存现金付款凭证登记。另外，因在办理银行存款收付业务时，均根据银行结算凭证办理，为便于和银行对账，银行存款日记账还设有“结算凭证种类和号数”栏，单独列出每项存款收付所依据的结算凭证种类和号数。银行存款日记账和库存现金日记账一样，每日终了时要结出余额，做到日清，以便检查监督各项收支款项，避免出现透支现象，同时也便于同银行对账单进行核对。银行存款日记账的格式同库存现金日记账的格式相似。

现金日记账和银行存款日记账都必须使用订本账。

六、分类账的设置和登记

分类账有总分类账和明细分类账两类。

（一）总分类账

总分类账也称总账，是按总分类账户进行分类登记，全面、总括地反映和记录经济活动情况，并为编制会计报表提供资料的账簿。由于总分类账能全面地、总括地反映和记录经济业务引起的资金运动和财务收支情况，并为编制会计报表提供数据，因此，任何单位都必须设置总分类账。

总分类账一般采用订本式账，按照会计科目的编码顺序分别开设账户，并为每个账户预留若干账页。由于总分类账只进行货币度量的核算，因此最常用的格式是三栏式，在账页中设置借方、贷方和余额三个基本金额栏。总分类账中的对应科目栏，可以设置也可以不设置。“借或贷”栏是指账户的余额在借方还是在贷方。

总分类账的登记，可以根据记账凭证逐笔登记，也可以通过一定的方式分次或按月一次汇总成汇总记账凭证或科目汇总表，然后据以登记，还可以根据多栏式现金、银行存款日记账在月末时汇总登记。总分类账登记的依据和方法，取决于企业采用的账务处理程序。总分类账的格式如表 5.3 所示。

表 5.3　　总分类账格式

科目名称：　　　　第　　页

年		凭证号码	对方科目	摘要	借方	贷方	借或贷	余额

（二）明细分类账

明细分类账是根据明细账户开设账页，分类、连续地登记经济业务以提供明细核算资料的账簿。根据实际需要，各种明细账分别按二级科目或明细科目开设账户，并为每个账户预留若干账页，用来分类、连续记录有关资产、负债、所有者权益、收入、费用、利润等详细资料。设置和运用明细分类账，有利于加强资金的管理和使用，并可为编制会计报表提供必要的资料，因此，各单位在设置总分类账的基础上，还要根据经营管理的需要，按照总账科目设置若干必要的明细账，以形成既能提供经济活动总括情况，又能提供具体详细情况的账簿体系。

明细账的格式，应根据它所反映经济业务的特点，以及财产物资管理的不同要求来设计，一般有三栏式明细分类账、数量金额式明细分类账、多栏式明细分类账和平行式明细分类账四种。

1. 三栏式明细分类账

三栏式明细分类账账页的格式同总分类账的格式基本相同，它只设借方、贷方和余额三个金额栏，不设数量栏。所不同的是，总分类账簿为订本账，而三栏式明细分类账簿多为活页账。这种账页适用于采用金额核算的应收账款、应付款款等账户的明细核算。

2. 数量金额式明细账

数量金额式明细账账页格式在“收入”“发出”“结存”三栏内，再分别设置“数量”“单价”“金额”等栏目，以分别登记实物的数量和金额。其格式如表5.4所示。

表5.4　数量金额式明细分类账格式

科目名称：　　　　品名：　规格：　　　　第　页

年		凭证		摘要	收入			发出			结存		
月	日	种类	号码		数量	单价	金额	数量	单价	金额	数量	单价	金额

数量金额式明细账适用于既要进行金额明细核算，又要进行数量明细核算的财产物资项目，如“原材料”“库存商品”等账户的明细核算。它能提供各种财产物资收入、发出、结存等的数量和金额资料，便于开展业务和加强管理的需要。

3. 多栏式明细分类账

多栏式明细分类账是根据经济业务的特点和经营管理的需要，在一张账页的借方栏或贷方栏设置若干专栏，集中反映有关明细项目的核算资料。它主要适用于只记金额、不记数量，而且在管理上需要了解其构成内容的费用、成本、收入、利润账户，如“生产成本”“制造费用”“管理费用”“主营业务收入”等账户的明细分类账。“本年利润”“利润分配”“应交税金——应交增值税”等科目所属明细科目则需采用借、贷方均为多栏式的明细账。

多栏式明细账的格式视管理需要而呈多种多样。它在一张账页上，按明细科目分设若干专栏，集中反映有关明细项目的核算资料。如“制造费用明细账”，它在借方栏下，可分设若干专栏，如：工资、福利费、折旧费、修理费、办公费等。其格式如表5.5所示。

表5.5　制造费用明细账

明细科目：　　　　第　页

年		凭证		摘要	借方						贷方	金额
月	日	种类	号码		工资	福利费	折旧费	办公费	水电费	其他		

企业发生的制造费用，借记本科目；分配计入有关成本核算对象时，贷记本科目。除季节性生产企业外，本科目月末应无余额。这类账页，多用于关于费用、成本、收入、成果类科目的明细核算。

多栏式明细分类账是由会计人员根据审核无误的记账凭证或原始凭证，按照经济业务发生的时间先后顺序逐日逐笔进行登记的，对于成本费用类账户，只在借方设专栏，平时在借方登记费用，成本发生额，贷方登记月末将借方发生额一次转出的数额。平时如发生贷方发生额，应用“红字”在借方有关栏内登记，表示应从借方发生额中冲减。同样，对于收入、成果类账户，只在贷方设专栏，平时在贷方登记收入的发生额，借方登记月末将贷方发生额一次转让“本年利润”的数额，若平时发生退货，应用“红字”在贷方有关栏内登记。

4. 平行式明细分类账

平行式明细分类账也称横线登记式明细分类账。它的账页结构特点是，将前后密切相关的经济业务在同一横行内进行详细登记，以检查每笔经济业务完成及变动情况。该种账页一般用于“材料采购”“一次性备用金业务”等明细分类账。

平行式明细分类账的借方一般在购料付款或借出备用金时按会计凭证的编号顺序逐日逐笔登记，其贷方则不要求按会计凭证编号逐日逐笔登记，而是在材料验收入库或者备用金使用后报销和收回时，在与借方记录的同一行内进行登记。同一行内借方、贷方均有记录时，表示该项经济业务已处理完毕，若一行内只有借方记录而无贷方记录的，表示该项经济业务尚未结束。

材料采购明细分类账的格式如表 5.6 所示。

表 5.6　　材料采购明细分类账

科目名称：　　品名：　　规格：　　第　页

年		凭证		摘要	借方			贷方	余额
月	日	种类	号码		买价	采购费用	合计		

各种明细账的登记方法，应根据本单位业务量的大小和经营管理上的需要，以及所记录的经济业务内容而定，可以根据原始凭证、汇总原始凭证或记账凭证逐笔登记，也可以根据这些凭证逐日或定期汇总登记。

第六节　错账更正方法

一、记账规则

（一）根据审核无误的会计凭证登记账簿

记账的依据是会计凭证，记账人员在登记账簿之前，应当首先审核会计凭证的合法性、完整性和真实性，这是确保会计信息的重要措施。

（二）记账时要做到准确完整

记账人员记账时，应当将会计凭证的日期、编号、经济业务内容摘要、金额和其他有关资料记入账内。每一会计事项，要按平行登记方法，一方面记入有关总账，另一方面记入总账所属的明细账，做到数字准确、摘要清楚、登记及时、字迹清晰工整。记账后，要在记账凭证上签章并注明所记账簿的页数，或划“√”表示已经登记入账，避免重记、漏记。

（三）书写不能占满格

为了便于更正记账和方便查账，登记账簿时，书写的文字和数字上面要留有适当的空格，不要写满格，一般应占格距的1/2，最多不能超过2/3。

（四）顺序连续登记

会计账簿应当按照页次顺序连续登记，不得跳行、隔页。如果发生跳行、隔页的，应当将空行、空页用红色墨水对角划线注销，并注明“作废”字样，或者注明“此行空白”“此页空白”字样，并由经办人员盖章，以明确经济责任。

（五）正确使用蓝黑墨水和红墨水

登记账簿要用蓝黑墨水或碳素墨水书写，不得使用圆珠笔或者铅笔书写。这是因为，各种账簿归档保管年限，国家规定一般都在10年以上，有些关系到重要经济资料的账簿，则要长期保管，因此要求账簿记录保持清晰、耐久，以便长期查核使用，防止涂改。红色墨水只能在以下情况下使用：冲销错账；在未设借贷等栏的多栏式账页中，登记减少数；在三栏式账户的余额栏前，如未印明余额方向的，在余额栏内登记负数余额；根据国家统一会计制度的规定可以使用红字登记的其他会计记录。在会计上，书写墨水的颜色用错了，会传递错误的信息，红色表示对正常记录的冲减。因此，红色墨水不能随意使用。

（六）结出余额

凡需要结出余额的账户，应按时结出余额，现金日记账和银行日记账必须逐日结出余额；债权债务明细账和各项财产物资明细账，每次记账后，都要随时结出余额；总账账户平时每月需要结出月末余额。结出余额后，应当在“借或贷”栏内写明“借”或者“贷”字样以说明余额的方向。没有余额的账户，应当在“借或贷”栏内写“平”字，并在余额栏内用“0”表示，一般来说，“0”应放在“元”位。

（七）过次承前

各账户在一张账页记满时，要在该账页的最末一行加计发生额合计数和结出余额，并在该行“摘要”栏注明“过次页”字样；然后，再把这个发生额合计数和余额填列在下一页的第一行内，并在“摘要”栏内注明“承前页”，以保证账簿记录的连续性。

（八）账簿记录错误应按规定的办法更正

账簿记录发生错误时，不得刮、擦、挖、补，随意涂改或用褪色药水更改字迹，应根据错误的情况，按规定的方法进行更正。

二、错账更正

登记会计账簿是一项很细致的工作。在记账工作中，可能由于种种原因会使账簿记录发生错误，有的是填制凭证和记账时发生的单纯笔误；有的是写错了会计科目、金额等；有的是合计时计算错误；有的是过账错误。登记账簿中发生的差错，一经查出就应立即更正。对于账簿记录错误，不准涂改、挖补、刮擦或者用药水消除字迹，不准重新抄写，而必须根据错误的具体情况和性质，采用规范的方法予以更正。错账更正方法通常有划线更正法、红字更正法和补充登记法等几种。

（一）划线更正法

记账凭证填制正确，在记账或结账过程中发现账簿记录中文字或数字有错误，应采用划线更正法。具体做法是：先在错误的文字或数字上划一条红线，表示注销，划线时必须使原有字迹仍可辨认；然后将正确的文字或数字用蓝字写在划线处的上方，并由记账人员在更正处盖章，以明确责任。对于文字的错误，可以只划去错误的部分，并更正错误的部分，对于错误的数字，应当全部划红线更正，不能只更正其中的个别错误数字。例如，把“3 457”元误记为“8 457”元时，应将错误数字“8 457”全部用红线注销后，再写上正确的数字“3 457”，而不是只删改一个“8”字。如记账凭证中的文字或数字发生错误，在尚未过账前，也可用划线更正法更正。

（二）红字更正法

在记账以后，如果发现记账凭证中应借、应贷科目或金额发生错误时，可以用红字更正法进行更正。具体做法是：先用红字金额，填写一张与错误记账凭证内容完全相同的记账凭证，且在摘要栏注明“更正某月某日第×号凭证”，并据以用红字金额登记入账，以冲销账簿中原有的错误记录，然后再用蓝字重新填制一张正确的记账凭证，登记入账。这样，原来的错误记录便得以更正。

红字更正法一般适用于以下两种情况错账的更正：

（1）记账后，如果发现记账凭证中的应借、应贷会计科目有错误，那么可以用红字更正法予以更正。

【例5－1】A车间领用甲材料2 000元用于一般消耗。

填制记账凭证时，误将借方科目写成“生产成本”，并已登记入账。原错误记账凭证为：

借：生产成本　　2 000

　　贷：原材料　　2 000

发现错误后，首先用红字填制一张与原错误记账凭证内容完全相同的记账凭证。“□”代表红字。

借：生产成本　　[2 000]

　　贷：原材料　　[2 000]

最后，用蓝字填制一张正确的记账凭证。

借：制造费用　　2 000

　　贷：原材料　　2 000

（2）记账后，如果发现记账凭证和账簿记录中应借、应贷的账户没有错误，只是所记金额大于应记金额。对于这种账簿记录的错误，更正的方法是：将多记的金额用红字填制一张与原错误记账凭证会计科目相同的记账凭证，并在摘要栏注明“更正某月某日第×号凭证”，并据以登记入账，以冲销多记的金额，使错账得以更正。

【例5－2】 仍以〖例5－1〗为例，假设在编制记账凭证时应借、应贷账户没有错误，只是金额由2 000元写成了20 000元，并且已登记入账。

该笔业务只需用红字更正法编制一张记账凭证，将多记的金额18 000元用红字冲销即可。编制的记账凭证为：

借：制造费用　　[18 000]

　　贷：原材料　　[18 000]

（三）补充登记法

在记账之后，如果发现记账凭证中应借、应贷的账户没有错误，但所记金额小于应记金额，造成账簿中所记金额也小于应记金额，这种错账应采用补充登记法进行更正。更正的方法是：将少记金额用蓝笔填制一张与原错误记账凭证会计科目相同的记账凭证，并在摘要栏内注明“补记某月某日第×号凭证”并予以登记入账，补足原少记金额，使错账得以更正。

【例5－3】 仍以〖例5－1〗为例，假设在编制记账凭证时应借、应贷账户没有错误，只是金额由2 000元写成了200元，并且已登记入账。

该笔业务只需用补充登记法编制一张记账凭证，将少记的金额1 800元补足便可。其记账凭证为：

借：制造费用　　1 800

　　贷：原材料　　1 800

错账更正的三种方法中，红字更正法和补充登记法都是用来更正因记账凭证错误而产生的记账错误，如果非因记账凭证的差错而产生的记账错误，只能用划线更正法更正。

以上三种方法是对当年内发现填写记账凭证或者登记账错误而采用的更正方法，如果发现以前年度记账凭证中有错误（指会计科目和金额）并导致账簿登记出现差错，应当用蓝字或黑字填制一张更正的记账凭证。因错误的账簿记录已经在以前会计年度终了进行结账或决算，不可能将已经决算的数字进行红字冲销，所以只能用蓝字或黑字凭证对除文字外的一切错误进行更正，并在更正凭证上特别注明“更正××年度错账”的字样。

第七节　对账和结账

登记账簿作为会计核算的方法之一，它除了包括记账外，还包括对账和结账两项工作。

一、对账

对账，就是核对账目，是保证会计账簿记录质量的重要程序。在会计工作中，由于种种原因，难免会发生记账、计算等差错，也难免会出现账实不符的现象。为了保证各账簿记录和会计报表的真实、完整和正确，如实地反映和监督经济活动，各单位必须做好对账工作。

账簿记录的准确与真实可靠，不仅取决于账簿的本身，还涉及账簿与凭证的关系，账簿记录与实际情况是否相符的问题等。所以，对账应包括账簿与凭证的核对、账簿与账簿的核对、账簿与实物的核对。把账簿记录的数字核对清楚，做到账证相符、账账相符和账实相符。对账工作至少每年进行一次。对账的主要内容有以下几项。

（一）账证核对

账证核对是指将会计账簿记录与会计凭证包括记账凭证和原始凭证有关内容进行核对。由于会计账簿是根据会计凭证登记的，两者之间存在勾稽关系，因此，通过账证核对，可以检查、验证会计账簿记录与会计凭证的内容是否正确无误，以保证账证相符。各单位应当定期将会计账簿记录与其相应的会计凭证记录（包括时间、编号、内容、金额、记录方向等）逐项核对，检查是否一致。如有不符之处，应当及时查明原因，予以更正。保证账证相符，是会计核算的基本要求之一，也是账账相符、账实相符和账表相符的基础。

（二）账账核对

账账核对是指将各种会计账簿之间相对应的记录进行核对。由于会计账簿之间相对应的记录存在着内在联系，因此，通过账账相对，可以检查、验证会计账簿记录的正确性，以便及时发现错账，予以更正，保证账账相符。账账核对的内容主要包括：

（1）总分类账各账户借方余额合计数与贷方余额合计数核对相符。

（2）总分类账各账户余额与其所属明细分类账各账户余额之和核对相符。

（3）现金日记账和银行存款日记账的余额与总分类账中“现金”和“银行存款”账户余额核对相符。

（4）会计部门有关财产物资的明细分类账余额与财产物资保管或使用部门登记的明细账核对相符。

（三）账实核对

账实核对是在账账核对的基础上，将各种财产物资的账面余额与实存数额进行核对。由于实物的增减变化、款项的收付都要在有关账簿中如实反映，因此，通过会计账簿记录与实物、款项的实有数进行核对，可以检查、验证款项、实物会计账簿记录的正确性，以便于及时发现财产物资和货币资金管理中存在的问题，查明原因，分清责任，改善管理，保证账实相符。账实核对的主要内容包括：

（1）现金日记账账面余额与现金实际库存数核对相符。

（2）银行存款日记账账面余额与开户银行对账单核对相符。

（3）各种材料、物资明细分类账账面余额与实存数核对相符。

（4）各种债权债务明细账账面余额与有关债权、债务单位或个人的账面记录核对相符。

实际工作中，账实核对一般要结合财产清查进行。有关财产清查的内容和方法将在以后的章节介绍。

二、结账

结账，是在把一定时期内发生的全部经济业务登记入账的基础上，按规定的方法将各种账簿的记录进行小结，计算并记录本期发生额和期末余额。

为了正确反映一定时期内在账簿中已经记录的经济业务，总结有关经济活动和财务状况，为编制会计报表提供资料，各单位应在会计期末进行结账。会计期间一般按日历时间划分为年、季、月，结账于各会计期末进行，所以分为月结、季结、年结。

（一）结账的基本程序

结账前，必须将属于本期内发生的各项经济业务和应由本期受益的收入、负担的费用全部登记入账。在此基础上，才可保证结账的有用性，确保会计报表的正确性。不得把将要发生的经济业务提前入账，也不得把已经在本期发生的经济业务延至下期（甚至以后期）入账。结账的基本程序具体表现为：

（1）将本期发生的经济业务事项全部登记入账，并保证其正确性。

（2）根据权责发生制的要求，调整有关账项，合理确定本期应计的收入和应计的费用。

① 应计收入和应计费用的调整。应计收入是指那些已在本期实现、因款项未收而未登记入账的收入。企业发生的应计收入，主要是本期已经发生且符合收入确认标准，但尚未收到相应款项的商品或劳务。对于这类调整事项，应确认为本期收入，借记“应收账款”等科目，贷记“营业收入”等科目；待以后收妥款项时，再借记“现金”或“银行存款”等科目，贷记“应收账款”等科目。

② 收入分摊和成本分摊的调整。收入分摊是指企业已经收取有关款项，但未完成或未全部完成销售商品或提供劳务，需在期末按本期已完成的比例，分摊确认本期已实现收入的金额，并调整以前预收款项时形成的负债，如企业销售商品预收定金、提供劳务预收佣金。在收到预收款项时，应借记“银行存款”等科目，贷记“预收账款”等科目；在以后提供商品或劳务、确认本期收入时，借记“预收账款”等科目，贷记“营业收入”等科目。

成本分摊是指企业的支出已经发生、能使若干个会计期间受益，为正确计算各个会计期间的盈亏，将这些支出在其受益期间进行分配。如企业已经支出，但应由本期或以后各期负担的待摊费用，购建固定资产和无形资产的支出等。企业在发生这类支出时，应借记“固定资产”“无形资产”等科目，贷记“银行存款”等科目。在会计期末进行摊销时，应借记“制造费用”“管理费用”“销售费用”等科目，贷记“累计折旧”“累计摊销”等科目。

（3）将损益类账户转入“本年利润”账户，结平所有损益类账户。

(4) 结算出资产、负债和所有者权益账户的本期发生额和余额，并结转下期。

（二）结账的基本方法

结账时，应当结出每个账户的期末余额。需要结出当月（季、年）发生额的账户，如各项收入、费用账户等，应单列一行登记发生额，在摘要栏内注明“本月（季）合计”或“本年累计”。结出余额后，应在余额前的“借或贷”栏内写“借”或“贷”字样，没有余额的账户，应在余额栏前的“借或贷”栏内写“平”字，并在余额栏内用“0”表示。为了突出本期发生额及期末余额，表示本会计期间的会计记录已经截止或者结束，应将本期与下期的会计记录明显分开，结账一般都划“结账线”。划线时，月结、季结用单线，年结划双线。划线应划通栏红线，不能只在账页中的金额部分划线。

结账时应根据不同的账户记录，分别采用不同的结账方法：

(1) 总账账户的结账方法。总账账户平时只需结计月末余额，不需要结计本月发生额。每月结账时，应将月末余额计算出来并写在本月最后一笔经济业务记录的同一行内，并在下面通栏划单红线。年终结账时，为了反映全年各会计要素增减变动的全貌，便于核对账目，要将所有总账账户结计全年发生额和年末余额，在摘要栏内注明“本年累计”字样，并在“本年累计”行下划双红线。

(2) 库存现金日记账、银行存款日记账和需要按月结计发生额的收入、费用等明细账的结账方法。库存现金日记账、银行存款日记账和需要按月结计发生额的各种明细账，每月结账时，要在每月的最后一笔经济业务下面通栏划单红线，结出本月发生额和月末余额写在红线下面，并在摘要栏内注明“本月合计”字样，再在下面通栏划单红线。

(3) 不需要按月结计发生额的债权、债务和财产物资等明细分类账的结账方法。对这类明细账，每次记账后，都要在该行余额栏内随时结出余额，每月最后一笔余额即为月末余额。也就是说月末余额就是本月最后一笔经济业务记录的同一行内的余额。月末结账时只需在最后一笔经济业务记录之下通用栏划单红线即可，无须再结计一次余额。

(4) 需要结计本年累计发生额的收入、成本等明细账的结账方法。对这类明细账，先按照需按月结计发生额的明细账的月结方法进行月结，再在“本月合计”行下的摘要栏内注明“本年累计”字样，并结出自年初起至本月末止的累计发生额，再在下通栏划单红线。12 月末的“本年累计”就是全年累计发生额，全年累计发生额下面通栏划双红线。

(5) 年度终了结账时，有余额的账户，要将其余额结转到下一会计年度，并在摘要栏内注明“结转下年”字样；在下一会计年度新建有关会计账簿的第一行余额栏内填写上年结转的余额，并在摘要栏内注明“上年结转”字样。结转下年时，既不需要编制记账凭证，也不必将余额再记入本年账户的借方或贷方，使本年有余额的账户的余额变为零，而是使有余额的账户的余额如实反映在账户中，以免混淆有余额账户和无余额的账户的区别。

若由于会计准则或会计制度改变而需要在新账中改变原有账户名称及其核算内容

的，可将年末余额按新会计准则或会计制度的要求编制余额调整分录，或编制余额调整工作底稿，将调整后的账户余额抄入新账的有关账户余额栏内。

课后习题

一、单选题

1. 记录经济业务，明确经济责任，作为登记账簿依据的书面证明是（　　）。

A. 会计账户　　B. 会计账簿　　C. 会计凭证　　D. 会计报表

2. 会计凭证按其填制的程序和用途的不同，可划分为（　　）。

A. 原始凭证和记账凭证　　B. 单式凭证和复式凭证

C. 自制凭证和外来凭证　　D. 一次凭证和累计凭证

3. 填制原始凭证时应做到大小写数字符合规范，填写正确。如大写金额“壹仟零壹元伍角整”，其小写应为（　　）。

A. 1 001. 50 元　　B. ¥1 001. 50　　C. ¥1 001. 50 元　　D. ¥1 001. 5

4. 通用记账凭证的填制方法与（　　）相同。

A. 复式记账凭证　　B. 收款凭证　　C. 转账凭证　　D. 付款凭证

5. 对于从银行提取现金的经济业务，会计人员应根据原始凭证编制（　　）。

A. 库存现金付款凭证　　B. 库存现金收款凭证

C. 银行存款付款凭证　　D. 银行存款收款凭证

6. 日记账的格式，一般采用（　　）。

A. 三栏式　　B. 数量金额式　　C. 多栏式　　D. 横线登记式

7. 在结账前发现账簿记录有文字或数字错误，而记账凭证无误，应采用（　　）进行更正。

A. 划线更正法　　B. 红字更正法　　C. 补充登记法　　D. 红字冲账法

8. 记账人员根据正确的记账凭证登记账簿时，误将某账户的 200 元金额记为 2 000 元，则该项错账应采用（　　）方法进行更正。

A. 划线更正法　　B. 红字更正法　　C. 补充登记法　　D. 红字冲账法

9. 在下列有关账项核对中，不属于账账核对的内容是（　　）。

A. 银行存款日记账余额与银行对账单余额的核对

B. 银行存款日记账余额与其总账余额的核对

C. 总账账户借方发生额合计与其明细账借方发生额合计的核对

D. 总账账户贷方余额合计与其明细账贷方余额合计的核对

二、多选题

1. 下列原始凭证属于自制原始凭证的是（　　）。

A. 借款单　　B. 领料单　　C. 入库单　　D. 差旅费报销单

2. 下列业务中应编制转账凭证的有（　　）。

A. 生产车间领用材料 10 000 元　　B. 计提固定资产折旧 1 000 元

C. 销售产品 20 000 元，货款未收回　　D. 购入材料 25 000 元，货款未付

3. 在编制的收款凭证中，可能涉及的贷方科目有（　　）。

A. 主营业务收入　　B. 应收账款　　C. 银行存款　　D. 库存现金

4. 账簿按账页格式分类，可分为（　　）。

A. 横线登记式账簿　　B. 多栏式账簿

C. 数量金额式账　　D. 三栏式账簿

5. 银行存款日记账应根据（　　）进行登记。

A. 现金付款凭证　　B. 现金收款凭证

C. 银行存款付款凭证　　D. 银行存款收款凭证

6. 可以用红色墨水记账的情形有（　　）。

A. 按照红字冲账的记账凭证，冲销错误记录

B. 在不设借贷等栏的多栏式账页中，登记减少数

C. 在三栏式账户的余额栏前，如未印明余额方向的，在余额栏内登记负数余额

D. 在三栏式账户的余额栏前，印明余额方向的，也可以在余额栏内登记负数余额

三、实务练习

芬达公司会计人员在结账前对账时，查找出以下错账：

（1）用银行存款预付建造固定资产的工程价款 86 000 元，编制的会计分录为：

借：在建工程　　86 000

　　贷：银行存款　　86 000

在过账时，“在建工程”账户的记录为 68 000 元。

（2）用现金支付职工生活困难补助 300 元，编制的会计分录为：

借：管理费用　　300

　　贷：库存现金　　300

（3）计提生产设备折旧费 3 500 元，编制的会计分录为：

借：制造费用　　35 000

　　贷：累计折旧　　35 000

（4）以现金支付工人工资 45 000 元，编制的会计分录为：

借：应付职工薪酬　　4 500

　　贷：库存现金　　4 500

要求：

（1）指出对上述错账应采用何种更正方法。

（2）编制错账更正后的会计分录。

第六章 财产清查

本章要点：

通过本章学习，要求正确理解财产清查的意义，熟知财产清查的种类和范围；理解存货的两种盘存制度；掌握各项财产物资和往来款项的清查方法；掌握财产清查结果的处理方法。

第一节 财产清查的意义和种类

一、财产清查的意义

（一）财产清查的基本含义

财产清查也叫财产检查，是指通过对实物、现金的实地盘点和对银行存款、往来款项的核对，查明各项财产物资、货币资金、往来款项的实有数和账面数是否相符的一种会计核算的专门方法。

企业的会计工作都要通过会计凭证的填制和审核，然后及时地在账簿中进行连续登记。应该说，这一过程能保证账簿记录的正确性，也能真实反映企业各项财产的实有数，各项财产的账实应该是一致的。但是，在实际工作中，由于种种原因，账簿记录会发生差错，各项财产的实际结存数也会发生差错，造成账存数与实存数发生差异。原因是多方面的，一般有几种情况：

（1）收发差错。在收发物资中，由于计量、检验不准确而造成品种、数量或质量上的差错。

（2）自然损耗。财产物资在运输、保管、收发过程中，在数量上发生自然增减变化。

（3）记账错误。在财产增减变动中，由于手续不齐或计算、登记上发生错误。

（4）保管不善。由于管理不善或工作人员失职，造成财产损失、变质或短缺等。

（5）贪污盗窃。由于不法分子的贪污盗窃、营私舞弊等直接侵占企业财产物资所造成的损失。

（6）自然灾害。由于人力不可抗拒的自然灾害造成的非常损失。

（7）未达账项。由于双方记账时间不一致而发生的一方已入账而另一方没有接到有关凭证，引起的账账、账实不符等。

所以，财产清查的目的主要是为了确保账实相符，其结果如表6.1所示。

表6.1　　财产清查结果列示

序号	两数比较	结果	是否需要会计处理
1	账存数＞实存数	盘亏	是
2	账存数＜实存数	盘盈	是
3	账存数＝实存数	账实相符	否

（二）财产清查的作用

上述种种原因都会影响账实的一致性。因此，运用财产清查的手段，对各种财产物资进行定期或不定期的核对和盘点，具有十分重要的意义。

1. 保证账实相符，使会计资料真实可靠

通过财产清查可以确定各项财产物资的实际结存数，将账面结存数和实际结存数进行核对，可以揭示各项财产物资的溢缺情况，从而及时地调整账面结存数，保证账簿记录真实、可靠。

2. 保护财产的安全和完整

通过财产清查，可以查明企业单位财产、商品、物资是否完整，有无缺损、霉变现象，以便堵塞漏洞，改进和健全各种责任制，切实保证财产的安全和完整。

3. 挖掘财产潜力，加速资金周转

通过财产清查可以及时查明各种财产物资的结存和利用情况。如发现企业有限制不用的财产物资应及时加以处理，以充分发挥他们的效能；如发现企业有呆滞积压的财产物资，也应及时加以处理，并分析原因，采取措施，改善经营管理。这样，可以使财产物资得到充分合理的利用，加速资金周转，提高企业的经济效益。

4. 保证财经纪律和结算纪律的执行

通过对财产物资、货币资金及往来款项的清查，可以查明有关业务人员是否遵守财经纪律和结算纪律，有无贪污盗窃、挪用公款的情况；查明货币资金使用是否合理，是否符合党和国家的方针政策和法规，从而使工作人员更加自觉地遵纪守法，自觉维护和遵守财经纪律。

二、财产清查的种类

财产清查，按照清查的对象和范围，可以分为全面清查和局部清查；按照清查的时间，可以分为定期清查和不定期清查。

（一）全面清查与局部清查

1. 全面清查

全面清查是指对所有的财产和资金进行全面盘点与核对。其清查对象主要包括：原材料、在产品、自制半成品、库存商品、库存现金、短期存（借）款、有价证券及外币、在途物资、委托加工物资、往来款项、固定资产等。全面清查涉及的内容多、范围广、费用高、工作量大，一般在以下情况下才需要全面清查：

（1）年终决算之前，要进行一次全面清查。

（2）单位撤并，或者改变其隶属关系时。

（3）开展自查评估、清产核资等专项经济活动。

2. 局部清查

局部清查也称重点清查，是指只根据需要对财产中某些重点部分进行的清查。如流动资金中变化较频繁的存货等，除年度全面清查外，还应根据需要随时轮流盘点或重点抽查。局部清查相对于全面清查而言，需要投入的人力少，时间短，范围小，可以根据需要随时进行。

（1）流动性较大的财产物资，除年度清查外，年内还要轮流盘点或重点抽查。

（2）贵重物资，每月都应清查盘点一次。

（3）库存现金，应由出纳人员当日清点核对。

（4）银行存款、银行借款，每月要同银行核对一次。

（5）对于各种应收应付款项，每年至少与有关单位核对 1 ~ 2 次。

（二）定期清查和不定期清查

定期清查是指在规定的时间内所进行的财产清查。一般是在年度、月份、每日结账时进行。

不定期清查也称临时清查，是指根据实际需要临时进行的财产清查。一般出现在以下几种情况：

（1）单位更换出纳人员和财产物资保管人员。

（2）单位发生意外损失和非常灾害。

（3）单位撤并、合并或者改变隶属关系。

（4）上级主管部门、财政、税务、审计机关和银行等部门要对本单位进行会计检查。

定期清查和不定期清查的范围应视具体情况而定，可全面清查也可局部清查。

第二节　财产清查的方法

一、财产清查的准备工作

财产清查是一项复杂细致的工作，它涉及面广、政策性强、工作量大。为了加强领导，保质保量完成此项工作，一般应在企业单位负责人（如厂长、经理等）的领导下，由会计、业务、仓库等有关部门的人员组成财产清查的专门班子，具体负责财产清查的领导工作。在清查前，必须首先做好以下几项准备工作：

（1）清查小组制订计划，确定清查对象、范围、配备清查人员，明确清查任务。

（2）财务部门要将总账、明细账等有关资料登记齐全，核对正确，结出余额。保管部门对所保管的各种财产物资以及账簿、账卡挂上标签，标明品种、规格、数量，以备查对。

（3）银行存款和银行借款应从银行取得对账单，以便查对。

（4）对需要使用的度量衡器，要提前校验正确，保证计量准确。对应用的所有表册，都要准备妥当。

二、财产清查的方法

（一）实物资产的清查

1. 实物资产的清查方法

对于各种实物如材料、半成品、在产品、产成品、低值易耗品、包装物、固定资产等，都要从数量和质量上进行清查。由于实物的形态、体积、重量、堆放方式等不尽相同，因而所采用的清查方法也不尽相同。实物数量的清查方法，比较常用的有以下几种：

（1）实物盘点。即通过逐一清点或用计量器具来确定实物的实存数量。其适用的范围较广，在多数财产物资清查中都可以采用这种方法。

（2）技术推算。采用这种方法，对于财产物资不是逐一清点计数，而是通过量方、计尺等技术推算财产物资的结存数量。这种方法只适用于成堆量大而价值又不高难以逐一清点的财产物资的清查。例如，露天堆放的煤炭等。

对于实物的质量，应根据不同的实物采用不同的检查方法，例如有的采用物理方法，有的采用化学方法来检查实物的质量。

2. 存货的清查

实物清查过程中，实物保管人员和盘点人员必须同时在场。对于盘点结果，应如实登记盘存单，并由盘点人和实物保管人签字或盖章，以明确经济责任。盘存单既是记录盘点结果的书面证明，也是反映财产物资实存数的原始凭证。其一般格式如表6.2所示。

表6.2　　盘存单

单位名称：　　盘点时间：　　编号：

财产类别：　　存放地点：　　金额单位：

编号	名称	计量单位	数量	单价	金额	备注

盘点人签章：　　保管人：

为了查明实存数与账存数是否一致，确定盘盈或盘亏情况，应根据盘存单和有关账簿的记录，编制实存账存对比表。实存账存对比表是用以调整账簿记录的重要原始凭证，也是分析产生差异的原因以明确经济责任的依据。实存账存对比表的一般格式如表6.3所示。

表 6.3　　　　实存账存对比

编号	类别及名称	计量单位	单价	实存		账存		对比结果				备注
								盘盈		盘亏		
				数量	金额	数量	金额	数量	金额	数量	金额	

主管人员：　　　　会计：　　　　制表：

对于委托外单位加工、保管的材料、商品、物资以及在途的材料、商品、物资等，可以用询证的方法与有关单位进行核对，以查明账实是否相符。

（二）库存现金的清查

库存现金的清查，包括人民币和各种外币的清查，都是采用实地盘点即通过点票数来确定现金的实存数，然后以实存数与现金日记账的账面余额进行核对，以查明账实是否相符及盈亏情况。

由于现金的收支业务十分频繁，容易出现差错，需要出纳人员每日进行清查以及定期和不定期的专门清查。每日业务终了，出纳人员都应将现金日记账的账面余额与现金的实存数进行核对，做到账款相符。专门班子清查盘点时，出纳人员必须在场，现钞应逐张查点，还应注意有无违反现金管理制度的现象，编制现金盘点报告表，并由盘点人员和出纳人员签章。现金盘点报告表兼有盘存单和实存账存对比表的作用，是反映现金实有数和调整账簿记录的重要原始凭证。其一般格式如表 6.4 所示。

表 6.4　　　　现金盘点报告

单位名称：　　　　年　月　日

实存金额	账存金额	对比结果		备注
		盘盈	盘亏	

盘点人：　　　　出纳员：

国库券、其他金融债券、公司债券、股票等有价证券的清查方法和现金相同。

（三）银行存款的清查

银行存款的清查，与实物和现金的清查方法不同，它是采用与银行核对账目的方法来进行的。即将企业单位的银行存款日记账与从银行取得的对账单逐笔核对，以查明银行存款的收入、付出和结余的记录是否正确。

开户银行送来的银行对账单是银行在收付企业单位存款时复写的账页，它完整地记录了企业单位存放在银行的款项的增减变动情况及结存余额，是进行银行存款清查的重要依据。

在实际工作中，企业银行存款日记账余额与银行对账单余额往往不一致，其主要原因：一是双方账目发生错账、漏账。所以在与银行核对账目之前，应先仔细检查企业单位银行存款日记账的正确性和完整性，然后再将其与银行送来的对账单逐笔进行核对。二是正常的“未达账项”。所谓“未达账项”，是指由于双方记账时间不一致而发生的一方已经入账，而另一方尚未入账的款项。企业单位与银行之间的未达账项，有以下四种情况：

（1）企业送存银行的款项，企业已做存款增加入账，但银行尚未入账。

（2）企业开出支票或其他付款凭证，企业已作为存款减少入账，但银行尚未付款、未记账。

（3）银行代企业收进的款项，银行已作为企业存款的增加入账，但企业尚未收到通知，因而未入账。

（4）银行代企业支付的款项，银行已作为企业存款的减少入账，但企业尚未收到通知，因而未入账。

上述（1）、（2）属于企业已入账，但银行尚未入账；（3）、（4）属于银行已入账，但企业尚未入账。任何一种情况的发生，都会使双方的账面存款余额不一致。因此，为了查明企业单位和银行双方账目的记录有无差错，同时也是为了发现未达账项，在进行银行存款清查时，必须将企业单位的银行存款日记账与银行对账单逐笔核对；核对的内容包括收付金额、结算凭证的种类和号数、收入来源、支出的用途、发生的时间、某日止的金额等。通过核对，如果发现企业单位有错账或漏账，应立即更正；如果发现银行有错账或漏账，应及时通知银行查明更正；如果发现有未达账项，则应据以编制银行存款余额调节表进行调节，并验证调节后余额是否相等。

【例 6－1】 20××年 6 月 30 日其企业银行存款日记账的账面余额为 155 000 元，银行对账单的余额为 180 000 元，经逐笔核对，发现有下列未达账项：

（1）29 日，企业销售产品收到转账支票一张计 10 000 元，将支票存入银行，银行尚未办理入账手续。

（2）29 日，企业采购原材料开出转账支票一张计 5 000 元，企业已作银行存款付出，银行尚未收到支票而未入账。

（3）30 日，企业开出现金支票一张计 1 250 元，银行尚未入账。

（4）30 日，银行代企业收回货款 40 000 元，收款通知尚未到达企业，企业尚未入账。

（5）30 日，银行代付电费 8 750 元，付款通知尚未到达企业，企业尚未入账。

（6）30 日，银行代付水费 2 500 元，付款通知尚未到达企业，企业尚未入账。

根据以上资料编制银行存款余额调节表（见表 6.5）。

如果调节后双方余额相等，则一般说明双方记账没有差错；若不相等，则表明企业方或银行方或双方记账有差错，应进一步核对，查明原因予以更正。

需要注意的是，对于银行已经入账而企业尚未入账的未达账项，不能根据银行存款余额调节表来编制会计分录，作为记账依据，必须在收到银行的有关凭证后方可入账。另外，对于长期悬置的未达账项，应及时查明原因，予以解决。

上述银行存款的清查方法，也适用于各种银行借款的清查。但在清查银行借款时，还应检查借款是否按规定的用途使用，是否按期归还。

表 6.5 **银行存款余额调节**

20××年6月30日 单位：元

项　目	金额	项　目	金额
企业银行存款账面余额	155 000	银行对账单账面余额	180 000
加：银行已收，企业未收 银行代收货款	40 000	加：企业已收，银行未收 存入的转账支票	10 000
减：银行已付，企业未付 银行代付电费	8 750	减：银行已付，企业未付 开出转账支票	5 000
银行代付水费	2 500	开出现金支票	1 250
调节后存款余额	183 750	调节后存款余额	183 750

（四）往来款项的清查

往来款项的清查，采用与对方单位核对账目的方法。其清查的程序大致如下：

（1）检查、核对账簿记录。检查自己单位结算往来款项账目正确性和完整性。

（2）编制往来款项对账单。根据有关明细分类账的记录，按用户编制对账单，送交对方单位进行核对。对账单一般一式两联，其中一联作为回单。如果对方单位核对相符，应在回单上盖章后退回；如果数字不符，则应将不符的情况在回单上注明，或另抄对账单退回，以便进一步清查。

（3）编制往来款项清查结果报表。在检查、核对并确认了往来款项后，清查人员应根据清查中发现的问题和情况，及时编制往来款项清查结果报告表。在核对过程中，如果发现未达账项，双方都应采用调节账面余额的方法，来核对往来款项是否相符。尤其应注意查明有无双方发生争议的款项、没有希望收回的款项以及无法支付的款项，以便及时采取措施进行处理，避免或减少坏账损失。

第三节　财产清查结果的处理

一、处理步骤

通过财产清查所发现的财产管理和核算方面存在的问题，应当认真分析研究，以有关的法令、制度为依据进行严肃处理。为此，应切实作好以下几个方面的工作。

（一）查明差异，分析原因

通过财产清查所确定的清查资料和账簿记录之间的差异，比如对于财产的盘盈、盘亏和多余积压以及逾期债权、债务等都要认真查明其性质和原因，明确经济责任，提出处理意见，按照规定程序经有关部门批准后，予以认真严肃的处理。财产清查人员应以高度的责任心，深入调查研究，实事求是，问题定性要准确，处理方法要得当。

（二）总结经验，健全财产物资管理制度

财产清查以后，针对所发现的问题和缺点，应当认真总结经验教训、表彰先进、巩固成绩、发扬优点、克服缺点、做好工作。同时，要建立和健全以岗位责任制为中心的财产管理制度，切实提出改进工作的措施，进一步加强财产管理，保护社会主义财产的安全和完整。

（三）调整账目，账实相符

财产清查的重要任务之一就是为了保证账实相符，财会部门对于财产清查中所发现的差异必须及时地进行账簿记录的调整。由于财产清查结果的处理要报请审批，所以，在账务处理上通常分两步进行。第一步，将财产清查中发现的盘盈、盘亏或毁损数，通过“待处理财产损溢”账户，登记有关账簿，以调整有关账面记录，使账存数和实存数相一致。第二步，在审批后，应根据批准的处理意见，再从“待处理财产损溢”账户转入有关账户。

二、会计账务处理

（一）“待处理财产损溢”账户的设置

“待处理财产损溢”是一个暂记账户，它是专门用来核算企业在财产清查过程中查明的各种财产物资的盘盈、盘亏数，以及经批准后的转销数，属于资产类账户。该账户结构具有资产、负债双重性质，其借方登记各种财产物资的盘亏数及经过批准转销的盘盈数，贷方登记各种财产物资的盘盈数及经过批准转销的盘亏数。期末一般没有余额。为了分别反映和监督企业固定资产和流动资产的盈亏情况，“待处理财产损溢”账户应设置“待处理固定资产损溢”和“待处理流动资产损溢”两个明细分类账户，进行明细分类核算。

“待处理财产损溢”账户的结构如图 6.1 表示。

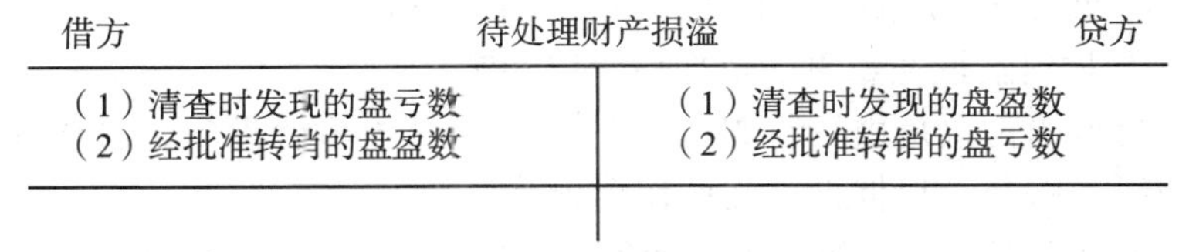

图 6.1 “待处理财产损溢”账户结构

提示与说明：由于固定资产盘盈不通过“待处理财产损溢”账户进行核算，而是通过“以前年度损益调整”账户进行，而且还要一起调整应交税费，其会计处理与其他财产清查结果处理思路不同、相差较大，故在此不作介绍，也不举例。

（二）账务处理

对于财产清查中各种材料、在产品和产成品的盘盈和盘亏，属于以下正常原因的，一般增加或冲减费用：

（1）计量误差。在收发物资中，由于计量、检验不准确造成的差额。

（2）自然损耗。财产物资在运输、保管、收发过程中，在数量上发生自然增减变化。

（3）记账错误。由于手续不齐或计算、登记上发生的错误。

属于管理不善或工作人员失职，造成财产损失、变质或短缺的，应由过失人负责赔偿的，应增加其他应收款。属于贪污盗窃、营私舞弊造成的损失或自然灾害造成的非常损失，应增加营业外支出。另外，对于财产清查中固定资产盘亏，在按规定报请审批后，其盘亏净值增加营业外支出。

1. 财产盘盈的财务处理

【例6-2】某公司在清查盘点库存现金时，发现溢余800元，其中500元系应付某员工的工资，300元系无法查明的其他原因造成。

（1）财产清查中发现库存现金溢余应先调整账簿记录，做到账实相符，根据“库存现金盘点报告表”作会计分录如下：

借：库存现金　　800

　　贷：待处理财产损溢——待处理流动资产损溢　　800

（2）上述现金溢余董事会批准后予以转销。

根据批准文件溢余现金应支付某员工500元，其余300元记入“营业外收入”科目。作会计分录如下：

借：待处理财产损溢——待处理流动资产损溢　　800

　　贷：其他应付款——某员工　　500

　　　　营业外收入　　300

【例6-3】某公司在财产清查中，发现E材料盘盈1 000公斤，价值5 000元。

（1）财产清查中发现材料盘盈应先调整账面记录，做到账实相符，根据“实存账存对比表”作会计分录如下：

借：原材料——E材料　　5 000

　　贷：待处理财产损溢——待处理流动资产损溢　　5 000

（2）上述E材料盘盈经董事会批准后予以转销。

经查明E材料的盘盈是由于计量不准造成的，经董事会批准，直接冲减期间费用计入“管理费用”账户，根据批准文件作会计分录如下：

借：待处理财产损溢——待处理流动资产损溢　　5 000

　　贷：管理费用　　5 000

2. 财产盘亏的财务处理

【例6-4】某公司在清查盘点库存现金时，发现短缺800元，其中500元系由出纳员过失造成，300元系无法查明的其他原因造成。

（1）财产清查中发现库存现金短缺应先调整账簿记录，做到账实相符，根据“库存现金盘点报告表”作会计分录如下：

借：待处理财产损溢——待处理流动资产损溢　　800

　　贷：库存现金　　800

（2）上述现金短缺董事会批准后予以转销。

根据批准文件短缺现金应由出纳员赔偿500元，其余300元记入“管理费用”科目作会计分录如下：

借：其他应收款——应收现金短缺款　　500

管理费用　　300

贷：待处理财产损溢——待处理流动资产损溢　　800

【例6-5】某公司在财产清查中，发现B材料短缺和毁损价值7 000元。

（1）在清查中发现盘亏材料，在报经批准前应先调整账面记录，使账实相符，根据“实存账存对比表”作会计分录如下：

借：待处理财产损溢——待处理流动资产损溢　　7 000

贷：原材料——B材料　　7 000

（2）上项盘亏的材料，报批准后予以转销。材料盘亏，报经董事会批准分别作如下处理：

①材料短缺的800元由过失人赔偿。

②由于非常灾害造成的材料毁损3 500元，列入“营业外支出”。

③材料2 700元短缺是由于经营不善造成的，列入“管理费用”。

根据上述处理意见，作会计分录如下：

借：其他应收款——××　　800

营业外支出　　3 500

管理费用　　2 700

贷：待处理财产损溢——待处理流动资产损溢　　7 000

【例6-6】某公司在财产清查中发现短缺设备一台，原价80 000元，已提折旧20 000元。

（1）发现盘亏固定资产，报经批准前应先调整账面记录。应作会计分录如上：

借：待处理财产损溢——待处理固定资产损溢　　60 000

累计折旧　　20 000

贷：固定资产　　80 000

（2）经董事会批准盘亏设备列“营业外支出”处理。根据批准文件作会计分录如下：

借：营业外支出　　60 000

贷：待处理财产损溢——待处理固定资产损溢　　60 000

企业在财产清查中查明的有关债权、债务的坏账收入或坏账损失，经批准后，按照上述会计分录直接进行转销，不需要通过“待处理财产损溢”账户核算。

坏账损失是指无法收回的应收账款而使企业遭受的损失。按制度规定，在会计核算中对坏账损失的处理采用备抵法，即按期估计坏账损失，按一定比例提取“坏账准备”计入当期管理费用，待实际发生坏账时，冲销已经提取的坏账准备金。这是谨慎性原则在会计核算过程中的具体应用。因此，对于这笔确属无法收回的应收账款，应按照规定的手续审批后，以批准的文件为原始凭证，作坏账损失处理，冲减“坏账准备”账户。“坏账准备”是资产类的账户，是“应收账款”的抵减账户，用来核算坏账准备的提取和转销情况，贷方登记提取数，借方登记冲销数，余额在贷方表示已经提取尚未冲销的坏账。

【例6-7】在财产清查中，查明确实无法收回的账款30 000元，经批准作为坏账损失。编制会计分录如下：

借：坏账准备　　30 000

　　贷：应收账款（或其他应收款）　　30 000

【例6－8】在财产清查中，发现应付某单位的货款2 000元已经无法支付，经批准予以转销。

借：应付账款——××单位　　2 000

　　贷：营业外收入　　2 000

需要指出的是，如果企业清查的各种财产的损溢，在期末结账前尚未批准，应在对外提供财务会计报告时先按上述规定进行处理，并在会计报表附注中做出说明；如果其后批准处理的金额与已处理的金额不一致的，应调整会计报表相关项目的年初数。

课后习题

一、思考题

1. 什么是财产清查？为什么要进行财产清查？财产清查有什么作用？
2. 哪些因素会造成各项财产账面数与实际数不一致？
3. 对现金、银行存款、实物资产和往来款项进行清查的方法是什么？
4. 什么是"未达账项"？企业单位能否根据银行存款余额调节表将未达账项登记入账？为什么？
5. 说明"待处理财产损溢"账户的用途、结构。
6. 财产清查结果如有差异，在账务上应如何处理？

二、实务练习

1. 练习编制银行存款余额调节表，进行银行存款清查。

星光公司20××年8月31日银行存款日记账余额37 685元，银行送来的对账单余额为47 570元。经逐笔核对，发现两者有下列不符之处：

(1) 8月30日，本公司开出转账支票一张向方圆公司购买文具用品，价值1 045元，方圆公司尚未到银行办理转账手续。

(2) 8月30日，本公司委托银行代收一笔货款7 800元，款项银行已收妥入账，公司尚未收到通知入账。

(3) 8月30日，收到申花公司交来的转账支票4 700元，本公司已送交银行办理，并已入账，但银行尚未入账。

(4) 8月31日，银行扣收手续费12元，公司尚未入账。

(5) 8月31日，银行代付公用事业费3 456元，公司尚未收到通知入账。

(6) 8月31日，本月银行存款利息208元，公司尚未收到通知入账。

要求：根据以上资料，编制银行存款余额调节表，并确定企业20××年8月31日银行存款的实际结存额。

2. 练习存货、固定资产清查结果的账务处理。

某企业6月30日对存货和固定资产清查发现有关情况如下：

（1）库存A产品账面结存数量2 000件，单位成本35元，金额70 000元。实存1 985件，盘亏15件，价值525元。经查明系保管人员过失所致，经批准责令赔偿。

（2）甲材料账面结存数量250千克，每千克20元，金额5 000元，全部毁损，作为废料处理，计价100元。经查明由于自然灾害所致，其损失经批准作为非常损失处理。

（3）发现盘亏机器一台，估计原价8 000元，七成新，原因待查，经批准同意转销处理。

（4）乙材料账面结存数量120吨，每吨成本100元，价值12 000元，实存118吨，盘亏2吨，价值200元。经查明属于定额内损耗，经批准转销处理。

（5）丙材料账面结存数量300千克，每千克10元，价值3 000元；实存310千克，盘盈10千克，价值100元。经查明为收发计量差错原因造成，经批准转销处理。

要求：根据以上资料，编制存货和固定资产清查结果审批前后的会计分录。

第七章 财务会计报告

本章要点：

通过本章学习，了解财务会计报告的意义、种类和编制要求，掌握资产负债表和利润表的含义、作用、结构和编制方法；重点掌握资产负债表、利润表的内容、作用和编制原理；能够根据所提供的会计凭证、会计账簿编制资产负债表、利润表。

第一节 财务会计报告概述

一、财务会计报告的概念

财务报告是指企业对外提供的反映企业某一特定日期财务状况和某一会计期间经营成果、现金流量等会计信息的文件。

财务报告是通过整理、汇总日常会计核算资料而定期编制的，用来集中、总括地反映企业单位在某一特定日期的财务状况以及某一特定时期的经营成果和现金流量等会计信息的书面报告。编制会计报表是会计核算的最后一个专门核算方法，会计核算程序的最后一个程序，也是会计循环的最后一个环节。

企业通过财务报告对外全面系统地揭示企业财务状况、经营成果和现金流量等会计信息，可以满足财务报表使用者对企业会计信息的需求。财务报告的作用具体表现在以下几个方面：

（1）为投资者和潜在投资者提供有关企业的盈利能力和股利分配政策等方面的信息，以及管理者对受托责任的履行情况，便于他们做出正确的投资决策。

（2）为债权人和潜在债权人提供有关企业的偿债能力和支付能力情况，包括资本结构、资产状况和盈利能力等方面的信息，便于他们做出正确的信贷决策和赊销决策。

（3）为财政、工商、税务等行政管理部门提供对企业实施监督的各项信息资料，便于各部门监督和检查企业资金的筹集运用情况、成本计算和费用支出情况、企业利润的形成和分配情况、税金计算与解缴情况、企业的财经法规、结算纪律的遵守情况。

（4）为审计部门提供企业详尽、全面的财务状况和经营成果等信息资料，便于其监督和检查企业的经营管理。财务报表可以为进一步的凭证审计和账簿审计指明方向，从而为进行财务审计和经济效益审计提供重要的数据资料。

（5）为统计部门提供宏观经济管理的基础信息资料。通过对各单位提供的财务报表资料进行逐级汇总和分析，可以为国家进行宏观调控、综合管理、优化资源配置、制订国民经济计划等提供重要的信息资料。

（6）为企业主管部门提供评价企业经营管理水平的信息资料。单位主管部门，利用会计报表，考核所属单位的业绩以及各项经济政策贯彻执行情况，并通过各单位同类指标的对比分析，可及时总结成绩，推广先进经验；对所发现的问题分析原因，采取措施，提高企业的经营管理水平。

为企业管理者进行日常经营管理、预测和决策提供必要的信息资料，从而为今后进行企业的生产经营决策和改善经营管理提供依据。经营管理者通过财务报表，可以分析检查企业的财务计划、预算的执行情况；考核企业资金、成本、利润等计划指标的完成程度；分析评价经营管理中的成绩和不足，采取措施，改善经营管理，提高经济效益，为经济预测和决策提供依据。

二、财务会计报告的内容

（一）财务报告的构成

财务报告包括财务报表及其他应当在财务报告中披露的相关信息和资料，如图 7.1 所示。

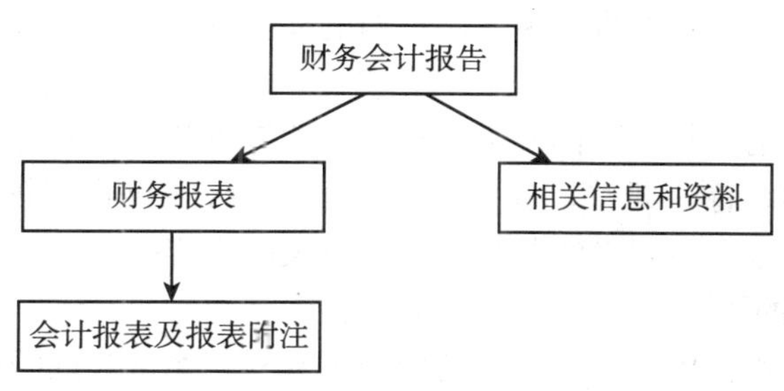

图 7.1　财务报告构成

1. 会计报表

企业对外提供的会计报表至少应当包括下列组成部分：资产负债表、利润表、现金流量表、所有者权益（或股东权益）变动表。小企业编制的报表可以不包括现金流量表。

（1）资产负债表是反映企业在某一特定日期的财务状况的会计报表。企业编制资产负债表的目的是通过反映企业所拥有的资产、需偿还的债务以及股东（投资者）拥有的净资产及结构情况，帮助信息使用者评价企业资产的质量、短期和长期偿债能力以及利润分配能力等。

（2）利润表是反映企业在一定会计期间的经营成果的会计报表。企业编制利润表的目的是通过反映企业实现的收入、发生的费用以及应计入当期利润的利得和损失等金额及结构情况，帮助信息使用者分析企业的利润或亏损情况，评价企业的盈利能力及其构成与质量。

(3) 现金流量表是反映企业在一定会计期间的现金和现金等价物流入和流出情况的会计报表。企业编制现金流量表的目的是通过反映企业各项活动的现金流入、流出情况，帮助信息使用者评价企业的现金流和资金周转情况。

(4) 所有者权益变动表是反映企业年末所有者权益（或股东权益）增减变动情况的报表。所有者权益变动表应当全面反映一定时期所有者权益变动的情况，不仅包括所有者权益总量的变动，还包括所有者权益增减变动的重要结构性信息，尤其要反映直接计入所有者权益的利得和损失，让报表使用者准确理解所有者权益增减变动的根源。

2. 会计报表附注

会计报表附注是财务报告不可或缺的组成部分，是对在资产负债表、利润表、现金流量表和所有者权益变动表等报表中列示项目的文字描述或明细资料，以及对未能在这些报表中列示项目的说明等。企业编制会计报表附注的目的是通过对财务报表本身做补充说明，以便更加全面、系统地反映企业财务状况、经营成果和现金流量的全貌，从而有助于向会计信息使用者提供更为有用的决策信息，帮助其做出更加科学合理的决策。

3. 其他应当在财务报告中披露的相关信息和资料

除了会计报表和附注之外，财务报告还应当包括其他相关信息。其他应当在财务报告中披露的相关信息和资料，具体可以根据有关法律法规的规定和外部使用者的信息需求而定。如企业可以在财务报告中披露其承担的社会责任、对社区的贡献、可持续发展能力等信息等。

需要注意的是，财务报表不同于会计报表，两者不是一个概念，财务报表是会计报表和会计报表附注的统称，即“四表一注”，而会计报表仅指“四表”。财务报表是财务报告的核心内容，本章主要介绍与财务报表有关的内容。

（二）会计报表的种类

不同性质的经济单位由于会计核算的内容不一样，经济管理的要求及其所编制会计报表的种类也不尽相同。就企业而言，其所编制的会计报表也可按不同的标志划分为不同的类别。

1. 按照会计报表所反映的经济内容分类

按会计报表反映的经济内容分为财务状况报表和经营成果报表两种类型。

(1) 反映财务状况的报表。

①反映一定日期企业资产、负债及所有者权益等财务状况的报表，如资产负债表。

②反映一定时期内企业财务状况变动情况的会计报表，如现金流量表。

③反映一定时期企业构成所有者权益的各组成部分的增减变动情况的报表，如所有者权益变动表。

(2) 反映一定时期企业经营成果的会计报表，如利润表。

以上四类报表可以划分为静态报表和动态报表，前者为资产负债表，后者为利润表、所有者权益变动表和现金流量表。

2. 按照会计报表报送对象分类

会计报表按其服务的对象可分为两大类。

（1）对外报送的会计报表，包括资产负债表、利润表、所有者权益变动表和现金流量表等。这些报表可用于企业内部管理，但更偏向于现在和潜在投资者、贷款人、供应商和其他债权人、顾客、政府机构、社会公众等外部使用者的信息要求。这类报表一般有统一格式和编制要求。

（2）对内报送的会计报表。这类报表是根据企业内部管理需要编制的，主要用于企业内部成本控制、定价决策、投资或筹资方案的选择等，这类报表无规定的格式、种类。

3. 按照会计报表编制会计主体分类

按会计报表编报的会计主体不同，可将其分为个别会计报表和合并会计报表两类。这种划分是在企业对外单位进行投资的情况下，由于特殊的财务关系所形成的。

（1）个别会计报表，指只反映对外投资企业本身的财务状况和经营情况的会计报表，包括对外和对内会计报表。

（2）合并会计报表是指一个企业在能够控制另一个企业的情况下，将被控制企业与本企业视为一个整体，将其有关经济指标与本企业的数字合并而编制的会计报表。合并会计报表所反映的是企业与被控制企业共同的财务状况与经营成果。合并会计报表一般只编制对外会计报表。

4. 按照会计报表编制的时间分类

会计报表按编制时间不同分为月（或季度）报表、半年报表和年度报表。

（1）月（或季度）报表又称日常报表，是在月份（或季度）终了后，通过资产负债表、利润表，以简明扼要的形式反映某一月份（或某一季度）财务状况和经营成果主要指标的财务会计报表。

（2）半年报表是指在每个会计年度的前六个月结束后编制和对外提供的财务会计报表，主要包括资产负债表、利润表及有关附表。

半年度、季度和月度报表统称为中期报表。

（3）年度报表是在年度终了后，按会计年度编制和报送，以全面反映会计主体全年财务收支、财务成果和现金流量的报表。年报在种类、揭示的指标信息方面都最为完整与齐全。它包括资产负债表、利润表、现金流量表及附表。

5. 按照会计报表编制单位分类

按照会计报表编制单位不同，可将其分为单位会计报表和汇总会计报表两类。

单位会计报表是指由独立核算的会计主体编制的，用以反映某一会计主体的财务状况、经营活动成果和费用支出及成本完成情况的报表。汇总会计报表是指由上级主管部门将其所属各基层经济单位的会计报表，与其本身的会计报表汇总编制的，用以反映一个部门或一个地区经济情况的会计报表。

三、我国对会计信息质量的要求

会计信息质量要求是对企业财务报告中所提供会计信息质量的基本要求，是使财务报告中所提供会计信息对投资者等使用者决策有用应具备的基本特征，它主要包括可靠性、相关性、可理解性、可比性、实质重于形式、重要性、谨慎性和及时性等，如图7.2所示，具体内容参见第一章。

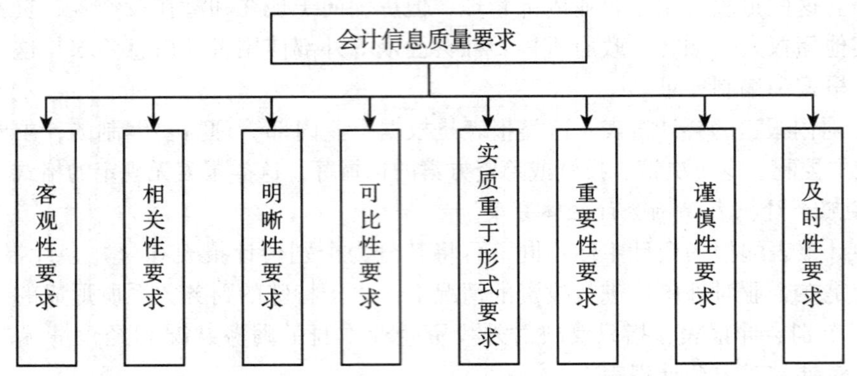

图7.2　会计信息质量要求原则

第二节　资产负债表

资产负债表是总括反映企业在某一特定日期（月末、季末或年末）全部资产、负债和所有者权益情况的会计报表。它是根据资产、负债和所有者权益之间的相互关系，按照一定的分类标准和一定的顺序，把企业一定日期的资产、负债和所有者权益各项目予以适当排列，并对日常工作中形成的大量数据进行高度浓缩整理而成的。

一、资产负债表的作用

（一）资产负债表的内容

我国资产负债表的左侧为资产，一般按照资产的流动性大小排列。右侧为负债和所有者权益。负债一般按要求清偿时间的先后顺序排列，所有者权益按永久性程度的高低顺序排列。

资产负债表主要反映以下三个方面的内容。

1. 资产

资产反映企业在某一特定日期企业所拥有的经济资源，即某一特定日期企业所拥有或控制的各项资产的余额。资产负债表中的资产按其流动性的大小排列，分为流动资产和非流动资产。一般企业的流动资产包括货币资金、交易性金融资产、应收票据、应收账款、预付款项、应收股利、应收利息、其他应收款、存货等项目，非流动资产包括持有至到期投资、投资性房地产、长期股权投资、固定资产、无形资产、长期待摊费用等项目。

2. 负债

负债反映企业在某一特定日期企业所承担的债务。资产负债表中的负债按照偿还期的长短分为流动负债和非流动负债。一般企业的流动负债包括短期借款、应付票据、应付账款、预收账款、应付职工薪酬、应付利息、应付股利、其他应付款等项目，非流动负债应当包括长期借款、应付债券、长期应付款等项目。

3. 所有者权益

反映企业在某一特定日期企业投资者拥有的净资产，资产负债表中的所有者权益按永久性程度的高低顺序排列。这实质上也是按所有者权益的不同来源和特定用途进行的分类，包括实收资本（或股本）、资本公积、盈余公积和未分配利润等项目。

（二）资产负债表的作用

资产负债表总括地提供了企业的经营者、投资者和债权人等各方面所需要的信息，其具体作用如下：

（1）通过资产负债表可以了解企业所掌握的经济资源及其分布的情况，企业经营者可据此分析企业资产分布是否合理，以改进经营者管理漏洞，提高经营管理水平。

（2）通过资产负债表可以了解企业资金的各来源渠道和构成比例，投资者和债权人可以据此分析企业所面临的财务风险，监督企业合理使用资金。

（3）通过资产负债表可以了解企业的财务实力、短期偿债能力和支付能力，投资者和债权人可据此做出投资和贷款的正确决策。

（4）通过对前后期资产负债表的对比分析，可以了解企业资金结构的变化情况，经营者、投资者和债权人可据此掌握企业财务状况的变化趋势。

二、资产负债表的结构

资产负债表是依据“资产 = 负债 + 所有者权益”这一会计等式的基本原理设置的，资产负债表的结构分为账户式和报告式。

账户式资产负债表，是将资产负债表分为左方和右方，左方列示资产各项目，大致按资产的流动性大小排列，流动性大的资产如货币资金、交易性金融资产等靠前排列，流动性小的资产如长期股权投资、固定资产等排在后面。右方列示负债和所有者权益各项目，一般按要求清偿时间的先后顺序排列，如短期借款、应付票据、应付账款等需要在一年以内或者长于一年的一个正常营业周期内偿还的流动负债排在前面，长期借款等在一年以上才需偿还的非流动负债排在中间，在企业清算之前不需要偿还的所有者权益项目则排在后面。资产各项目的合计等于负债和所有者权益各项目的合计。通过账户式资产负债表，反映资产、负债和所有者权益之间的内在关系，并达到左方和右方平衡。其格式如表 7.1 所示。我国企业的资产负债表采用的是账户式结构，通常包括表头、表身和表尾。

报告式资产负债表，是将资产负债表的项目自上而下排列，首先列示资产的数额，然后列示负债的数额，最后再列示所有者权益的数额。

表 7.1 资产负债表

会企 01 表

编制单位： 年 月 日 单位：元

资 产	期末余额	年初余额	负债和所有者权益	期末余额	年初余额
流动资产：			流动负债：		
货币资金			短期借款		
交易性金融资产			交易性金融负债		
应收票据			应付票据		
应收账款			应付账款		
预付款项			预收账款		
应收利息			应付职工薪酬		
应收股利			应交税费		
其他应收款			应付利息		
存货			应付股利		
一年内到期的非流动资产			其他应付款		
其他流动资产			一年内到期的非流动负债		
流动资产合计			其他流动负债		
非流动资产：			流动负债合计		
可供出售金融资产			非流动负债：		
持有至到期投资			长期借款		
长期应收款			应付债券		
长期股权投资			长期应付款		
投资性房地产			专项应付款		
固定资产			预计负债		
工程物资			递延所得税负债		
在建工程			其他非流动负债		
固定资产清理			非流动负债合计		
生产性生物资产			负债合计		
油气资产			所有者权益：		
无形资产			实收资本（或股本）		
开发支出			资本公积		
商誉			减：库存股		
递延所得税资产			盈余公积		
其他非流动资产			未分配利润		
非流动资产合计			所有者权益（或股东权益）合计		
资产总计			负债和所有者权益总计		

三、资产负债表的编制

（一）编制方法

资产负债表中“年初余额”栏各项的数字，按上年年末资产负债表中“期末余额”栏中的数字填列；各项目“期末余额”栏根据会计期末各总账账户及所属明细账户余额填列（见表7.2）。

表7.2　　资产负债表各项目“期末余额”栏的填列方法

填列依据	填列方法
总账期末余额	根据总账科目余额直接填列
	根据总账科目余额计算填列
明细账期末余额	根据明细科目余额计算填列
总账期末余额+明细账期末余额	根据总账科目和明细科目余额分析计算填列

下面就以表7.2中的填列方法具体应用到资产负债表“期末余额”栏中，介绍主要项目的编制说明。

1. 根据总账账户的期末余额直接填列

资产负债表中的应收票据、应收股利、应收利息、固定资产清理、工程物资、短期借款、应付票据、应交税费、应付股利、其他应付款、实收资本、资本公积、盈余公积、递延所得税资产、递延所得税负债等科目根据总账账户的期末余额填列“期末余额”。

2. 根据几个总账账户的期末余额分析计算填列

“货币资金”科目=“库存现金”+“银行存款”+“其他货币资金”

“存货”科目=“材料采购”+“原材料”“低值易耗品”“周转材料”
+“库存商品”“委托加工物资”+“生产成本”+“发出商品”
+“委托代销商品”+“受托代销商品”-“受托代销商品款”
“存货跌价准备”±“材料成本差异”“商品进销差价”

“未分配利润”科目=“本年利润”-“利润分配”

3. 根据有关明细账户的期末余额分析计算填列

“应收账款”科目=“应收账款”所属各明细账户的期末借方余额合计
+“预收账款”所属明细账户的期末借方余额合计
-“坏账准备”账户中有关应收账款计提的坏账准备期末余额

“预收款项”科目=“预收账款”所属各明细账户的期末贷方余额合计
+“应收账款”所属明细账户的期末贷方余额合计

“预付款项”科目=“预付账款”所属各明细账户的期末借方余额合计
+“应付账款”所属明细账户的期末借方余额合计

"应付账款"科目 = "应付账款"所属各明细账户的期末贷方余额合计
+ "预付账款"所属明细账户的期末借方余额合计

4. 根据总账账户和明细账户的余额分析计算填列

"长期借款"科目 = "长期借款"账户的期末余额
− 一年内到期的长期借款部分

"应付债券"科目 = "应付债券"账户的期末余额
− 一年内到期的应付债券部分

"长期应付款"科目 = "长期应付款"账户的期末余额
− "未确认融资费用"账户的期末余额
− 一年内到期的长期应付款部分

5. 根据资产科目与其备抵科目抵消后的净额填列

"长期股权投资"科目 = "长期股权投资"账户的期末余额
− "长期股权投资减值准备"账户的期末余额

"固定资产"科目 = "固定资产"账户的期末余额
− "累计折旧"账户的期末余额
− "固定资产减值准备"账户的期末余额

"在建工程"科目 = "在建工程"账户的期末余额
− "在建工程减值准备"账户的期末余额

"无形资产"科目 = "无形资产"账户的期末余额
− "累计摊销"账户的期末余额
− "无形资产减值准备"账户的期末余额

综上可见，资产负债表各项目"期末余额"栏的填列方法中，使用最多的是第1种方法——根据总账科目余额直接填列。也就是说，资产负债表各项目中的大多数项目"期末余额"栏的填列都是根据总账科目余额直接填列的。

知识卡片

2014年财政部对《企业会计准则第30号——财务报表列报》进行了修订，自2014年7月1日起在所有执行企业会计准则的企业范围内施行。有关部分编制内容修改为：

对于在资产负债表日起一年内到期的负债，企业有意图且有能力自主地将清偿义务展期至资产负债表日后一年以上的，应当归类为非流动负债；不能自主地将清偿义务展期的，即使在资产负债表日后、财务报告批准报出日前签订了重新安排清偿计划协议，该项负债仍应当归类为流动负债。

（二）资产负债表编制方法举例

下面举例说明一般企业资产负债表某些项目的编制方法。

【例7－1】甲公司年末有关科目资料，如表7.3所示。

表 7.3　　　　　　　　甲公司 20××年 12 月 31 日有关账户余额

账户名称	借方余额	贷方余额	账户名称	借方余额	贷方余额
库存现金	70 000		短期借款		235 000
银行存款	250 000		应付票据		220 000
其他货币资金	205 000		应付账款		500 000
交易性金融资产	25 000		预收账款		20 000
应收票据	35 000		应付职工薪酬		135 000
应收股利	35 000		应付股利		120 000
应收利息	10 000		应交税费		45 000
应收账款	356 000		其他应付款		35 000
坏账准备		6 000	长期借款		500 000
预付账款	60 000		实收资本		1 500 000
其他应收款	10 000		资本公积		89 000
原材料	350 000		盈余公积		256 000
库存商品	165 000		利润分配		125 000
生产成本	185 000				
可供出售金融资产	350 000				
长期股权投资	140 000				
长期股权投资减值准备		20 000			
固定资产	2 000 000				
累计折旧		650 000			
在建工程	120 000				
无形资产	90 000				
	4 456 000	676 000			3 780 000

说明：以上资料中有三个账户，经查明应在列表时按规定予以调整：在“应收账款”账户中有明细账贷方余额 10 000 元；在“应付账款”账户中有明细账借方余额 20 000 元；在“预付账款”账户中有明细账贷方余额 5 000 元。

现将表 7.3 的资料进行归纳分析，然后填入资产负债表。

（1）将“库存现金”“银行存款”“其他货币资金”科目余额合并列入货币资金项目，共计 525 000 元（70 000 + 250 000 + 20 5000 = 525 000）。

（2）将坏账准备项目 6 000 元从应收账款项目中减去；将应收账款明细账中的贷方余额 10 000 元列入“预收款项”项目。计算结果，应收账款项目的账面价值为 360 000 元（356 000 − 6 000 + 10 000 = 360 000）；“预收款项”项目为 30 000 元（20 000 + 10 000 = 30 000）。

（3）将应付账款明细账中的借方余额 20 000 元列入“预付款项”项目；将“预付账款”账户明细账中的贷方余额 5 000 元列入应付账款项目。计算结果，“预付款项”项目的余额为 85 000 元（60 000 + 20 000 + 5 000 = 85 000），应付账款项目的余额为 525 000 元（500 000 + 20 000 + 5 000 = 525 000）。

（4）将“原材料”“库存商品”“生产成本”及其他存货账户余额合并为存货项目（350 000 + 165 000 + 185 000 = 700 000），共计 700 000 元。

（5）从“长期股权投资”账户中减去“长期股权投资减值准备”20 000 元，长期股权投资项目的余额为 120 000 元（140 000 − 20 000 = 120 000）。

（6）其余各项目按账户余额表数字直接填入报表。

现试编制该企业资产负债表，如表 7.4 所示。

表 7.4 资产负债表

编制单位： 20××年 12 月 31 日 单位：元

资产	期末余额	年初余额	负债和所有者权益	期末余额	年初余额
流动资产：		（略）	流动负债：		（略）
货币资金	525 000		短期借款	235 000	
交易性金融资产	25 000		交易性金融负债	0	
应收票据	35 000		应付票据	220 000	
应收账款	360 000		应付账款	525 000	
预付款项	85 000		预收款项	30 000	
应收利息	10 000		应付职工薪酬	135 000	
应收股利	35 000		应交税费	45 000	
其他应收款	10 000		应付利息	0	
存货	700 000		应付股利	120 000	
一年内到期的非流动资产	0		其他应付款	35 000	
其他流动资产	0		一年内到期的非流动负债	0	
流动资产合计	1 785 000		其他流动负债	0	
非流动资产：			流动负债合计	1 345 000	
可供出售金融资产	350 000		非流动负债：		
持有至到期投资	0		长期借款	500 000	
长期应收款	0		应付债券		
长期股权投资	120 000		长期应付款		
投资性房地产	0		专项应付款		
固定资产	1 350 000		预计负债		
在建工程	120 000		递延所得税负债		
工程物资	0		其他非流动负债		
固定资产清理	0		非流动负债合计	500 000	
无形资产	90 000		负债合计	1 845 000	
商誉	0		所有者权益：		
长期待摊费用	0		实收资本	1 500 000	
递延所得税资产	0		资本公积	89 000	
其他非流动资产	0		盈余公积	256 000	
非流动资产合计	2 030 000		未分配利润	125 000	
			所有者权益合计	1 970 000	
资产总计	3 815 000		负债及所有者权益总计	3 815 000	

第三节　利润表

利润表，是总括反映企业在一定时期（年度、季度或月份）内经营成果的会计报表，用以反映企业一定时期内利润（或亏损）的实际情况，是一张动态的报表。

一、利润表的作用

（1）可以反映企业在一定会计期间取得的全部收入情况，包括营业收入、投资收益和营业外收入的数额等。

（2）可以反映企业在一定会计期间发生的全部费用和支出情况，包括营业成本、税金及附加、销售费用、管理费用、财务费用和营业外支出的数额等。

（3）可以反映企业一定会计期间生产经营活动的成果，即净利润的实现情况，并据以判断资本保值、增值等情况。

（4）将利润表中的信息与资产负债表中的信息相结合，还可以生成财务分析的基本资料，从而反映企业资金的周转情况及企业的盈利能力和水平，便于报表使用者判断企业未来的发展趋势，做出经济决策。

可见，通过利润表可以了解企业利润（或亏损）的形成情况，据以分析、考核企业经营目标及利润计划的执行结果，分析企业利润增减变动的原因，以促进企业改善经营管理，不断提高管理水平和盈利水平；通过利润表可以评比对企业投资的价值和报酬，判断企业的资本是否保全；根据利润表提供的信息可以预测企业在未来期间的经营状况和盈利趋势。

二、利润表的结构

利润表一般包括表首、正表两部分。表首概括说明报表名称、编制单位、编制日期、报表编号、货币名称、计量单位；正表是利润表的主体，反映形成经营成果的各个项目和计算过程。

正表的格式一般有两种：单步式利润表和多步式利润表。单步式利润表先将当期所有的收入列在一起，然后将所有的费用列在一起，最后两者相减得出当期净损益。多步式利润表是通过对当期的收入、费用、支出项目按性质加以归类，按利润形成的主要环节列示一些中间性的利润指标，如营业利润、利润总额、净利润，分步计算当期净损益（见表 7.5）。

三、利润表的编制方法

利润表是反映企业一定期间经营成果的会计报表。各项目的计算方法如下：

表 7.5 **利润表** 会企 02 表

编报单位： 年 月 单位：元

项目	本期金额	上期金额
一、营业收入		
减：营业成本		
税金及附加		
销售费用		
管理费用		
财务费用		
资产减值损失		
加：公允价值变动收益（损失以“－”号填列）		
投资收益（损失以“－”号填列）		
其中：对联营企业和合并企业的投资收益		
资产处置收益（损失以“－”号填列）		
其他收益		
二、营业利润（亏损以“－”号填列）		
加：营业外收入		
减：营业外支出		
其中：非流动资产处置损失		
三、利润总额（净亏损以“－”号填列）		
减：所得税费用		
四、净利润（净亏损以“－”号填列）		
五、其他综合收益的税后净额		
六、综合收益总额		
七、每股收益：		
（一）基本每股收益		
（二）稀释每股收益		

营业收入＝主营业务收入＋其他业务收入

营业利润＝营业收入－营业成本－营业税金及附加－销售费用
－管理费用－财务费用－资产减值损失
＋公允价值变动收益(－公允价值变动损失)
＋投资收益(－投资损失)

利润总额＝营业利润＋营业外收入－营业外支出

净利润＝利润总额－所得税费用

以下三个项目应该单独列示：

（1）“公允价值变动收益”项目，该项目核算直接计入当期损益的公允价值变动金额（损失以“－”号填列）。

（2）“资产减值损失”项目，该项目核算当期计提的各项资产减值项目金额。

（3）“非流动资产处置损失”项目，该项目核算当期处置非流动资产所引起的损益的变动金额。

知识卡片

2014 年财政部对《企业会计准则第 30 号——财务报表列报》进行了修订，自 2014 年 7 月 1 日起在所有执行企业会计准则的企业范围内施行。

该准则中利润表增加了两个项目，即：其他综合收益各项目分别扣除所得税影响后的净额；以及综合收益总额。

综合收益是指企业在某一期间除与所有者以其所有者身份进行的交易之外的其他交易或事项所引起的所有者权益变动。综合收益总额项目反映净利润和其他综合收益扣除所得税影响后的净额相加后的合计金额。

其他综合收益是指企业根据其他会计准则规定未在当期损益中确认的各项利得和损失。

（一）利润表各项目的填列

利润表各项目均需填列“本期金额”和“上期金额”两栏。

“上期金额”栏内各项数字，应根据上年该期利润表的“本期金额”栏内所列数字填列。如果上年该期利润表规定的各个项目名称和内容与本期不相一致，应对上年该期利润表各项目名称和数字按本期规定进行调整，再填入利润表“上期金额”栏内。

“本期金额”栏内各项数字，一般应根据损益类科目年初至本月的累计发生额分析或计算填列。也可以根据本月损益类科目发生额分析计算后，与上月利润表相同项目之和填列。月利润表只根据本月损益类科目发生额分析计算填列。

利润表的“本期金额”填列方法可归纳为以下两种：

（1）根据账户的发生额分析填列。利润表中的大部分项目都可以根据账户的发生额分析填列，如销售费用、税金及附加、管理费用、财务费用、营业外收入、营业外支出、所得税等。

（2）根据报表项目之间的关系计算填列。利润表中的某些项目需要根据项目之间的关系计算填列，如营业利润、利润总额、净利润等。

（二）具体项目的编制说明

（1）“营业收入”项目，反映企业经营活动所取得的收入总额。本项目应根据“主营业务收入”“其他业务收入”等科目的发生额分析填列。

（2）“营业成本”项目，反映企业经营活动发生的成本总额。本项目应根据“主营业务成本”“其他业务成本”等科目的发生额分析填列。

（3）“税金及附加”项目，反映企业经营活动应负担的消费税、城市维护建设税、资源税、教育费附加及房产税、土地使用税、车船税、印花税等相关税费。本项目应根据“税金及附加”科目的发生额分析填列。

（4）“销售费用”项目，反映企业在销售商品过程中发生的包装费、广告费等费用，以及为销售本企业商品而专设的销售机构的职工薪酬、业务费等经营费用。本项目应根据“销售费用”科目的发生额分析填列。

（5）“管理费用”项目，反映企业为组织和管理生产经营而发生的费用。本项目应根据“管理费用”科目的发生额分析填列。

(6)“财务费用”项目，反映企业筹集生产经营所需资金等而发生的费用。本项目应根据“财务费用”科目的发生额分析填列。

(7)“资产减值损失”项目，反映企业确认的各项资产发生的减值损失。本项目应根据“资产减值损失”科目的发生额分析填列。

(8)“公允价值变动收益”项目，反映企业确认的交易性金融资产或交易性金融负债的公允价值变动收益。本项目应根据“公允价值变动损益”科目的发生额分析填列。如为净损失，本项目以“－”号填列。

(9)“投资收益”项目，反映企业以各种方式对外投资所取得的收益。本项目应根据“投资收益”科目的发生额分析填列；如为投资损失，以“－”号填列。

(10)“营业外收入”项目和“营业外支出”项目，反映企业发生的与其生产经营无直接关系的各项收入和支出。这两个项目应分别根据“营业外收入”科目和“营业外支出”科目的发生额分析填列。

(11)“利润总额”项目，反映企业实现的利润总额。如为亏损总额，以“－”号填列。

(12)“所得税费用”项目，反映企业按规定从本期利润总额中扣除的所得税费用。本项目应根据“所得税费用”科目的发生额分析填列。

(13)“净利润”项目，反映企业实现的净利润。如为净亏损，以“－”号填列。

四、利润表编制方法举例

下面举例说明一般企业利润表的编制方法。

【例7－2】 甲公司20××年度利润表有关科目的累计发生额，如表7.6所示。

表7.6 利润表有关科目累计发生额 单位：元

科目名称	借方发生额	贷方发生额
主营业务收入		12 500 000
其他业务收入		230 000
投资收益		3 200 000
营业外收入		2 850 000
主营业务成本	8 500 000	
税金及附加	550 000	
其他业务成本	0	
销售费用	200 000	
管理费用	1 050 000	
财务费用	1 000 000	
资产减值损失	20 000	
营业外支出	2 000 000	
所得税费用	1 365 000	

根据以上账户记录，编制甲公司20××年度利润表，如表7.7所示。

表7.7　　　　利润表　　　　会企02表

编报单位：　　　　20××年×月　　　　单位：元

项目	本期金额	上期金额
一、营业收入	12 730 000	（略）
减：营业成本	8 500 000	
税金及附加	550 000	
销售费用	200 000	
管理费用	1 050 000	
财务费用	1 000 000	
资产减值损失	20 000	
加：公允价值变动收益（损失以“－”号填列）	0	
投资收益（损失以“－”号填列）	3 200 000	
其中：对联营企业和合并企业的投资收益	0	
二、营业利润（亏损以“－”号填列）	4 610 000	
加：营业外收入	2 850 000	
减：营业外支出	2 000 000	
其中：非流动资产处置损失	0	
三、利润总额（净亏损以“－”号填列）	5 460 000	
减：所得税费用	1 365 000	
四、净利润	4 095 000	
五、每股收益：	（略）	
（一）基本每股收益	（略）	
（二）稀释每股收益	（略）	

课后习题

一、思考题

1. 什么是会计报表？编制会计报表有何意义？
2. 会计报表有哪些种类？编制会计报表有哪些要求？
3. 试述资产负债表的定义，结构及其作用。
4. 资产负债表的编制方法有哪些？
5. 试述利润表的定义、结构和编制方法。

二、实务练习

练习资产负债表和利润表的编制。

某企业20××年6月底各账户期末余额如表7.8所示。

表7.8　　某企业20××年6月底各账户期末余额　　单元：元

账户名称	借方余额	账户名称	贷方余额
现金	350	短期借款	41 000
银行存款	76 700	应付账款	4 050
应收账款	7 000	其他应付款	8 700
其他应收款	750	应付职工薪酬	7 000
原材料	349 800	应付票据	4 100
生产成本	36 000	应交税费	39 670
库存商品	50 400	累计折旧	230 500
长期股权投资	7 500	本年利润	158 765
固定资产	628 500	实收资本	721 000
利润分配	95 785	盈余公积	38 000
合计	1 252 785	合计	1 252 785

其他有关明细资料如下：

各损益账户累计余额由："主营业务收入"1 144 900元，"主营业务成本"944 280元，"税金及附加"64 320元，"销售费用"14 600元，"其他业务收入"35 000元，"其他业务成本"35 000元，"营业外收入"800元，"营业外支出"5 000元，"管理费用"20 800元，"财务费用"6 200元。

要求：

(1) 根据资料编制资产负债表。

(2) 根据资料编制利润表。

第八章　账务处理程序

本章要点：

通过本章学习，了解会计核算程序的概念，能够理解合理建立会计核算形式的意义和基本要求；熟悉记账凭证核算程序和科目汇总表核算程序的内容、特点和使用范围；掌握记账凭证核算程序和科目汇总表核算程序的应用，特别是重点掌握科目汇总表核算程序的应用。

第一节　账务处理程序概述及分类

一、账务处理程序的意义

账务处理程序，也称会计核算形式，是指从取得原始凭证到产生会计信息的步骤和方法。其主要内容包括整理、汇总原始凭证，填制记账凭证，登记各种账簿，编制会计报表这一整个过程的步骤和方法。简言之，就是指会计凭证、账簿、会计报表和账务处理程序相互结合的方式。不同的账务处理程序，规定了填制会计凭证、登记账簿、编制会计报表的不同步骤和方法。

一个单位由于业务性质、规模大小和经济业务的繁简程度各异，决定其适用账务处理程序也不同。为此，科学地组织账务处理程序，对提高会计核算质量和会计工作效率，充分发挥会计的核算和监督职能，具有重要意义。

二、会计核算程序的选择

合理的、适用的会计核算形式，一般应符合以下三个要求：

（1）要适应本单位的经济活动特点、规模的大小和业务的繁简情况，有利于会计核算的分工，建立岗位责任制。

（2）要能够及时、准确、全面、系统地提供会计信息，满足各会计信息使用者对会计信息的需要。

（3）要在保证核算资料正确、及时和完整的前提条件下，尽可能地简化会计核算手续，提高会计工作效率，节约人力物力，节约核算费用。

三、账务处理程序的种类

目前，我国企业、事业、机关等单位会计核算一般采用的主要账务处理程序有六种，这六种账务处理程序的主要区别，即各自的特点，主要表现在登记总账的依据和方法不同，如表 8.1 所示。

表 8.1　　　　账务处理程序分类

会计核算主要步骤	总账登记依据	账务处理程序
会计凭证	记账凭证	记账凭证账务处理程序
	科目汇总表	科目汇总表账务处理程序
账簿	汇总记账凭证	汇总记账凭证账务处理程序
	日记总账	日记总账账务处理程序
会计报表	多栏式日记账	多栏式日记账账务处理程序
	通用日记账	通用日记账账务处理程序

表 8.1 中的六种账务处理程序既有共同点，又有各自的特点。其中，记账凭证账务处理程序是最基本的一种，其他账务处理程序都是由此发展、演变而来的。在实际工作中，各经济单位可根据实际需要选择其中一种账务处理程序，也可将多种账务处理程序的优点结合起来使用，以满足本单位经营管理的需要。我们主要讲述记账凭证核算形式和科目汇总表核算形式。

第二节　记账凭证账务处理程序

一、记账凭证账务处理程序的设计要求

记账凭证账务处理程序是最基本的一种账务处理程序，特点是：直接根据记账凭证，逐笔登记总分类账。

（一）记账凭证核算形式设置的会计凭证

在记账凭证核算形式下，需设置收款凭证、付款凭证和转账凭证三种格式，也可采用通用记账凭证。

（二）记账凭证核算形式设置的账簿

在记账凭证核算形式下，需设置库存现金日记账、银行存款日记账、总分类账和明细分类账。日记账和总账可采用三栏式；明细分类账可根据需要采用三栏式、数量金额式和多栏式。

二、记账凭证账务处理程序的基本内容

记账凭证账务处理程序的基本内容如下（见图8.1）：

（1）根据原始凭证或原始凭证汇总表填制记账凭证。

（2）根据收款凭证和付款凭证逐笔登记库存现金日记账和银行存款日记账。

（3）根据原始凭证、原始凭证汇总表或记账凭证登记各种明细分类账。

（4）根据记账凭证逐笔登记总分类账。

（5）月末，将库存现金日记账、银行存款日记账的余额，以及各种明细分类账的余额合计数，分别与总分类账中相关账户的余额核对相符。

（6）月末，根据核对无误的总分类账和明细分类账的相关资料，编制会计报表。

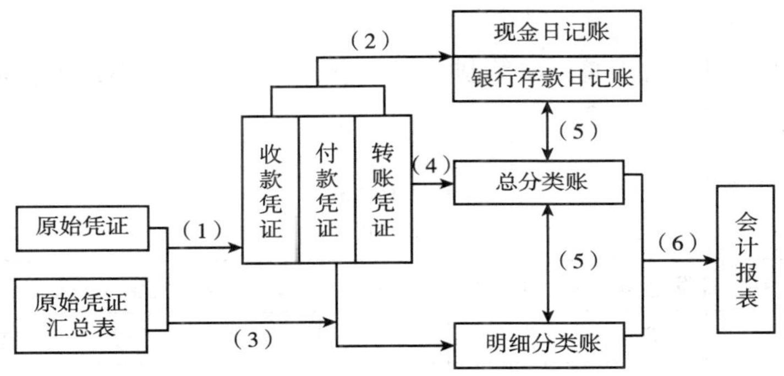

图8.1　记账凭证账务处理程序

提示与说明：记账凭证按照反映经济业务内容的不同分为专用和通用两种，图8.1表示的是专用记账凭证的账务处理程序。如果设置为通用记账凭证，则不再分收款、付款、转账三种专用凭证。实际上，只有当企业采用汇总记账凭证账务处理程序时，设置专用记账凭证才有意义。

三、记账凭证账务处理程序的优缺点及适用范围

这种账务处理程序的主要优点是简单明了、方法易学，总分类账能详细反映经济业务状况，方便会计核对与查账；但登记总分类账的工作量较大，也不利于分工。因此，一般适用于规模较小、经济业务较简单的企业。

第三节　科目汇总表账务处理程序

一、科目汇总表账务处理程序的设计要求

科目汇总表账务处理程序的特点是：定期地将所有记账凭证汇总编制成科目汇总

表，然后再根据科目汇总表登记总分类账。

采用科目汇总表账务处理程序时，其账簿设置、各种账簿的格式以及记账凭证的种类和格式基本上与记账凭证账务处理程序相同。但应增设科目汇总表，以作为登记总分类账的依据。

二、科目汇总表的填制方法

科目汇总表的填制方法：根据一定时期内的全部记账凭证，按科目进行归类编制。在科目汇总表中，分别计算出每一个总账科目的借方发生额合计数、贷方发生额合计数。由于借贷记账法的记账规则是“有借必有贷，借贷必相等”，所以在编制的科目汇总表内，全部总账科目的借方发生额合计数，与贷方发生额合计数相等。试算无误后，据以登记总分类账。

科目汇总表可以每月汇总一次编制一张，也可视业务量大小每5天或10天汇总一次，每月编制一张（见表8.2）。

表8.2 **科目汇总表**

年 月

总账账户	1~10日发生额		11~20日发生额		21~30日发生额		合计	
	借方	贷方	借方	贷方	借方	贷方	借方	贷方
合计								

三、科目汇总表账务处理程序的基本内容

科目汇总表账务处理程序的基本内容如下（见图8.2）：

（1）根据原始凭证或原始凭证汇总表填制记账凭证。

（2）根据收款凭证和付款凭证逐笔登记库存现金日记账和银行存款日记账。

（3）根据原始凭证、原始凭证汇总表或记账凭证登记各种明细分类账。

（4）根据记账凭证定期编制科目汇总表。

（5）月末，根据编制的科目汇总表登记总分类账。

（6）月末，将库存现金日记账、银行存款日记账的余额，以及各种明细分类账的余额合计数，分别与总分类账中相关账户的余额核对相符。

（7）月末，根据核对无误的总分类账和明细分类账的相关资料，编制会计报表。

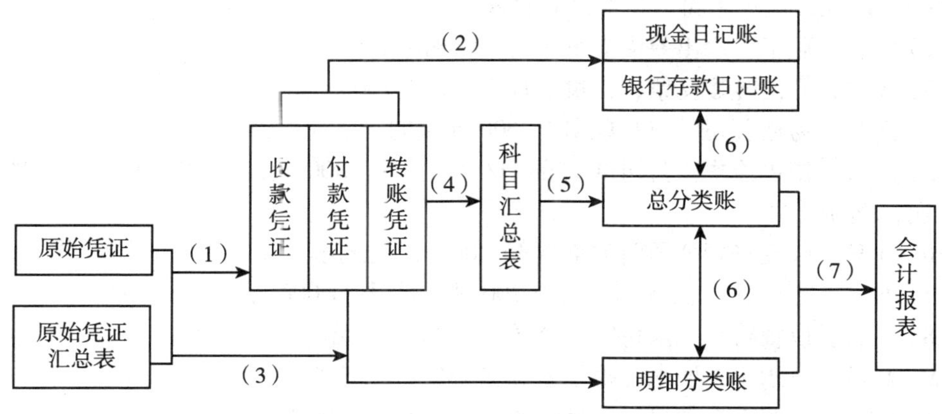

图 8.2 科目汇总表记账程序

四、科目汇总表账务处理程序示例

现以华盛公司 20××年 12 月份经济业务为例，说明科目汇总表账务处理程序下各种记账凭证和科目汇总表的填制方法，以及根据科目汇总表登记总分类账等具体应用方法。

（一）华盛公司 20××年 12 月有关资料

1. 各账户 12 月期初余额（见表 8.3）

表 8.3　　12 月各总账期初余额　　单位：元

账户名称	期末数	账户名称	期末数
库存现金	2 788	短期借款	60 000
银行存款	58 800	应付账款	17 600
应收票据	19 500	应付票据	22 500
应收账款	15 300	应付职工薪酬	4 500
预付账款	20 000	应交税费	1 700
库存商品	47 800	实收资本	199 000
原材料	37 200	资本公积	13 744
固定资产	197 920	盈余公积	5 277
累计折旧	65 000	利润分配	
无形资产	17 000	本年利润	27 587
合　计	351 908	合　计	351 908

2. 12 月份发生的经济业务

（1）1 日，向宏达公司购入甲材料 300 吨，单价 120 元，计 36 000 元，增值税进项税额为 4 680 元，款项未付，材料已验收入库。

（2）2 日，职工王永出差借支 800 元，以现金支付。

（3）3 日，开出转账支票，支付上月增值税 1 700 元。

（4）3 日，易通公司的应收票据 19 600 元到期，已通过银行收款。

（5）4 日，销售给华新公司 A 产品 200 件，单价 300 元，计 60 000 元，销项税额 7 800 元，款项未收。

（6）5 日，收到华新公司前欠货款 45 800 元，已存银行。

（7）6 日，生产 A 产品领用甲材料 200 吨，共计 24 000 元。

（8）8 日，以银行存款偿付宏达公司账款 17 600 元。

（9）9 日，王永出差回来，报销差旅费 750 元，交回余款 50 元。

（10）10 日，职工李某报销住院医药费 1 000 元，以现金支付。

（11）12 日，以银行存款支付行政办公用品费 800 元。

（12）15 日，从银行提取现金 22 500 元，以备发工资。

（13）15 日，发放本月职工工资 22 500 元。

（14）18 日，出售乙材料 100 公斤，价值 7 000 元，增值税税率 13%，计 910 元。款已收到，存入银行。

（15）18 日，结转出售乙材料的实际成本 5 000 元。

（16）20 日，以银行存款支付本月水电费 1 000 元，其中生产耗用 800 元，行政管理部门耗用 200 元。

（17）20 日，以银行存款支付罚款 1 500 元。

（18）29 日，计算本月应付工资 22 500 元，其中：A 产品工人工资 16 000 元。车间管理人员工资 3 000 元，行政管理人员工资 3 500 元。

（19）29 日，提取本月固定资产折旧费 4 800 元，其中：生产用固定资产折旧费 4 000 元，管理用固定资产 800 元。

（20）31 日，结转本月制造费用 7 800 元。

（21）31 日，结转完工 200 件 A 产品成本 47 800 元。

（22）31 日，结转已销 A 产品销售成本 47 800 元。

（23）31 日，结转本月损益类科目。

（24）31 日，按本月利润总额的 25% 计算本月应交所得税，并结转。

（25）31 日，结转 1～12 月份本年利润。

（26）31 日，按税后利润的 10% 计提盈余公积。

（二）科目汇总表账务处理程序

（1）根据华盛公司 12 月的经济业务填制记账凭证，为简便起见，这里以表格形式列出会计分录，如表 8.4 所示。

（2）根据记账凭证定期编制科目汇总表，该公司按旬汇总，每月编制一张“科目汇总表”，汇总结果应显示借贷方发生额相等，其格式与结果如表 8.5 所示。

表 8.4　　　　华盛公司 20××年 12 月份会计分录

20××年		记账凭证号数	摘要	账户名称		金额	
月	日			总账账户	明细账户	借方	贷方
12	1	转字 01	购入甲材料 300 吨，款未付	原材料 应交税费 应付账款	甲材料 应交增值税 宏达公司	36 000 4 680	 40 680
	2	现付 01 号	王永出差借支	其他应收款 库存现金	王永	800	 800
	3	银付 01 号	支付上月增值税	应交税费 银行存款	应交增值税	1 700	 1 700
	3	银收 01 号	应收票据到期，收到款项	银行存款 应收票据		19 600	 19 600
	4	转字 02 号	销售 A 产品 150 件，款未收	应收账款 主营业务收入 应交税费	华新公司 应交增值税	67 800	 60 000 7 800
	5	银收 02 号	收到华新公司前欠货款	银行存款 应收账款	 华新公司	45 800	 45 800
	6	转字 03 号	领用甲材料 200 吨	生产成本 原材料	A 产品 甲材料	2 4000	 24 000
	8	银付 02 号	支付宏达公司账款	应付账款 银行存款	宏达公司	17 600	 17 600
	9	现收 01 号	王永报销差旅费，交回余款	现金 管理费用 其他应收款	 王永	50 750	 800
	10	现付 02 号	李某报销医药费	应付职工薪酬 库存现金	职工福利	1 000	 1 000
	12	银付 03 号	支付行政办公用品费	管理费用 银行存款	办公费	800	 800
	15	银付 04 号	提取现金	库存现金 银行存款		22 500	 22 500
	15	现付 03 号	发放工资	应付职工薪酬 库存现金		22 500	 22 500
	18	银收 03 号	出售乙材料 100 公斤，款存银行	银行存款 其他业务收入 应交税费	 应交增值税	7 910	 7 000 910
	18	转字 04 号	结转已售乙材料成本	其他业务成本 原材料	 乙材料	5 000	 5 000

续表

20××年		记账凭证号数	摘　要	账户名称		金　额	
月	日			总账账户	明细账户	借方	贷方
12	20	银付04号	支付水电费	制造费用 管理费用 银行存款		800 200	 1 000
	20	银付05号	支付罚款	营业外支出 银行存款		1 500	 1 500
	29	转字05号	计提本月职工工资	生产成本 制造费用 管理费用 应付职工薪酬	A产品	16 000 3 000 3 500	 22 500
	29	转字06号	计提本月折旧费	制造费用 管理费用 累计折旧		4 000 800	 4 800
	31	转字07号	结转制造费用	生产成本 制造费用	A产品	7 800	 7 800
	31	转字08号	结转完工产品成本：A产品200件	库存商品 生产成本	A产品 A产品	47 800	 47 800
	31	转字09号	结转已售产品销售成本	主营业务成本 库存商品	 A产品	47 800	 47 800
	31	转字10号	结转本月损益类科目	本年利润 主营业务收入 其他业务收入		 60 000 7 000	67 000
	31	转字11号	结转本月损益类科目	主营业务成本 其他业务成本 管理费用 营业外支出 本年利润		 60 350	47 800 5 000 6 050 1 500
	31	转字12号	计提应交所得税	所得税费用 应交税费	 应交所得税	1 662.5	 1 662.5
		转字13号	结转所得税	本年利润 所得税费用		1 662.5	 1 662.5
	31	转字14号	结转1～12月份本年利润	本年利润 利润分配		32 574.5	 32 574.5
	31	转字15号	提取盈余公积	利润分配 盈余公积		3 257.45	 3 257.45

表 8.5　　华盛公司科目汇总　　单位：元

账户名称	1～10 日发生额		11～20 日发生额		21～31 日发生额		合　计	
	借方	贷方	借方	贷方	借方	贷方	借方	贷方
库存现金	50	1 800	22 500	22 500			22 550	24 300
银行存款	65 400	19 300	8 190	25 800			66 310	45 100
应收账款	67 800	45 800					67 800	45 800
其他应收款	800	800					800	800
应收票据		19 600						19 600
原材料	36 000	24 000		5 000			36 000	29 000
生产成本	24 000				23 800	47 800	47 800	47 800
制造费用			800		7 000	7 800	7 800	7 800
库存商品					47 800	47 800	38 645	48 430
累计折旧						4 800		4 800
应付账款	17 600	40 680					17 600	40 680
应付职工薪酬	1 000		22 500			22 500	23 500	22 500
应交税费	6 380	7 800		910		1 662.50	6 380	10 372.50
盈余公积						3 257.45		3 257.45
利润分配					3 257.45	3 2574.50	3 257.45	32 574.50
本年利润					94 587	67 000	94 587	67 000
主营业务收入		60000			60 000		60 000	60 000
主营业务成本					47 800	47 800	47 800	47 800
管理费用	750		1 000		4 300	6 050	6 050	6 050
所得税费用					1 662.50	1 662.50	1 662.50	1 662.50
其他业务收入				7 000	7 000		7 000	7 000
其他业务成本			5 000			5 000	5 000	5 000
营业外支出			1 500			1 500	1 500	1 500
合　计	219 780	219 780	61 210	61 210	297 206.95	297 206.95	580 916.95	580 916.95

需要说明的是，实现会计电算化的单位，各个会计科目的汇总金额，由计算机自动生成；采用手工记账的单位，可以采用 T 型账的格式编制科目汇总表工作底稿，并据以编制科目汇总表。

（3）根据编制的科目汇总表登记总分类账。月末，根据所编制的科目汇总表，登记各有关总分类账，下面以“原材料”和“应交税费”两个账户为例，结果如表 8.6 和表 8.7 所示，其他账户从略。

表 8.6　　　　总分类账

会计科目：原材料

20××年		凭证号数	摘要	借方	贷方	借或贷	余额
月	日						
12	1		期初余额			借	37 200
	10	汇 12	1～10 日发生额	36 000	24 000	借	49 200
	20	汇 12	11～20 日发生额		5 000	借	44 200
12	31		本月合计	36 000	29 000	借	44 200

表 8.7　　　　总 分 类 账

会计科目：应交税费

20××年		凭证号数	摘要	借方	贷方	借或贷	余额
月	日						
12	1		期初余额			贷	1 700
	10	汇 12	1～10 日发生额		7 800	贷	3 120
	20	汇 12	11～20 日发生额	6 380	910	贷	4 030
	31	汇 12	21～31 日发生额		1 662. 50	贷	5 692. 50
12	31		本月合计	6 380	10 372. 50	贷	5 692. 50

五、科目汇总表账务处理程序的优缺点及适用范围

这种账务处理程序的主要优点是：首先，根据定期编制的科目汇总表登记总分类账，可大大地简化总分类账的登记工作；其次，通过科目汇总表的编制，可进行发生额试算平衡，及时发现差错。但由于科目汇总表是定期汇总计算每一账户的借方、贷方发生额，并不考虑账户间的对应关系，因而在科目汇总表和总分类账中，不能明确反映账户的对应关系，不便于了解经济业务的具体内容。其主要适用于经济业务量较大的企业。

课后习题

1. 简述账务处理程序的概念与意义。

2. 简述账务处理程序的种类及各自特征。

3. 试比较记账凭证账务处理程序和科目汇总表账务处理程序的基本内容、特点及其适用范围。

参 考 文 献

1. 中华人民共和国财政部制定．企业会计准则 2019 年版［M］．上海：立信会计出版社，2019.

2. 中华人民共和国财政部制定．企业会计准则应用指南 2019 年版［M］．上海：立信会计出版社，2019.

3. 陈国辉，迟旭升．基础会计［M］．大连：东北财经大学出版社，2007.

4. 许秀敏．基础会计［M］．厦门：厦门大学出版社，2008.

5. 朱小平，徐泓．基础会计学［M］．北京：人民大学出版社，2012.

6. 陈兴滨．会计原理［M］．4 版．北京：高等教育出版社，2012.

7. 李高芬，杨鼎新，应韵．会计学原理［M］．上海：上海交通大学出版社，2014.

8. 邱玉莲．会计学基础［M］．北京：机械工业出版社，2014.

9. 中华人民共和国财政部制定．政府会计制度——行政事业单位会计科目和报表［M］．上海：立信会计出版社，2019.

参考文献